Volkswirtschaftliche und wirtschaftsgeschichtliche Abhandlungen

herausgegeben von

Wilhelm Stieda

o. ö. Professor der Nationalökonomie in Leipzig

III. Folge Heft 7

Der Bauernbesitz in der Provinz Posen im 19. Jahrhundert

Von

Dr. Th. v. Jackowski

Leipzig
Verlag von Veit & Comp.
1914

Druck von Metzger & Wittig in Leipzig.

DEM GEDÄCHTNIS MEINES JUGENDFREUNDES

JULIAN VON CHŁAPOWSKI

GEWIDMET.

Vorwort.

Der Bauernbesitz bietet, gleichmäßig über das Land verteilt, und aus selbständigen Existenzen bestehend, eine große Sicherheit gegen wirtschaftliche und soziale Krisen. Die einheimische Produktion von Nahrungsmitteln einerseits, und der ständige Absatz für die Erzeugnisse der Industrie des betreffenden Landes andererseits, tragen dazu bei, das Heimatland von der Politik des Auslandes unabhängig zu machen. Außerdem bildet der besitzende Bauer die politisch unentbehrliche konservative Volksschicht, ein Gegengewicht gegen die Unzufriedenheit der besitzlosen Klassen; er stellt die Macht der physischen und moralischen Gesundheit gegenüber dem Großstadtleben dar.

Ich habe stets Gelegenheit gehabt, über den Bauernstand der Provinz Posen vieles zu hören; so entschloß ich mich denn, die wirtschaftlichen Zustände innerhalb dieser Besitzklasse zu schildern.

Die Entwicklung des Bauernbesitzes in der Provinz Posen hat eine sehr mannigfaltige Geschichte aufzuweisen. Das polnische Reich, die südpreußische Zeit, das Herzogtum Warschau, endlich die gegenwärtige preußische Herrschaft verliehen ihm verschiedene Formen. Es wurde eine Reihe von Gesetzen erlassen, die den Posener Kleingrundbesitz gesondert von dem anderer preußischer Provinzen betrafen. Die Regulierung der gutsherrlich-bäuerlichen Verhältnisse wurde hier in besonderer Weise durchgeführt. Verschiedene andere Gesetzgebungen, die ausschließlich für den Posener Bauernbesitz geltend sind, wurden dadurch hervorgerufen, daß die Bevölkerung aus zwei Nationalitäten, der deutschen und der polnischen, besteht. Die innere Kolonisation ist seit einigen Jahrzehnten ein vielbesprochenes Problem; eine besonders wichtige Rolle spielt sie aber in der Provinz Posen, wo sie die Förderung des Deutschtums bezweckt. Die Tätigkeit der Ansiedlungs-Kommission ist allgemein bekannt; sie verursachte in der ländlichen Besitzverteilung eine ganz bedeutende Verschiebung zugunsten der bäuerlichen Besitzer. Auch die Entwicklung der Landwirtschaft vollzog sich hier unter anderen Bedingungen als bei dem Kleingrundbesitz der übrigen Provinzen und beginnt erst neuerdings eine ähnliche zu werden. Aus diesen Tatsachen geht hervor, daß der Bauernbesitz in der Provinz Posen als ein für sich abgeschlossenes Thema betrachtet werden kann.

Bei der Vollendung dieser Abhandlung habe ich allseits Hilfe und Entgegenkommen gefunden. Vor allem ist es mir ein Bedürfnis, Herrn Geheimen Hofrat Prof. Dr. Stieda, der mich jederzeit mit Rat in liebenswürdiger Weise unterstützt hat, meinen ergebenen Dank auszusprechen. Es wäre an dieser Stelle unmöglich, die Namen aller aufzuzählen, die mir bei meiner Arbeit behilflich waren. Ich bin diesen Herren, die mir in entgegenkommendster Weise Auskunft erteilten und meine Abhandlung durch viele Angaben bereicherten, zu aufrichtigem Dank verpflichtet.

Inhalt.

Einleitung.

Lage, Geschichte, landwirtschaftlicher Charakter, Bodengestaltung, Klima und Verkehrsverhältnisse der Provinz Posen.

Die Provinz Posen erstreckt sich über die weite Ebene, die von dem pommerischen und dem mittelschlesischen Landrücken oder dem Trebnitzer Gebirge begrenzt wird.[1] Sie umfaßt im allgemeinen das zu Preußen gehörende Gebiet der Warthe und Netze oberhalb der Vereinigung dieser Flüsse. Im Nordosten reicht sie bis zur Weichsel, im Südwesten endet sie mit den Ausläufern des Obrabruches.

Die Provinz „Großherzogtum Posen" ist die Wiege des ehemaligen polnischen Königreichs. Bei der Teilung dieses Landes zwischen Rußland, Preußen und Österreich kam Posen dem Reiche Friedrichs des Großen zu. Bei der ersten Teilung im Jahre 1772 erhielt Preußen den „Netzedistrikt" (die nördlich von der Netze gelegenen Teile der Provinz).[2] Die zweite Teilung im Jahre 1793 brachte Preußen neben großen Gebieten, die heute zu Russisch-Polen gehören, den übrigen Teil der gegenwärtigen Provinz Posen.

Im Jahre 1807 wurden diese Gebiete, einige fünfzig Ortschaften des Netzedistrikts ausgenommen, dem von Napoleon geschaffenen Herzogtum Warschau einverleibt. Durch den Wiener Kongreß wurden sie wieder Preußen zuerkannt.

Die Provinz Posen ist ein Agrarland. Die Mehrzahl der Bevölkerung lebt von der Landwirtschaft. Nach der Berufsstatistik von 1907 entfielen auf die Berufsklasse Landwirtschaft, Gärtnerei, Tierzucht, Forstwirtschaft und Fischerei in der Provinz Posen 54,06 % der Bevölkerung; im gesamten Deutschen Reiche betrug die entsprechende Zahl 28,65 %. Allerdings vermindert sich die Zahl der bei der Landwirtschaft Beschäftigten ebenso wie in anderen Landesteilen Deutschlands, so auch in der Provinz Posen andauernd: Es gehörten in Posen der Berufsklasse „Landwirtschaft usw." im Jahre 1882 64,67 %, im Jahre 1895 sank die Zahl auf 59,38 % und im Jahre 1907 betrug sie, wie schon erwähnt, nur noch 54,06 %. Allerdings ist noch zu bemerken, daß der Rück-

---

[1] Meitzen, Der Boden und die landwirtschaftlichen Verhältnisse des preußischen Staates. Berlin 1868. Bd. I, S. 239.

[2] In den Jahren 1773—75 besetzte Friedrich der Große noch weitere Gebiete, auch südlich der Netze, so daß schließlich die Grenze des Netzedistrikts nach Posen zu, zwischen den Städten Filehne, Radolin, Margonin, Exin, Znin, Gonsawa, Mogilno, Gembitz und Strelno verlief. (Meyer, Geschichte des Landes Posen. Posen 1881, S. 259ff.)

gang dieser Zahl in geringerem Maße zutage tritt, als in Preußen oder im gesamten Deutschen Reiche; denn während in Posen im Zeitlauf von 25 Jahren der Prozentsatz der in der Landwirtschaft tätigen Personen um 10,61% gesunken ist, hat er sich in Preußen um 15,04% und in ganz Deutschland um 13,86% vermindert.[1] [2]

Ein überaus großer Teil der Bevölkerung wohnt auf dem platten Lande. Trotzdem Posen eine sehr große Anzahl von kleinen Städten besitzt, wohnen auf dem Lande 72,5% der Einwohnerzahl. Diese hohe Ziffer wird in Preußen nur von Ostpreußen übertroffen, wo 73,9% der Insassen auf dem Lande wohnen. Ebenfalls ist charakteristisch für die agrarische Natur dieses Gebietes, daß auf 1 qkm 68,6 Personen entfallen, wogegen dieselbe Durchschnittszahl für das Königreich Preußen 107 und für das Deutsche Reich 112,1 Personen beträgt.[3]

Über die Bodenverhältnisse der Provinz Posen, auch im Vergleich zu den Durchschnittszahlen des gesamten preußischen Staates, gibt Tabelle 2 einen Überblick.[4] Aus dieser ist zu ersehen, daß der Boden der Provinz größtenteils aus einem Gemisch von Sand und Lehm besteht. Die Kreise Wirsitz, Kosten, Krotoschin und Schroda besitzen davon 70—80%, Mogilno 83% und Pleschen sogar 99% ihrer Fläche.

Die Sandflächen treten hauptsächlich in Flußtälern und tieferen Lagen auf. Die Kreise Fraustadt, Adelnau, Schildberg, die Obraniederungen, das Bartschgebiet, die Kreise Bromberg, Kolmar i. P., Meseritz, Czarnikau und Wongrowitz besitzen 50—60% Sandboden. In verhältnismäßig geringem Umfange ist der Lehmboden vertreten. Nur in einigen Gegenden ist seine Ausdehnung größer, so in den Kreisen Hohensalza, Neutomischel, Gostyn und Adelnau.

Die Moorböden finden sich in größerer Ausbreitung in dem breiten Flußtale der Netze und in den Bruchgebieten der verschiedenen Obrazuflüsse. So besitzt Kolmar i. P. 13%, Hohensalza, Schubin und Wirsitz über 12%, Czarnikau 10%, Kosten 25%, Bomst 23%, Fraustadt 15% und Adelnau 12% Moorboden. Der Kalk tritt in großen Lagern als Gyps bei Hohensalza und Wapno auf. Auch kommt er in Geschieben und als Wiesenkalk vor, und zwar besonders häufig in den Kreisen Kosten und Meseritz.[5]

Im Regierungsbezirk Bromberg bildet das etwa 3—7 km breite Netzetal einen tiefen Einschnitt. In dem nördlich der Netze gelegenen Teile, zwischen Brahe und Lobsonka und bis zur Grenze des Kreises Wirsitz findet man milde, tiefe Weizen- und Gerstenböden auf mergeligem Untergrunde; jedoch ist der Boden stellenweise sehr fein, schwemmt zusammen und wird hart; mitunter ist er auch kalt und eisenschüssig. Die westlich davon gelegenen Kreise Kolmar i. P. und

---

[1] Hedinger, Der Getreidehandel in der Provinz Posen. Posen 1911, S. 5.
[2] Vgl. Tabelle 1.
[3] Wegener, Der wirtschaftliche Kampf der Deutschen und Polen um die Provinz Posen. Posen 1903, S. 15.
[4] S. Anhang.
[5] Meitzen l. c. Bd. I. S. 239.

Czarnikau haben nur stellenweise gute Böden, sonst herrscht der Sand vor. In dem Gebiete südlich der Netze bis zur Grenze des Regierungsbezirks Bromberg befindet sich auf 7—15 km Entfernung von dem Flusse bündiger, oft aber auch leichter Sandboden mit erratischen Blöcken. Derselbe zieht sich über Bromberg hinaus längs der Weichsel bis gegen Thorn. Nach dem Bezirke Posen zu steigt der Boden und es treten Mergel und Lehm häufig auf.[1]

Einen besonderen Charakter trägt der Boden im Kreise Hohensalza, der unter dem Namen kujawischer Boden[2] berühmt ist. Er besteht aus einer schwarzen oder schwarzbraunen Lage Humuserde, die 1—2 Fuß stark ist. Unter dieser liegt Lehm mit Mergeladern und darunter befindet sich eine Schicht Sand. Diese ist für den Brunnenbau, also mittelbar auch für die Kolonisation, von großer Bedeutung, da nur diejenigen Brunnen trinkbares Wasser liefern, die diese Schicht erreichen. Die Erträge des kujawischen Bodens sind vorzüglich.[3]

Das Terrain steigt allmählich nach Süden und erreicht den höchsten Punkt im Süden der Provinz, im Kreise Schildberg. Man kann den Regierungsbezirk Posen in mehrere Terrassen einteilen: die niedrigste Stufe liegt im Welna- und Warthegebiet. Die nächste nimmt die gesamte Mitte der Provinz ein, von Wreschen auf der Ostseite bis Storchnest, Bomst und Neutomischel auf der Westseite. Die obersten Stufen liegen zwischen Jarotschin und Reisen einerseits und Skalmierzyce und Adelnau andererseits.

Besonders fruchtbar ist in der Posener Gegend ein schwarzer oder dunkelbrauner sandiger Lehm, der nicht unter 16—24 Zoll mißt und Mergel und Lehm als Unterlage hat. Seine Ertragsfähigkeit hängt allerdings von seiner Lage und von der Möglichkeit einer Entwässerung ab.

Die Niederungsböden Posens, auch die Sandböden, sind zwar ziemlich arm an Ton, haben jedoch einen großen Kalkgehalt. Eine besondere Beachtung verdient der kalkhaltige Sandboden in der Nähe von Neutomischel, Grätz, Wollstein und Tirschtiegel, auf dem Hopfen angebaut wird. Dieser Boden, der als „gesunder Hopfenboden" bezeichnet wird, hat eine Krume von 6—8 Zoll bündigen Sandes und einen mit Eisenocker und Kalk gemischten Untergrund. Bei einer Tiefe von 60—100 cm tritt hier schon Wasser auf.

Die Bruchböden besitzen eine torfige, an Humus und Humussäure reiche Krume; es fehlt ihnen das Skelett, und deshalb sind sie für eine wiederholte Sandauffuhr äußerst dankbar.[4]

Das Klima der Provinz Posen ist für den Anbau der meisten europäischen Kulturpflanzen geeignet. In den nördlichen Teilen der Provinz, im Regierungsbezirk Bromberg, ist das Klima etwas rauher und die Vegetationszeit kürzer als im Regierungsbezirk Posen. Man

[1] Meitzen l. c. Bd. I. S. 240.

[2] Kujawien, eine Wojewodschaft des ehemaligen Königreichs Polen; der Kreis Hohensalza bildet einen Teil derselben.

[3] Meitzen l. c. Bd. I. S. 241.

[4] Meitzen l. c. Bd. I. S. 242, 243.

kann im allgemeinen sagen, daß dieser Unterschied zwei bis vier Wochen beträgt. Zwar sind etwa hierdurch verursachte Unterschiede in den Ernteerträgen kaum festzustellen; aber die Produktionskosten sind bei geringerer Vegetationsdauer entsprechend höher. Die jährliche Menge der Niederschläge ist in der Provinz Posen geringer als in allen anderen angrenzenden Landesteilen.

Einen genauen Überblick über die klimatischen Verhältnisse der Provinz geben die Tabellen 3, 4 und 5.[1]

Die Provinz Posen hat eine Flächenausdehnung von 29000 qkm; sie erhält ihr Gepräge durch den landwirtschaftlichen Betrieb. Für die Entwicklung einer nicht landwirtschaftlichen Industrie fehlen die notwendigen Vorbedingungen, mannigfache Rohstoffe und billiges Brennmaterial. Nach den Erhebungen im Jahre 1893 waren 74,1 % der Gesamtfläche landwirtschaftlich benutzt.

Über die Arten der einzelnen Bodennutzungen und über ihren Umfang in den Jahren 1878—1900 gibt Tabelle 6 nähere Angaben. Man ersieht daraus, daß die Ausdehnung des Ackers in hohem Maße zunimmt, dagegen die Wiesen, Weiden und Forsten im allgemeinen zurückgehen. Die Haus- und Hofräume haben an Areal zugenommen, was auf die Parzellierung zurückzuführen sein mag.

Eine nicht unbedeutende Rolle spielen in der Provinz Posen die Waldungen. Ihre Ausdehnung ist in den weniger fruchtbaren Kreisen besonders groß. So betragen die Forsten des Kreises Schwerin a. W. und Filehne, die einen ziemlich leichten Boden besitzen, fast die Hälfte des gesamten Areals. Dagegen besitzt der äußerst fruchtbare Kreis Mogilno nur 5 % Wald.[2]

Die Provinz Posen hat zwei schiffbare Flüsse, die Netze und die Warthe. Die Netze verbindet durch einen Kanal die Weichsel mit der Oder und ist deswegen sehr verkehrsreich. Die Warthe dagegen hat für Schiffe nur unterhalb von Posen Bedeutung, da oberhalb der Stadt der Fluß oft versandet und schwer schiffbar zu erhalten ist.

Was die Kunststraßen anbetrifft, so ist es mit ihnen zurzeit gut bestellt. Ihre Entwicklungsgeschichte im 19. Jahrhundert hängt eng mit dem Aufschwung des Haupterwerbszweiges, der Landwirtschaft, zusammen und soll deshalb hier näher erörtert werden. An Chausseen und gepflasterten Straßen war die Provinz Posen in der ersten Hälfte des 19. Jahrhunderts sehr arm. Während im Jahre 1852 durchschnittlich im gesamten Königreich Preußen 1 km Chaussee auf 15,72 qkm Fläche und 922 Einwohner entfiel, kam im Großherzogtum Posen 1 km Chaussee auf 33,75 qkm und 1532 Einwohner. Diese Verhältnisse waren zu jener Zeit nur in Ost- und Westpreußen noch ungünstiger.[3] In der zweiten Hälfte des vorigen Jahrhunderts vermehrten sich die gepflasterten Straßen bedeutend.[4]

Mit Eisenbahnen ist die Provinz Posen ebenfalls ziemlich gut versorgt. Sehr schnell nach dem Auftreten der Eisenbahnen in Preußen

---

[1] S. Anhang.
[2] Vgl. Tabelle 7.
[3] Wegener l. c. S. 8.
[4] Vgl. Tabelle 8.

hat man sich bemüht, die Ostmarken des Reiches mit der Hauptstadt und dem Handelsmittelpunkte zu verbinden. Die Tabelle 9 gibt einen genauen Überblick über die Entwicklung der Eisenbahnen in der Provinz Posen. Außerdem besitzt die Provinz Posen 12 nebenbahnähnliche Kleinbahnen von verschiedenen Spurweiten, deren Gesamtlänge im Jahre 1908 736 km betrug.[1] Zwar ist die durchschnittliche Fahrgeschwindigkeit der Posener Eisenbahnen gering, es sei jedoch bemerkt, daß heutzutage die Anzahl der Kilometer der Eisenbahnen im Verhältnis zur Einwohnerzahl außerordentlich groß ist, — nach Westfalen und der Rheinprovinz die größte im Reiche.

Was den Güterverkehr in unserer Provinz anbetrifft, so gibt Tabelle 10 den Güterverkehr der Station Posen an. Da nun Posen der Mittelpunkt des Handels dieser Provinz ist, so bietet diese Tabelle eine gewisse Übersicht über die Entwicklung des gesamten Güterverkehrs in der Provinz Posen.

I. Geschichtlicher Teil.

Erstes Kapitel.

Die Geschichte der Posener Bauern bis 1815.

Kolonisation. Die allmähliche Verschlechterung der bäuerlichen Verhältnisse. Die freiheitlichen und besitzrechtlichen Zustände der Bauern im 18. Jahrhundert. Polnische Reformen bezüglich der Bauern gegen Ende des 18. Jahrhunderts. Die preußischen Reformen im Netzedistrikt und in Südpreußen. Die Lage der Bauern zur Zeit des Großherzogtums Warschau.

Seit frühester Zeit wurde in der Provinz Posen die Kolonisierung des unbewohnten Landes mit Einsassen und Fremden betrieben. Es wurden zur Urbarmachung und Besiedelung weiter, öder Flächen oft deutsche Kolonisten herangezogen, die manche Vorzüge den Eingesessenen gegenüber genossen. Diese neuen Ansiedelungen wurden nach deutschem oder nach holländischem Rechte angelegt, und es kam in späterer Zeit auch vor, daß in bereits bestehenden Kolonien deutsches Recht eingeführt wurde.[2]

Mit der Zeit wird die Macht der Adligen immer größer. Der Gutsherr besetzt die Öden und erweitert dadurch seinen Besitz; sein Verhältnis zum Bauern wird allmählich das des Eigentümers zum Erbpächter. Der Adlige gibt das Land, das er sich in immer größerem Maße aneignet, gegen Abgaben, die in Geld oder Naturalien bestehen, ab. Mit der wachsenden Macht des Adels verschlechtert sich die Lage der Bauern. Die Dienstleistungen, die im 14. Jahr-

---

[1] Dr. Hedinger l. c. S. 25.

[2] Graf Szołdrski, Die landwirtschaftliche Entwickelung der Provinz „Großherzogtum Posen“ von 1772—1900. Posen 1903, S. 9ff.

hundert noch selten waren, werden mit der Zeit eine allgemein vorherrschende Einrichtung; auch die Natural- und Geldabgaben wachsen oft zu einer drückenden Last.

Auf dem Reichstage in Koszyce im Jahre 1374 wurde dem Adel das Recht zuerkannt, alle Abgaben, die der Bauer an den Staat zu leisten hat, für sich einzuziehen. Durch die Verordnung des Königs Johann Albert wird der Bauer schollenpflichtig; es wird ihm das Recht entzogen, Land käuflich zu erwerben. Durch die Einführung der Patrimonialgerichtsbarkeit wird der Bauer vollständig der Willkür des Ritters preisgegeben. Ein Gesetz vom Jahre 1520 besagt, daß alle Bauern, ohne Unterschied ihrer sonstigen Privilegien und Freiheiten, verpflichtet sind, einen Tag wöchentlich für den Herrn zu arbeiten.

Die Macht der Adligen wächst auch infolge des Aufblühens des Getreidehandels. Der freie und intelligente Ritter nutzt die günstigen Handelsverhältnisse im 14. und 15. Jahrhundert aus, wodurch er sich große Reichtümer erwirbt. Der Bauer kann an diesem Aufschwung nicht teilnehmen und bleibt arm.

So kommt es, daß der Besitz des Adels, der im 14. Jahrhundert 1—2 Hufen[1] betrug, und den der Gutsherr selbst mit seinem Dienstpersonal bewirtschaftete, sich im 15. und 16. Jahrhundert bedeutend vergrößerte. Pawiński berichtet, daß noch am Anfang des 16. Jahrhunderts das bäuerliche Land größer war als der Adelsbesitz.[2] Die Lustrationsbücher der großpolnischen Starosteien aus der Mitte des 16. Jahrhunderts berichten, daß das Verhältnis des Prädiums zum Bauernland 1:1 und 1:2, bei den Kirchengütern sogar 1:3[3] war. Dieses für die Bauern günstige Verhältnis änderte sich aber bedeutend. Einen Beweis dafür geben die Steuerlisten einer Reihe von Kron-, Kirchen- und Privatgütern, die in den Jahren 1536 und 1581 aufgestellt wurden. (Vgl. Tabelle 11.)

Schon in dieser kurzen Zeit machte sich ein gewaltiger Rückgang des selbständigen bäuerlichen Besitzes bemerkbar. Die Zahl und Durchschnittsgröße der Bauernhöfe nimmt ab, dagegen vermehrt sich in großem Maße die Zahl der „hortulani" und „pauperi", d. i. der untertänigen Bauern, die gänzlich vom Gutsherrn abhängig sind.

Die typische Form des Grundbesitzes ist das Dorf; es besteht aus zwei Teilen, dem Prädium, dem Besitz des Ritters und aus dem eigentlichen Dorfe, welches von Bauern bewohnt wird.

---

[1] Der Begriff einer Hufe (Hube) ist durchaus kein einheitliches Flächenmaß. Es gab polnische, lithauische und kulmer Hufen. Aus dem Klassifikationsanschlag des Dorfes Sadki (Kr. Nakel) vom Jahre 1773 geht hervor, daß eine Hufe 30 Morgen umfaßte; in Radłowo (Kr. Hohensalza) wurde eine Hufe gleich 51 Morgen gerechnet. (Staatsarchiv zu Posen; Klassifikationsanschläge des Kammerdeputationsbezirks Bromberg.) Als Hufe wurde die Fläche bezeichnet, die z. B. zur Ernährung einer Familie ausreichte, oder die ein Mensch mit einem Gespann von 2 Ochsen bewirtschaften konnte.

[2] Pawiński, Źródła historyczne (Geschichtsquellen). Warschau 1883. Bd. XII. S. 70ff.

[3] Encyklopedya roln. (Landwirtschaftliches Konversationslexikon). Warschau 1877. Bd IV. S. 564 ff.

Außerdem wohnen die Bauern in Hauländereien. Diese meist deutschen Gründungen sind Einzelhöfe, die mehr auseinanderliegen. Es herrschen jedoch die Dorfgemeinden vor und sind, wie in den meisten slawischen Landesteilen, geschlossene Dörfer.

Es fehlte in den polnischen Dörfern irgend ein geordnetes Gemeindewesen; zwar gibt es in jeder Ortschaft einen Schulzen mit ein paar Gehilfen (Ławniks) und für mehrere, einem Güterkomplexe angehörige Dörfer, einen Woyt. Aber diese in der Regel vom Gutsherrn angesetzten Personen waren im Grunde genommen nichts als Lokalpolizeibeamte, Werkzeuge der Verwaltungsbehörden, und solche Würden galten nur als Last. Gemeindevermögen gab es nur selten; sogar der Schmied, Dorfwächter und Hirt wohnten meist in herrschaftlichen Gebäuden und mußten auch auf dem Gute arbeiten.

Im 18. Jahrhundert stand in der heutigen Provinz Posen der gesamte bäuerliche Besitz zu dem herrschaftlichen in dem Verhältnis 1:4. In den übrigen Teilen Polens war dieses Verhältnis 3:4, und in Wolhynien und Podolien 4:5.[1] Daraus ist wohl einerseits auf die große Macht des Adels in Posen zu schließen, anderseits ist aber dieser verhältnismäßig geringe Bauernbesitz darauf zurückzuführen, daß der Boden in dem ältesten Kulturlande ertragreicher war, also dementsprechend die Hufe des Bauern kleiner bemessen wurde, als in den östlichen Teilen des Reiches. So geht aus Kaufverträgen hervor, daß z. B. um 1775 eine Flächeneinheit, die in der Nähe von Warschau durchschnittlich mit vier Gulden bezahlt wurde, in der Gegend von Rawitsch[2] vier Dukaten kostete.[3]

Die verschiedenen Entwickelungsperioden des Bauernstandes ergaben im 18. Jahrhundert folgendes Bild seiner freiheitlichen und besitzrechtlichen Zustände:

Es gab drei Arten von Bauern bezüglich ihrer persönlichen Verhältnisse und zwar freie, untertänige und leibeigene Bauern.[4]

1. Die Zahl der persönlich freien Bauern ist gering. Es sind dies die privilegierten „Scholtiseien" und „Wybranzen" der Kron- und seltener auch der privaten Güter. Auch die Hauländer oder Holländer, die meistens eingewanderte Deutsche waren, sind als persönlich frei anzusehen.[5]

2. Die Domänenbauern, die nicht zu den privilegierten „Kmetones" gehörten, waren untertänig. Auch die sogenannten „Okupnicy",

---

[1] A. Lipińska, Le Grand Duché de Posen de 1815—1830. Paris 1911. S. 100.

[2] D. h. im südlichen Teile der heutigen Provinz Posen.

[3] Lipińska l. c. S. 100.

[4] Gravenitz, Der Bauer in Polen. Berlin 1818. S. 16ff.

[5] Das von Kasimir dem Großen im Jahre 1347 erlassene Statut von Wiślica unterscheidet in scharfer Weise die Rechte der eingesessenen und der eingewanderten Bauern.

Ein auffallender Überrest der altdeutschen Einwanderung in Posen sind die noch heutzutage durch die eigenartige malerische Tracht der Frauen leicht erkennbaren Bamberger. Diese wurden im 18. Jahrhundert in den bei Posen gelegenen und von der Pest verwüsteten Dörfern angesiedelt. Dr. Bär, Die Bamberger bei Posen. Posen 1882. S. 5ff.

die ihr Land einst durch Kauf erworben hatten, gehörten zu dieser Kategorie. Ihre Leistungen waren fixiert und von keiner Willkür abhängig. Alle fünf Jahre wurden in sog. Lustrationen die Dienstleistungen aller untertänigen Bauern geprüft. Die Domänenbauern, die zu dieser Kategorie gehörten, standen sich insofern besser, als sie nur sehr geringe Abgaben und Dienste dem Starosten (Domänenpächter) zu leisten hatten und an einen ordentlichen Gerichtsstand bei den Referendariatsgerichten appellieren durften, was den anderen Bauern nicht zustand. Die Kinder dieser Kategorie mußten Zwangsgesindedienste leisten.

3. Die Leibeigenen waren an Zahl die bedeutendsten. Zu dieser Abart gehörten nur adlige Bauern, da diejenigen der Kron- und Kirchengüter persönlich frei oder untertänig waren. Alle „iure polonico seu terrestri" angesessenen Bauern, die nicht den beiden oben angeführten Kategorieen angehörten, waren Leibeigene. Ihre Dienste und Abgaben entbehrten jeder Festsetzung, und allein der Gutsherr hatte über ihre Höhe zu bestimmen. Die Grundherren hatten die volle Gewalt über diese Bauern, da eine gerichtliche Instanz hier nicht bestand; der Herr hatte außer der niedern Gerichtsbarkeit sogar das Recht „vitae et necis".[1] Es stand zwar dem Bauern das Recht zu, sich loszukaufen, doch hatte der Gutsherr die Höhe des Lösegeldes zu bestimmen; kurz gesagt, der Bauer dieser Kategorie war im vollsten Sinne des Wortes leibeigen. Dies geht deutlich aus einem polnischen Gesetzbuche hervor, in dem es u. a. heißt: „rustici autem, qui continua servitute premuntur et fictione juris pro nullis habentur, ut antiquitus apud Romanos servi habebantur".[2]

Die Herrschaft des Bauern über seine Stelle war verschiedener Art; entweder besaß der Bauer die Wirtschaft als voller Eigentümer, oder aber seine Rechte waren in größerem oder geringerem Maße beschränkt. Man kann die Stellenbesitzer in dieser Hinsicht in zwei große Gruppen einteilen, in die der Zins- und der Scharwerksbauern.

Die Zinsbauern waren persönlich frei. Sie waren teils volle Eigentümer, teils Erbzinsleute und Emphyteuten. Die vollen Eigentümer hatten einen geringen Jahreszins an den Gutsherrn

---

[1] Allerdings war dieses Recht durch keine Gesetzgebung dem Adligen zuerkannt. Im allgemeinen aber wird der Artikel IV der Akten der Warschauer Generalkonföderation von 1573 als ein solches Gesetz angesehen. In diesem heißt es, daß der Adlige ermächtigt sei, den ungehorsamen Untertanen nach seinem Ermessen zu bestrafen. Daß dieses Recht aber in Wirklichkeit ein Recht über Leben und Tod der Bauern war, beweist ein Bericht des zu jener Zeit lebenden Geschichtsschreibers Kromer, der folgendes schreibt: „Habent sane in eos domini vitae necisque potestatem." Andererseits aber besagt ein Gesetz vom Jahre 1581, daß der von einem Edelmann an seinem Untertanen verübte Mord mit einer Geldstrafe von 30 grzywny gebüßt werden soll. Dieses Wehrgeld wurde im Jahre 1631 auf 100 grzywny erhöht. In Lithauen waren die diesbezüglichen Vorschriften bedeutend schärfer. Vgl. Korzon, Wewnętrzne dzieje Polski (Die inneren Zustände in Polen), Krakau 1882. Bd. I. S. 354f. Man ersieht daraus, daß das „ius vitae et necis" im Widerspruch mit diesen Gesetzen stand.

[2] Załaszowski, Ius regni Poloniae. 1702.

zu bezahlen. Sie hatten das volle Verfügungsrecht über ihre Stellen, nur mußte bei Besitzwechsel ein laudemium oder mortuarium an den Gutsherrn entrichtet werden. Die Erbzinsleute waren ihren Besitzrechten nach den vollen Eigentümern fast gleich. Nur hatten sie außer dem Jahreszins geringe Dienste an das Gut zu leisten. Die Hauländer, Wybranzen und Scholtiseien waren Erbzinsleute, soweit sie keine Emphyteuten waren. Schließlich gehörten dieser Kategorie die Bauern an, die sich Eigentumsrechte käuflich erworben hatten. Die Emphyteuten erhielten ihre Stellen erblich auf eine bestimmte Reihe von Jahren (30—70) oder eine bestimmte Anzahl von Generationen. Im übrigen waren ihre Besitzrechte dieselben wie die der Erbzinsleute.

Die Scharwerksbauern hatten in der Regel Dienste, mitunter aber auch Geld- und Naturalabgaben an den Gutsherrn zu leisten. Sie waren entweder erbliche Bauern ohne Eigentum, Zeitpächter oder Erbpächter oder Besitzer auf unbestimmte Zeit, und schließlich Lassiten, welche stets untertan oder leibeigen waren. Die Erbpächter hatten ähnliche Rechte wie die Erbzinsleute; jedoch hatten sie mehr Dienste und Abgaben zu entrichten. Ihre Stellen waren nicht frei verkäuflich. Der Besitzwechsel bedurfte der Genehmigung des Gutsherrn; diese mußte sogar bei der Erbfolge eingeholt werden, falls die Besitzer nicht persönlich frei waren. Die Zeitpächter oder Kontraktbauern entsprechen sozusagen den Emphyteuten der vorigen Abart. Jedoch gehören bei den Stellen der Zeitpächter Hof und Inventar meistens dem Ritter, woraus seine Unterstützungspflicht hervorgeht. Zu dieser Kategorie gehören alle Bauern der Kron- und Kirchengüter, sofern sie nicht besondere Privilegien besaßen. Schließlich gab es noch Bauern auf unbestimmte Zeit, die ganz ohne Kontrakt waren. Dies waren die leibeigenen Bauern, sie hatten weder Erbrechte noch sonst Besitzrechte.

Bei dieser Einteilung der persönlichen Verhältnisse und der Besitzrechte der Bauern sei jedoch bemerkt, daß in vielen Fällen eine strenge Scheidung zwischen den einzelnen Kategorien nicht durchzuführen ist. Bei der Verworrenheit der polnischen Rechtsverhältnisse im 18. Jahrhundert, andrerseits aber auch bei dem in Polen vorherrschenden Gewohnheitsrechte kommen in vielen Fällen Zwischenstufen vor, die die Merkmale mehrerer Kategorien aufweisen.

Der Größe ihrer Besitzungen nach kann man die Posener Bauern zur Zeit des Königreichs Polen in drei Klassen einteilen: In Groß- oder Ganzbauern, Halbbauern und Viertelbauern.

Die Großbauern hatten einen Besitz von etwa 7 Hufen Acker, außer Wiesen und Hutungen. Die Lustrationstabellen bezeichneten mitunter diejenigen Bauern als Großbauern, deren Aussaat im Winterlande mindestens 12 Sack betrug. Bei den Vorberatungen des Gesetzes von 1823 wurde im Staatsrat sogar die Angabe gemacht, daß die Größe der Ganzbauernstellen in der Provinz Posen sich durchschnittlich auf 33 Berl. Scheffel Aussaat in jedem Felde belaufe,

Das Inventar betrug 4 Pferde, 4 Ochsen und 3—4 Kühe. Die Großbauern der adligen Güter erhielten das lebende und tote Inventar vom Gutsherrn. Die Pferde, zu denen ein Knecht (Fornal) gehalten wurde, verrichteten den Frohndienst. Der Großbauer brauchte an Arbeitskräften etwa 6 Gesindepersonen, welche sich aus der Zahl der dienstpflichtigen Bauernkinder ergänzten.

Die Größe der Stellen der Halbbauern — und kleinen Gespannbauern — war zwei bis vier Hufen. Die Viertelbauern besaßen 1—$1^1/_2$, die Gärtner und Büdner $^3/_4$ Hufen. Außerdem gab es noch Bezeichnungen wie Hüfner, Halbhüfner, Meier, Halbmeier u. a., die jedoch nicht immer dasselbe bedeuteten.

So gestalteten sich die Verhältnisse der Bauern im 17. und 18. Jahrhundert. Der Bauer war größtenteils willen- und rechtlos, sein Schicksal lag vollständig in der Hand des Adels.

Erst im 18. Jahrhundert durchschauten einige verständig denkende Männer die Gefahren einer solchen Sozialpolitik. Der Exkönig und Kronprätendent Stanislaus Leszczyński wandte sich in seiner denkwürdigen Schrift „Głos wolny" („Freie Stimme") an den Adel mit dem Ersuchen, die Lage der Bauern zu bessern.[1]

Der erste Versuch in dieser Hinsicht ging vom Rat der Stadt Posen aus, der im Jahre 1773 in den ihm gehörenden Dörfern die Bauern als persönlich vollkommen frei erklärte und ihre Frohndienste in Geldabgaben umwandelte.[2] Ihm folgten in der zweiten Hälfte des 18. Jahrhunderts das Kloster zu Mogiła bei Krakau, der Kanzler Chreptowicz, die Fürsten Czartoryski, Ogiński, Massalski, Poniatowski, die Herren Przebendowski, Tyzenhaus, Andreas Zamoyski, Stanislaus Potocki, Małachowski, Krasiński.[3]

Im Jahre 1768 kam ein Gesetz zustande, das dem Gutsherrn das Recht über Leben und Tod seiner Untertanen entzog. Im Falle eines Verbrechens sollte der Bauer den Land-, Grod- oder Stadtgerichten überwiesen werden. Der Adlige sollte nun für einen an seinen Untertanen verübten Mord nicht mit einem Wehrgelde, sondern mit dem Tode bestraft werden.[4]

Auf Anordnung des Königs wurde vom Grafen Andreas Zamoyski ein Gesetzentwurf betreffend die Besserung der bäuerlichen Verhältnisse ausgearbeitet und dem Reichstage im Jahre 1780 vorgelegt. Hiernach sollten die Bauern einem allgemeinen und gleichen Rechte unterworfen werden. Alle sollten in vollem Maße die freiheit-

---

[1] Głos wolny wolność ubezpieczający. (Freie Stimme zur Sicherung der Freiheit.) 1733. S. 100ff.

[2] Maciejowski, Historya włościan i stósunków ich politycznych, społecznych i ekonomicznych w Polsce. (Geschichte der Bauern, ihrer ökonomischen und politischen Verhältnisse in Posen. Warschau 1874. S. 199ff.)

[3] Krzyżtopor, O urządzeniu stósunków rolniczych w Polsce. (Über die landwirtschaftlichen Zustände in Polen.) Posen 1859. S. 334f.

[4] Klebs, Die Landeskulturgesetzgebung, deren Ausführung und Erfolge im Großherzogtum Posen. Berlin 1860. S. 37ff.

lichen Rechte genießen, nur diejenigen, die festgesetzte kontraktmäßige Verpflichtungen an den Gutsherrn hatten, waren von demselben abhängig. Der Gesetzentwurf endet mit den Worten: „Da unser Bauernstand in großer Bescheidenheit lebt, nicht die geringste Ahnung hat von Pflichten gegenüber Gott, den Mitmenschen und sich selbst, so daß fast jeder von ihnen ein schlechter Christ, sittenlos und ein wenig fleißiger Wirt ist, so verlangen es die Religion und das Gemeinwohl, daß die Leute dieses Standes nicht länger in dieser Einfalt beharren; wir schlagen deshalb vor, daß in jedem Kirchspiel bei der Kirche eine Pfarrschule errichtet werde". — Der Reichstag lehnte jedoch diesen Gesetzentwurf ab.[1]

Während des sogenannten vierjährigen Reichstages (1788—1792) wurde die Reform der bäuerlichen Verhältnisse ebenfalls behandelt. Es entwickelte sich in dieser Hinsicht eine lebhafte Polemik. Hervorragende Männer traten mit lobenswerten Vorschlägen auf: Staszyc verlangte für die Bauern persönliche Freiheit und eigene Gerichtsbarkeit, Kołłątaj und Karp die Regelung der Dienstverhältnisse durch neue Kontrakte, — Inventarien —, Stroynowski u. a. sprachen für die Förderung der Volksbildung und Landeskultur.

Die Konstitution vom 3. Mai 1791 entsprach in dieser Hinsicht nicht vollständig den Forderungen der großen Patrioten. Dennoch aber brachte sie folgende wichtige Reformen: Die Bauern sind Staatsbürger und stehen unter dem Schutze der Gesetze; die Schenkungen und günstigen freien Verträge, die den Bauern zu teil werden, dürfen nicht mehr rückgängig gemacht werden; es wird allen Bauern, die früher entlaufen oder ausgewandert sind und nach ihrer Heimat zurückkehren wollen, die persönliche Freiheit zugesichert.

Die Vorbereitungen zu neuen Gesetzen, die zugunsten der Bauern erlassen werden sollten, wurden durch den Krieg mit Rußland und die Targowicaer Konföderation unterbrochen. Schließlich wurde im Jahre 1794 vom Generalissimus Thaddäus Kościuszko ein Manifest erlassen, wodurch den Bauern die persönliche Freiheit, das Freizügigkeitsrecht, das Nießrecht des Grund und Bodens auf ewige Zeit gegen mäßige Dienste oder Geldzins, endlich eigene Gerichte und Schulen zuerkannt wurden. Die kurz darauf folgende dritte Teilung Polens verhinderte die Durchführung dieses Manifestes.

Mit dem Ende des polnischen Reiches fällt das Los der Posener Bauern in die Hände der preußischen Regierung. Wie schon erwähnt, kam ein Teil der heutigen Provinz Posen bei der ersten Teilung Polens im Jahre 1772 an Preußen. Durch ein kurz darauf erlassenes Notifikationspatent wurde in diesem Bezirke das preußische Landrecht von 1721 an Stelle des geltenden „ius polonicum seu terrestre" und „ius teutonicum seu magdeburgense" eingeführt. Die Leibeigenschaft wurde 1773 aufgehoben. Die Behörden wurden angewiesen, Klassifikationsanschläge von jedem Dorfe aufzustellen, die ein genaues

[1] Krzyżtopor l. c. S. 333 ff.

Bild der bäuerlichen Verhältnisse ergeben sollten. Auch wurden Fragebögen, Informationsprotokolle an die Distriktskommissarien versandt, die ebenfalls die bäuerlichen Verhältnisse zu schildern hatten. An Stelle der Klassifikationsanschläge wurden nach der zweiten Teilung Polens sog. Historische oder Prästationstabellen aufgestellt; diese beschrieben auf das eingehendste die bäuerlichen Wirtschaften. Es wurde die zur Aussaat gelangende Menge der einzelnen Getreidearten festgestellt, ferner der Ertrag an Heu. Die Zahl der Haustiere, ja sogar der Bienenstöcke wurde auf das genaueste bestimmt, und die Abgaben und Dienste nach ihren einzelnen Abarten aufgezeichnet. (Vgl. Tabellen 12 und 13.) Nach diesen Maßnahmen wurden Normen festgesetzt, die bei der Auflösung der Dienstverhältnisse die Höhe des Lösegeldes bestimmen sollten.

Ein Gesetz vom Jahre 1773 verordnete, daß alle gutsherrlich-bäuerlichen Verhältnisse durch Kontrakte fixiert sein sollten, wodurch die Willkür des Gutsherrn stark eingeschränkt wurde. Von besonders großer Wichtigkeit für den bäuerlichen Besitz, der in der letzten Zeit der polnischen Oberhoheit stark im Rückgange sich befand, war das Gesetz von 1789, das im Netzedistrikt den „Bauernschutz“ einführte: Es wurde dem Grundherrn bei einer Strafe von 100 Dukaten verboten, Bauernhöfe einzuziehen; die zahlreichen wüst liegenden Höfe sollten durch Vermittelung des Gutsbesitzers wieder mit Bauern besetzt werden.[1]

In der neu geschaffenen Provinz Südpreußen werden sofort nach der Besitzergreifung Bestimmungen über die bäuerlichen Verhältnisse erlassen: Die Leibeigenschaft und Patrimonialgerichtsbarkeit hört auf; ein allgemeiner gleicher Rechtsschutz wird eingeführt. Ein Edikt vom Jahre 1800 verbietet dem Grundherrn Gewaltdienste, sog. Tłóki, abzuverlangen, zu denen die Bauern nicht verpflichtet sind; dies setzte einer sehr verbreiteten Willkür ein Ende. Es wurden noch einige Gesetze, die das Wohl der Bauern beabsichtigten, vorbereitet, vor allem für die Teile der Provinz, die erst seit 1793 zu Preußen gehörten; doch verhinderte die Besetzung Posens durch französische Truppen im Jahre 1806 ihre Ausführung.

Die bäuerlichen Verhältnisse in dieser Zeit gestalteten sich folgendermaßen: Die vollen Eigentümer auf den Domänen erfreuen sich eines gewissen Wohlstandes, was daraus zu ersehen ist, daß bei Beratungen über die Besserung der bäuerlichen Zustände diese Klasse der Bauern nicht in Betracht gezogen wird. Die Leistungen der Domänenbauern waren schon unter polnischer Herrschaft in sog. Lustrationstabellen festgesetzt. Letztere wurden von der polnischen Regierung geprüft, welche die Dienste auf ein sehr geringes Maximum

[1] Ein Zeitgenosse, Beheim-Schwarzbach, berichtet, daß allein in dem kleinen Netzedistrikt ungefähr 15 ganze Dörfer und Vorwerke, 43 Bauernstellen auf dem Lande und 457 in den kleinen Ackerstädten unbesetzt waren. (Beheim-Schwarzbach, Der Netzedistrikt zur Zeit der ersten Teilung Polens. Zeitschrift der historischen Gesellschaft für die Provinz Posen. Bd. VII S. 197ff.)

reduziert. Da nun den Domänenbauern das Ablösungsrecht zustand, so nutzten sie ihren Wohlstand zu diesem Zwecke aus und lösten ihr Untertänigkeitsverhältnis und ihre Dienste ab. Sie traten dann mit dem Gutsherrn in ein reines Dienstverhältnis.

Im Jahre 1806 waren bäuerliche Dienste auf den Domänen sehr selten. Die Verhältniszahl der Domänen- zu den Privatbauern ist nicht genau festzustellen; es wird uns aber von Thoma[1] berichtet, daß im Jahre 1818 im Regierungsbezirk Bromberg auf 8200 der vorhandenen Bauernwirte, 3600 ihre Grundstücke eigentümlich oder zu Erbpacht oder Erbzins besaßen, während 4600 zur Kategorie der Laß- und Pachtbauern oder Emphyteuten gehörten.[2]

Die Bauern auf den Rittergütern standen sich bedeutend schlechter als die Domänenbauern. Insbesondere hatten die adligen Zinsbauern außer dem Zins häufig noch Naturalabgaben und Dienste zu leisten und auch Gewaltdienste (Tłóki) kamen vor. Am schlimmsten aber war es mit den Scharwerksbauern der adligen Güter bestellt. Ihre Leistungen wurden mitunter der Zahl nach festgesetzt dies verhinderte aber keineswegs eine Erweiterung derselben. In der Regel aber besaßen sie keine Kontrakte und waren Leibeigene ihres Herrn und Besitzers auf unbestimmte Zeit. Ihre Lage war deshalb auch besser oder schlimmer, je nachdem der Adlige seine Herrschaftsrechte härter oder milder handhabte.

So gestalteten sich die Verhältnisse der Posener Bauern, als die Provinz durch den Tilsiter Frieden dem Großherzogtum Warschau einverleibt wurde.

Die Verfassung dieses neugeschaffenen Landes vom 22. Juli 1807 hebt die Leibeigenschaft (esclavage) auf.[3] [4] Eine Verordnung vom 21. Dezember d. J. besagt, daß nicht bloß die Leibeigenschaft im Sinne der Sklaverei, sondern auch die Untertänigkeit beseitigt sei. Zwangsgesindedienst, Gebundenheit an die Scholle (glebae adscriptio), Loskaufgelder und dgl. hörten jetzt auf und es gab nur noch freie Leute.[5] Wohl mußte aber der Bauer das dem Herrn gehörige Inventar zurückgeben, soweit er nicht nachweisen konnte, daß er es durch Unglück, Seuchen, Brand usw. verloren hatte.

Der § 3 dieser Verordnung bestimmt, daß es jedem Ackerwirte, Landmann oder Tagelöhner, der an seinem jetzigen Aufenthaltsorte bleiben wolle, völlig freistehe, noch ein Jahr fortzuwohnen, wenn er dieselben Verpflichtungen erfülle, die ihm bis jetzt oblagen, und daß der Erbherr nicht ermächtigt sei, ihn zum Abzuge zu nötigen, oder irgendeine Art der bisher erfüllten Verpflichtungen zu erhöhen.[6]

---

[1] A. Thoma, Über die Verhältnisse der bäuerlichen Einsassen im Großherzogtum Posen. Berlin 1818. S. 87ff.

[2] Grossmann, Die Vererbung des ländlichen Grundbesitzes in der Provinz Posen. Serings Annalen Bd. XIII S. 7ff.

[3] Klebs l. c. S. 42.

[4] Thoma l. c. S. 100.

[5] Knapp, Die Bauernbefreiung und der Ursprung der Landarbeiter. Leipzig 1887. Bd. I. S. 205ff.

[6] Krzyżtopor l. c. S. 340ff.

Alle späteren Beziehungen zwischen Bauern und Herren sollten durch einen Kontrakt festgesetzt werden, der vor einer vom Gerichte approbierten Person abzuschließen war.

Hierdurch wurde den Bauern ein Berater gegeben und auf den Gutsbesitzer der Druck ausgeübt, die Lasten herabzusetzen und die Bauern nicht auszunutzen. Wenn nun die Parteien nicht zu einem Übereinkommen gelangten, so konnte der Herr eben nach Ablauf der vorgeschriebenen Frist den Bauern exmittieren, was um so leichter durchzuführen war, als die Bauernstellen nicht wieder besetzt werden mußten und dem Gute oder den Nachbarstellen zugeteilt werden konnten. Der bisher bestehende Bauernschutz hört auf, und es entsteht dadurch die Gefahr einer Minderung des Bauernbesitzes. Jedoch hat sich bis 1815 das Bauernlegen, d. h. das Einziehen von bäuerlichen Stellen, nicht besonders bemerkbar gemacht.

Daß die Summe der gegenseitigen Verpflichtungen sich so wenig geändert hat, ist auch wohl darin begründet, daß der Bauer teilweise sich gar nicht seiner neu erlangten Freiheit bewußt war. Die Behörde, die ihm das hätte klarlegen sollen, wurde durch den Gutsbesitzer repräsentiert, der meistens auch Gemeindevorsteher war; und in seinem Interesse lag es wohl, die Bauern zu behalten, da er ohne Frohndienste nicht zu wirtschaften verstand.[1]

Im Netzedistrikt, wo sich die Bauern ihres Freizügigkeitsrechtes mehr bewußt waren, ist auch eine beträchtliche Minderung der bäuerlichen Lasten erfolgt. Einen Hinweis darauf gibt ein Antrag aus dem Kreise der Gutsbesitzer bei den Beratungen der Bromberger Gesetzeskommission im Jahre 1818, in dem es heißt, daß bei den zukünftigen Ablösungen die Dienste und Lasten der bäuerlichen Stellen nach dem status quo von 1806 beurteilt werden möchten, da diese seitdem fast sämtlich herabgesetzt worden sind.[2]

Es wurde vom Staate das Projekt eingebracht, den Scharwerksbauern Eigentumsrechte zuzuerkennen. Die Interessen der Gutsherren und Bauern traten sich hierbei scharf entgegen. Es fürchteten viele, daß sie nicht genug entschädigt werden würden, daß der Staat durch diese Einmischung in die Eigentumsrechte sogar den Bauern, die nicht selbständig zu wirtschaften verstanden, Schaden bringen könnte. Ein drohender Mangel an Arbeitskräften und eine zwangsweise, kostspielige Umwälzung der Wirtschaftsweise riefen eine Panik hervor.

Am 1. Mai 1808 wurde der Code Napoléon im Herzogtum Warschau eingeführt; da er aber nur allgemeine Vorschriften ohne Unterschied der einzelnen Stände enthält und den lokalen Verhältnissen nicht angepaßt war, so änderte er an den gutsherrlich bäuerlichen Verhältnissen wenig.

Im Jahre 1813 wurde das Herzogtum durch russische Truppen

---

[1] Guradze, Der Bauer in Posen. Halle a/Sa. 1898. S. 333.

[2] Dönniges, Die Landeskulturgesetzgebung Preußens. Berlin 1842. Bd. I. S. 317.

besetzt, die provisorische Regierung beabsichtigte zwar, verschiedene Reformen im Lande einzuführen, doch kamen diese bis 1815, wenigstens was die bäuerlichen Verhältnisse anbetrifft, kaum zur Geltung.

Durch den Wiener Kongreß kam Posen unter dem Namen „Großherzogtum Posen“ wieder an Preußen.

In kultureller Hinsicht hatte die Warschauer Regierung trotz besten Willens gar nichts tun können. Die bäuerliche Bevölkerung befand sich auf einer äußerst niedrigen Bildungsstufe; es gab 1815 im Regierungsbezirk Posen 164 Dorf- und Stadtschulen, im Regierungsbezirk Bromberg war ihre Zahl etwas größer.[1] Auf den Gütern der großen Magnaten, die stets im Auslande oder in der Landeshauptstadt wohnten, war die Lage der Bauern, die der Willkür der Kommissarien ausgesetzt waren, am schlimmsten. Viel besser war es schon um die Bauern der kleinen adligen Güter bestellt, wo der Ritter selbst mit seinen Untertanen in Berührung kam und oft ein sozusagen patriarchalisches Verhältnis zwischen dem Dorf und dem Schlosse bestand.

Jedenfalls aber waren die Abgaben und Dienste eine schwere, die Entwicklung des Bauernbesitzes hemmende Last. Wie schon erwähnt, waren diese Verpflichtungen bei den Domänen- und adligen Zinsbauern ziemlich gering. Die adligen Scharwerksbauern wurden mitunter sehr schwer belastet. Sie mußten $1^1/_2$—6 Tage in der Woche für den Herrn arbeiten, ein- oder mehrfach Spann- oder Handdienste leisten, je nach der Größe ihrer Stelle. Auch bediente man sich der Bauern bei dem Mangel an Verkehrsmitteln zur Beförderung von Waren; in den Prästationslisten findet man oft Fuhren eingetragen, die der Bauer ein oder mehrere Male im Jahre auszuführen hatte. Wie niedrig hierbei die Arbeitskräfte des Bauern und seiner Gespanne taxiert wurden, ersieht man aus einer Lustrationstabelle des Kirchenguts Stalun in der Herrschaft Betsche (Kr. Meseritz) vom Jahre 1798.[2] Darin heißt es, daß der Schulze Burg unter anderem verpflichtet sei, zweimal jährlich im gutsherrlichen Dienste nach Bromberg zu fahren (eine Entfernung von etwa 180 km) und daß er das Recht habe, diese Pflicht mit einem Zins von 2 Gulden und 2 Groschen abzulösen. Es wurde also eine Reise von mehreren Tagen auf 1 Gulden 1 Groschen taxiert!

Die Geldabgaben sind nur bei den besser situierten Bauern üblich, die ärmeren Bauern bekamen bares Geld nur selten zu Gesicht, und so zahlten sie ihre mitunter sehr hohen Abgaben in Naturalien. Eine Inventar-Tabelle zeigt folgende Verpflichtungen eines Scharwerksbauern: Es waren zu liefern außer einem das ganze Jahr hindurch zu stellenden doppelten Scharwerk mit Gespann und Hand: 4 Hühner, 1 Gans, 20 Eier, 2 Stück Garn, 2 Pfund Federn.

Als Entgelt für seine Leistungen erhielt der Bauer folgende Güter, auf Grund von Dokumenten oder Gewohnheitsrechten, je nachdem er ein voller Eigentümer oder ein Scharwerksbauer war:

---

[1] Klebs l. c. S. 72ff.

[2] **Archiv des Domkapitels zu Posen: Lustrationstabellen. Jahrgang 1798.**

1. Acker. Die Herrschaft des Bauern über denselben war verschiedener Art und hing mit den jeweiligen Rechten zusammen, die oben erläutert wurden.
2. Freie Weide auf Öden, Mooren, Brachen und im Walde, ferner auf Wiesen, ganz im Frühjahr, auch nach der Heuernte.
3. Freies Brennmaterial, freies Holz für Bauten, Hecken, Geräte usw.
4. Die Scharwerksbauern erhielten beim Beziehen der Stelle ein lebendes und totes Inventar.
5. Ersatz von Steuern.
6. Aushilfe im Falle von Mißernten, Hagel, Feuer, Krieg usw.

Es ist merkwürdig, daß die Bauern eines Dorfes nicht dieselben Pflichten und Rechte besaßen, sondern es herrschte in dieser Hinsicht eine große Mannigfaltigkeit. Dies ist wohl auch dem Gewohnheitsrechte zuzuschreiben, das in Polen sehr beliebt war und das zufällige Änderungen des ursprünglichen Vertrages zur Regel machte. In den Lustrations-Tabellen kommen die verschiedenartigsten Klassen der Bauern vor und nur selten findet man, daß eine Tabelle nur 2 oder 3 Bauernklassen aufzeichnet.

Ein deutliches Beispiel dieser Mannigfaltigkeit der bäuerlichen Dienstverhältnisse innerhalb derselben Herrschaft bietet die Lustrations-Tabelle der Herrschaft Połajewo, in der elf verschiedene Bauernklassen unterschieden werden, und zwar: Zinsbauern, die teils Hauländer, teils sonstige Freibauern sind, weiter Gespannbauern, Ein-, Zwei- und Dreitägner, großkossätische Gespannbauern, großkossätische Halbbauern, Kleinkossäten, Büdner und Einlieger.

Zweites Kapitel.

Die Landwirtschaft der Posener Bauern am Anfang des 19. Jahrhunderts.

Dreifelderwirtschaft. Haustiere. Häuser. Geräte. Jährliche Einnahmen.

Bei der Besitzergreifung des Großherzogtums Posen durch die preußische Regierung im Jahre 1815 befand sich die Landwirtschaft dieser Provinz in einem sehr ungünstigen Zustande. Die vielen Kriege und Unruhen, deren Schauplatz dieses Gebiet gewesen, die ungeheuren Steuern, die Napoléon dem Herzogtum auferlegt hatte, dies alles bewirkte, daß bei der preußischen Besitzergreifung die Landwirtschaft und vor allem die bäuerliche, sich wenig erfreulich gestaltete. Der Boden, die einzige Einnahmequelle dieser Provinz, konnte den großen an ihn gestellten Anforderungen nicht entsprechen, und so machte sich hier und da große Armut peinlich bemerkbar.

In dieser Zeit herrschte durchweg die Dreifelderwirtschaft: auf Wintergetreide folgte Sommerung, nach ihr Brache. Dieses System, das den Römern schon bekannt war und in Nordeuropa durch Karl den Großen eingeführt wurde, kam mit der Kultur des

Westens nach Polen. Der Acker eines Dorfes wurde in drei gleiche Teile geteilt, und jeder Bauer hatte an diesen Feldern seine Anteile. Unglücklicherweise war die Besitzung eines Bauern nicht ein zusammenhängendes Grundstück, sondern es lagen Streifen und Beete verschiedener Bauern durcheinander gemischt. Dies erschwerte die Bewirtschaftung. erheblich und führte oft zu Zwistigkeiten; nur bei der Brache machte diese Zerstückelung keine Schwierigkeiten, da die Brache stets gemeinsame Weide war. Die fruchtbare Ackerkrume war 5—10 cm tief. Die damaligen schwachen, unvollkommenen Geräte ließen ein tieferes Pflügen nicht zu. Der Boden war nicht entwässert; man teilte deshalb, um den Pflanzen einen trockenen Standort zu verschaffen, das Feld in hochaufgeworfene Beete, die 30 Ruten[1] lang und 4 oder mehr Furchen breit waren. Zwischen den einzelnen Beeten waren Furchen vorhanden, die das Wasser aufnahmen. Außerdem wurden Wasserfurchen („przegony") gezogen, die das Wasser der kleinen Furchen nach den Gräben leiteten. Letztere waren besonders zahlreich und sie waren unentbehrlich, weil sie das Wasser der Felder in die Bäche und Flüsse leiteten. Aber es gab auch viele Gräben, deren Existenz dem Zwecke nicht entsprach, denn sie hatten kein genügendes Gefälle, waren oft verwachsen und verweht, und erfüllten nicht genügend ihre Aufgabe. Die vielen Gräben gaben den Feldern die mannigfachsten Formen, und die Bewirtschaftung wurde noch dadurch erschwert, daß unendlich viele Steine, die kaum jemals weggeschafft wurden, den Acker bedeckten.

Vor allem hatten die bündigen Lehmböden unter Nässe zu leiden. Besser waren in dieser Hinsicht die in der Provinz häufigen gemischten Böden. Infolge der großen Feuchtigkeit des Bodens war die Vegetationsdauer der Kulturpflanzen etwas kürzer. So wurden die ersten Frühjahrsarbeiten erst Anfang oder Mitte April begonnen, je nach der Bündigkeit des Bodens, und die Saaten dauerten bis Mitte Mai. Das Wachstum der Wintersaat wurde ebenfalls durch die Feuchtigkeit des Bodens erheblich gehemmt.

So kam es denn, daß man sich zu Anfang des vorigen Jahrhunderts mit einem Ernteertrag begnügte, der uns heute unwahrscheinlich gering erscheint. Aus allen Klassifikationsanschlägen des südpreußischen Regierungsdepartements ist zu ersehen, daß der Ernteertrag in den Bauernwirtschaften durchschnittlich 3—3$^1/_2$ Körner betrug. Nur auf sehr fruchtbaren Böden betrug die Ernte 4—4$^1/_2$ Körner; der kujawische Boden brachte sogar 5—6 Körner, doch gehörte dies bei den Bauern zu den größten Seltenheiten. Fast durchweg bezeichnen die Klassifikationsanschläge die Ernteerträge der bäuerlichen Wirtschaften mit 3—3$^1/_2$ Körnern.[2]

---

[1] 1 Rute = ca. 3$^3/_4$ m. Das Längenmaß von 30 Ruten ist unter den Posener Bauern zu einem festen Begriff geworden; noch heutzutage bedeutet „eine Furche Kartoffeln im Felde" stets eine Furche von 30 Ruten Länge.

[2] Kgl. Staatsarchiv zu Posen. W. P. Z. Kammerdeputationsbezirk Bromberg. XII. Klassifikationswesen.

Die Stroherträge auf dem nassen Boden waren verhältnismäßig groß. Die kleinen dürftigen Ähren enthielten wenig Körner und ihr Gewicht war gegenüber dem des Halmes gering. (Vergl. Tabelle 14.) Die Folge war, daß das Stroh einen wichtigen Faktor in der Landwirtschaft darstellte. (Vergl. Tabelle 15.)

Was die Futtergewächse anbelangt, so wurden diese, wie schon erwähnt, am Anfang des vorigen Jahrhunderts bekannt. Sehr große Dienste in dieser Hinsicht hat sich der kgl. ökonomische Verein Südpreußens erworben. Aus den Jahresberichten dieses Vereins ersehen wir, daß er stets bemüht war, den Wohlstand der Bauern zu heben und sie dazu zu bewegen, die brachliegenden Felder mit Futtergewächsen zu besäen.

Ein Vortrag des Landrats von Haza-Radlitz-Lewice, der im ökonomischen Verein am 1. März 1803 gehalten wurde, behandelte „Vorschläge betreffend die Verbesserung der Verhältnisse unserer Bauern durch Anbau von Futtergewächsen und ständiges Halten des Viehes im Stalle“[1]. Darin heißt es, daß in Gegenden, die arm an Wiesen sind, und wo deshalb die Brache als Weide dienen muß, sich die Zahl der Tiere nicht vergrößern läßt. Will nun der Bauer mehr Vieh halten, so soll er einen Teil der Brache mit Futterpflanzen, Klee und Wicken besäen. Dabei erwähnt der Referent, daß die Kartoffel viel von Bauern auf der Brache gebaut wird. — Diese Futterpflanzen sollen in Ställen, die mit Koppeln versehen sind, verfüttert werden. Dadurch wird ein fettes Vieh und viel Dünger gewonnen. Es wird dadurch die Kultur des Bodens gesteigert, und durch den Anbau von Futterpflanzen auf der Brache der Wirtschaftsbetrieb des Bauern intensiver und ertragreicher.

Ein anderer Vortrag[2] empfiehlt ebenfalls den Anbau von Futtergewächsen. Man behauptet darin, daß der Anbau eines Hafer- und Wickegemenges am vorteilhaftesten ist. Auf Böden, die für Klee geeignet sind, soll man nicht reinen Klee, sondern ein Gemenge von Klee, Hafer und Wicke anbauen, wodurch ein gutes Sommerfutter für das Vieh erzielt wird. Für den Winter sind vor allem Kartoffeln, Kohl und Rüben zu empfehlen, weil sie nahrhaft sind und namentlich nach Brache gut gedeihen. Damit aber nachher in diesem Falle der Roggen gut gedeihe, müssen diese Hackfrüchte spätestens 14 Tage vor St. Michaelis (29. September) geerntet sein.

Man ersieht also, daß man durch den Anbau von Hackfrüchten in der alten Dreifelderwirtschaft Änderungen vorzunehmen begann. Die neue Fruchtfolge ist: Winterung, Sommerung, Brache, davon die Hälfte gedüngt und die Hälfte mit kleeartigen Futterpflanzen oder Hackfrüchten bebaut. Auf diese Weise wurde jedes Feld alle sechs Jahre gedüngt.

Diese Neuerungen entstanden dadurch, daß man danach trachtete,

---

[1] Rocznik Królewskiego Towarzystwa ekonomicznego Prus Południowych. (Jahresbericht des kgl. ökonomischen Vereins Südpreußens.) Posen 1806. S. 45ff.
[2] Rocznik Król. Tow. ekon. l. c. S. 73 ff.

mehr Vieh zu halten.[1] Die Viehhaltung war in dieser Zeit im allgemeinen recht mangelhaft. Von einem Züchtungssystem war nicht die Rede, die Rittergüter hatten selten gutes Zuchtmaterial zur Verfügung, und was die Bauern anbetrifft, so hatten diese keine Ahnung vom Züchten und produzierten Tiere von elendem Aussehen. Das Rindvieh der Posener Landrasse war durchaus nicht großwüchsig. Daß das Gewicht des bäuerlichen Rindviehs nicht besonders hoch war, ist daraus zu ersehen, daß gegen Ende der dreißiger Jahre nach den Gewichtsangaben der schlachtsteuerpflichtigen Städte, das Durchschnittsgewicht eines Ochsen 418 Pfund und das einer Kuh 289 Pfund betrug.[2] Die Tiere hatten einen krummen Rücken, eine spitze Brust und lange Extremitäten. Ein langes struppiges Haar und ein äußerst elendes Aussehen deuteten auf den ständigen Aufenthalt im Freien und schlechte Ernährung.[3] Die Zugochsen, denen das Joch sehr früh aufgelegt wurde, blieben schwach und wenig ausgewachsen. Die Milchergiebigkeit der Kühe war äußerst gering, wie das aus der jährlichen Durchschnittseinnahme von einer Kuh in Tabelle 16 zu ersehen ist.

Die Farbe des Rindviehs war rot- und braungefleckt; auch kam schwarzgeflecktes Vieh vor. Charakteristisch für die Posener Landrasse war ein weißer Streifen, der sich über den Rücken zog. Oft hatten die Tiere Flötzmäule, was wohl auf die in manchen Herrschaften eingeführten Gebirgsrassen zurückzuführen ist. Im allgemeinen aber muß man bemerken, daß die Tiere keine edlen Merkmale des Gebirgsviehs aufweisen konnten, eher war die Posener Rasse mit der schlesischen verwandt.

Viel besser stand es mit den bäuerlichen Pferden. Zwar fielen oft die Gespanne der Bauern durch das schwächliche Aussehen der Pferde unangenehm auf, wie uns von verschiedenen Geschichtsschreibern jener Zeit berichtet wird. Nichtsdestoweniger steht fest, daß der polnische Bauer für das Pferd eine spezielle Liebhaberei an den Tag legte. Wenn also ein Gespann einen elenden Eindruck machte, so war dies wohl durch die allgemeine Armut dieses Bauern verursacht. Wo aber der Bauer sich eines gewissen Wohlstandes erfreute, und wo ihm andererseits ein gesundes Heu zur Verfügung stand, da waren die Pferde gut gezogen.

---

[1] In welcher Weise der Weidebedarf der einzelnen Tiere geschätzt wurde, ergibt sich aus einer Aufstellung der Spezialtaxgrundsätze vom Jahre 1824. Der Weidebedarf einer Kuh wurde = 1 gesetzt, und auf diese Einheit wurden die anderen Faktoren zurückgeführt:

bei einem Pferd	= $1^1/_2$	Kuhweide
„ „ Fohlen über 1 Jahr	= 1	„
„ „ Ochsen	= $1^1/_2$	„
„ „ Stier oder Färse	= $^2/_3$	„
„ „ Schaf	= $^1/_{10}$	„
„ „ Schwein	= $^1/_{10}$	„

Kreditordnung und Taxgrundsätze für den landwirtschaftlichen Kreditverein des Großherzogtums Posen. Posen 1830. S. 200 ff.

[2] Klebs l. c. S. 27, 28.

[3] Brodnicki, Beiträge zur Entwickelung der Landwirtschaft in der Provinz Posen während der Jahre 1815—1890. Leipzig 1893. S. 14f.

Die ursprüngliche Rasse der Posener Pferde hatte viel arabisches Blut in sich. Die Adligen legten auf Einmischung arabischen Blutes in ihre Gestüte großes Gewicht, und bei einer ausgesuchten Sorgfalt, die der polnische Adlige dem Pferde erwies, waren die Ergebnisse dieses Zuchtsystems recht erfreulich. Häufig und sehr beliebt waren Falben, Schimmel und Schecken, und man schrieb jeder dieser Farben spezielle große Vorzüge zu. Es gab Familien, die bloß Schecken oder bloß Schimmel in ihrem Marstall haben wollten. Die in dieser Richtung stark entwickelte Liebhaberei des Adels blieb nicht ohne Einfluß auf den Bauern, und so verursachte der Ehrgeiz, den die Bauern in dieser Hinsicht zeigten, daß ihre Pferde sich in verhältnismäßig gutem Zustande befanden.

Ein allgemein verbreiteter Brauch der Posener Bauern jener Zeit, vor allem der ärmeren, war das Halten von sehr vielen Schweinen. Dies wurde wohl dadurch verursacht, daß dieses Tier äußerst wenig Sorgfalt beanspruchte. Die Schweine wanderten im Dorfe und auf den Feldern umher und suchten sich aus den Abfällen ihre Nahrung. Dieses Umherlaufen der Schweine scheint eine Plage gewesen zu sein, denn ein Aufsatz in dem Jahrbuch des kgl. ökonomischen Vereins Südpreußens[1], betitelt „In welcher Weise könnte man am besten verhindern, daß die Schweine nicht überall herumlaufen?“ besagt wörtlich folgendes: „Das größte Hindernis (!) zur Hebung der Landwirtschaft dieser Provinz ist das Herumtreiben und freie Herumlaufen des Viehs, vor allem der Schweine.“ Dies läßt zwar auf eine große Verbreitung dieses Mißbrauchs, wohl aber auch auf die Unbeholfenheit des Verfassers dieses Aufsatzes schließen. Struensee[2], der in dieser Zeit die Provinz bereiste, schreibt Folgendes: „Die schnell sich vermehrenden Schweine bringen den Bauern weit mehr Nutzen als die anderen Haustiere, und darum wendet er alles an, sie groß zu ziehen und fett zu machen. Was in Schlesien und anderen Ländern der Bauer auf seine Kuh wendet, das tut der hiesige Bauer für seine Schweine.“

Die Urform der bäuerlichen Schweine war in Posen ungefähr dieselbe, die man noch heutzutage in den östlichen Teilen Polens bei den Bauern mitunter findet: Lange Extremitäten, ein sehr langer Rüssel, herunterhängende Ohren, ein schmaler Rumpf, dicke Haut, äußerst harte Borsten und schwarze Haarfarbe. Die Abbildungen der Schweine jener Zeit erscheinen uns wie Karikaturen. Im allgemeinen war das Schwein der Posener Landrasse kräftiger gebaut, als das preußische Schwein der Höhengegenden; teilweise war es mit den ungarischen und moldauischen verwandt. Für ein Mästen im heutigen Sinne des Wortes waren diese Schweine ihrer Gestalt nach wohl nicht geeignet, aber ihre große Widerstandsfähigkeit entsprach vollkommen ihrer Lebensweise. Oft flüchteten die Tiere nach dem Walde, vor allem nach Eichenwäldern, und so soll es vorge-

---

[1] Rocznik Król. ekonomicznego towarzystwa l. c. S. 97.
[2] Struensee, Blicke auf Südpreußen. Posen 1802. S. 91.

kommen sein, daß diese Bauernschweine, die manchmal ganz gefährlich aussahen, von Jägern — wahrscheinlich Sonntagsjägern — für Wildschweine gehalten wurden.

Die Schafe bildeten zu jener Zeit neben dem Ackerbau die wichtigste Einnahmequelle der Landwirtschaft. Auf jedem Gute waren zahlreiche Herden von Schafen vorhanden. Der Grund dieser starken Schafhaltung lag in den hohen Wollpreisen und den weiten Brachenflächen, die auf diese Weise am besten ausgenutzt wurden. Da aber die Schafwirtschaft nur in großen Herden lohnend war, so hat sie bei den Bauern wenig Eingang gefunden. Nur sehr wohlhabende Wirte hielten viel Schafe. Das Posener Landschaf war von mäßiger Größe; seine Wolle war zweischürig, grob und 2—3 Zoll lang und hatte einen äußerst geringen Fettgehalt. Das Posener Schaf war nackt an Kopf, Ohren und Beinen.[1]

Außerdem hielt der Bauer eine beträchtliche Anzahl Geflügel. Die gesamte Viehhaltung eines Bauern, dessen Stelle eine Durchschnittsgröße von 60 Magd. Morgen hatte, war folgende: Ein Paar Pferde oder Ochsen, ebensoviel Kühe nebst 1—2 Stück Jungvieh, außerdem Schweine und Geflügel in unbestimmter Menge. Die Preise der Haustiere waren, auf Roggen bezogen, folgende:

1 tüchtiges Arbeitspferd	18—24	Scheffel	Roggen
1 Zugochse	10—13	„	„
1 gute Kuh	7— 9	„	„
1 Färse 2—4 Jahre alt	4— 6	„	„
1 Ochse 2—4 Jahre alt	$6^2/_3$— $8^2/_3$	„	„
1 Zuchtschwein	3— $3^1/_2$	„	„
1 gutes Mutterschaf oder Hammel	1 Scheffel	4 Metz.[2]	„
1 Zeitschaf oder Leithammel	1 „		„
1 Brackschaf		8 „	„
1 Gans		4 „	„
1 Kapaun		2 „	„
Außerdem:			
1 Mandel Hühnereier		1 „	„
1 Pfund Butter		2 „	„

Ein genaues Abbild des Wohlstandes der Bauern geben ihre Gebäude. Der Bauer, der an ein Leben ohne jede Bequemlichkeit gewöhnt war und für die Hygiene seiner Haustiere wenig Sorge trug,

---

[1] Brodnicki l. c. S. 14.

[2] 1 Scheffel = 16 Metzen.

Die Scheffel wogen bei den einzelnen Getreidearten verschieden:

1 Scheffel	Weizen	wog etwa	42 kg
1 „	Roggen	„ „	40 „
1 „	Gerste	„ „	36 „
1 „	Hafer	„ „	25 „
1 „	Kartoffeln	„ „	47 „

(Kreditordnung und Taxgrundsätze, l. c. S. 184.)

hatte kein Bedürfnis und vor allem nicht die Mittel dazu, wohlausgebaute Wohn- und Wirtschaftsgebäude zu errichten.

Der Wirtschaftshof bestand meist aus dem Wohnhaus, der Scheune und dem Stalle; diese beiden wurden oft unter einem Dache vereinigt.

Das Wohnhaus war aus Lehm, Fachwerk oder Holz, meistens ohne Fundamente gebaut und mit Stroh, seltener mit Schindeln bedeckt. Es bestand zumeist aus dem Hausflur, 1—2 Stuben, einer Kammer und dem Bodenraum. Eine größere Anzahl von Stuben kommt nur bei sehr reichen Bauern vor und läßt darauf schließen, daß der Bauer Gesinde oder eine ganze Arbeiterfamilie (Komorniki) zur Bearbeitung seiner Wirtschaft brauchte. Die Scheune war auf Zochen gebaut, d. h. derart, daß das Dach auf schräg gestellten Säulen ruhte. Ihre Wände bestanden aus breiten Lehmpfeilern, deren Zwischenräume mit Birkenzweigen ausgeflochten wurden. In der Regel hatte die Scheune eine Tenne und zwei Bansen.[1]

Der Stall, der oft an die Scheune angelehnt war, beherbergte in demselben Raume alle Haustierarten, die nur durch kleine Bretterwände von einander getrennt waren.

Einen genauen Überblick über den Stand der bäuerlichen Gebäude am Anfang des 19. Jahrhunderts geben die Akten der Provinzialfeuersozietät[2], da nach einem Gesetz vom 5. Januar 1836 alle Gebäude bei ihr versichert sein mußten; — dieses Monopol wurde später durch das Reglement vom 9./IX. 1863 wieder beseitigt.

Die alten Versicherungsakten der Feuersozietät enthalten die genauesten Beschreibungen der bäuerlichen Gebäude. Einerseits sind in den sog. Versicherungsrollen die Maßangaben der Gebäude aufgezählt, andererseits aber bietet eine Durchsicht der damaligen Kataster der Feuersozietät einen Überblick über den Zustand und die Art der Gebäude dieser Zeit.

So fällt es bei dem Lesen der Kataster von bäuerlichen Wirtschaften auf, daß fast alle Gebäude der Klasse VI angehören, d. h. Fachwerks- oder hölzerne Umfassungswände und nicht massive Bedachung besitzen. Auch war der Taxwert der Gebäude ein äußerst niedriger; die meisten Häuser waren auf 25 Taler taxiert. Viele konnten sogar nicht versichert werden, da sie den von der Sozietät angesetzten Mindesttaxwert von 25 Talern nicht erreichten. Die schlimmsten

---

[1] Brodnicki l. c. S. 17 und Szołdrski l. c. S. 36.

[2] Die Feuersozietät der Provinz Posen entstammt den bereits 1780 seitens der polnischen Kommission der guten Ordnung begonnenen und demnächst von der kgl. preuß. Kriegs- und Domänenkammer zu Posen fortgesetzten Vorarbeiten. Diese hatten die mit Gesetzeskraft erlassenen Reglements vom 21./IV. 1803 und vom 3./VI. 1804 zur Folge. Die neu gegründete Sozietät wurde durch zwei besondere, zu Posen und Warschau etablierte Hauptdirektionen geleitet, welche dem südpreußischen Departement des Generaldirektoriums untergeordnet waren. An Stelle dieses Reglements wurde am 4. Juni 1808 von der großherzogl. Warschauischen Regierung ein neues erlassen, welches wiederum durch das am 1. Januar 1837 in Kraft getretene Reglement vom 5. Januar 1836 beseitigt wurde. (Nach Angaben der Provinzialfeuersozietät.)

Zustände in dieser Hinsicht waren wohl im Kreise Schildberg zu verzeichnen, wo auch die Vermögensverhältnisse der Bauern sich besonders ungünstig gestalteten.[1]

Mit der Fruchtbarkeit des Bodens ändert sich allerdings auch der Zustand der bäuerlichen Gebäude. So ersieht man aus den oben erwähnten Akten, daß in den Kreisen Kosten, Lissa, Hohensalza, Wirsitz usw., wo der Boden besonders fruchtbar ist, auch die Gebäude der Bauern besser gebaut waren. Die Gebäude erreichten dort einen Taxwert von 600 Talern und mehr. Auch waren sie zum Teil massiv ausgebaut. Im allgemeinen aber gehörten massive Bauten in Bauernhöfen zu den Seltenheiten. Außer diesen Wohn- und Wirtschaftsgebäuden der Bauern befand sich in fast jedem Dorfe eine von einem Juden gepachtete Schenke, die die Trunksucht und Zanklust der Bauern förderte, und ein gemeinschaftliches Brauhaus, — Mielcuch genannt. — Das Brauen war nämlich bei den Bauern, besonders in den westlichen Teilen der Provinz, stark verbreitet. Das Brauen geschah der Reihe nach, und jeder war berechtigt, eine seinen Besitzverhältnissen entsprechende Menge Bier zu brauen.

Die Geräte der Bauern waren primitiver Art, die Hausgeräte ebenso wie das tote Inventar des Hofes. In der Stube befanden sich Bett, Tisch, Bänke und eine Lade oder Truhe. Die Beschaffenheit der Geräte im Hofe gestaltete sich folgendermaßen: Die Wagen wurden schmalspurig, leicht gebaut und ermangelten oft eines eisernen Beschlages. Der ganze Pflug, sogar das Streichbrett war hölzern, und nur das Schar wurde mit Eisen beschlagen. Das Streichbrett, das sehr steif war, konnte den Boden nicht genügend umwenden und ließ emporragende, aneinandergewachsene Erdballen zurück. Anstatt des gewöhnlichen Pfluges wurde sehr oft der Häufelpflug gebraucht, der ebenfalls wenig den Anforderungen eines rationellen Pflügens entsprach. Die Egge war allgemein bekannt; der Rahmen

---

[1] So hat die Aufnahme des im Kreise Schildberg gelegenen Dorfes Biskupice zaboryczne am 1. Januar 1837 folgendes Resultat ergeben:

Alle Häuser gehörten der VI. Versicherungsklasse an. Von 187 bäuerlichen Gebäuden wurden:

5	Häuser	auf	100	Taler	taxiert
2	„	„	75	„	„
11	„	„	50	„	„
160	„	„	25	„	„

9 Häuser erreichten nicht den Taxwert von 25 Talern und konnten deshalb nicht versichert werden. — Ähnlich fiel die Aufnahme der Gemeinde Bukownica desselben Kreises aus:

Alle Häuser gehörten der VI. Klasse an.

Von 242 Gebäuden wurden:

11	Häuser	auf	100	Taler	taxiert
38	„	„	75	„	„
52	„	„	50	„	„
108	„	„	25	„	„

33 Häuser erreichten nicht den Taxwert von 25 Talern. (Akten der Provinzialfeuersozietät zu Posen: Versicherungsrollen des Kreises Schildberg.)

und die Zinken bestanden aus Holz, doch kamen auch eiserne Zinken vor.[1]

Bei der Ernte bediente man sich ebenso der Sensen, wie der Sicheln. Daß die Sensen den Bauern jener Zeit wohlbekannt waren, beweisen die Sensenträger der polnisch-russischen Kriege. Aber auch die Sicheln müssen noch sehr im Brauche gewesen sein, denn in den Jahrbüchern des oben erwähnten kgl. ökonomischen Vereins Südpreußens wird das Mähen mit Sensen als etwas besonders Gutes anempfohlen.

Das Dreschen geschah mit Flegeln, die in derselben Form noch heutzutage in verschiedenen Gegenden gebraucht werden.

Die ungefähren Preise der Wirtschaftsgeräte waren, auf Roggen bezogen, folgende[2]:

1 beschlagener Wagen mit allem Zubehör .	15—18	Scheffel	Roggen
1 nicht beschlagener Wagen mit allem Zubehör	$6^1/_2$— 9	,,	,,
1 Pflug mit allem Zubehör	$1^3/_4$— 2	,,	,,
1 Häufelpflug mit allem Zubehör	$^2/_3$— 1	,,	,,
1 Paar Eggen mit allem Zubehör	7—10	Metzen	,,
1 Geschirr für 2 Pferde, wenn es zu Hause von gedrehtem Leder verfertigt wurde . .	$1^1/_2$	Scheffel	,,
1 Geschirr für 2 Pferde, wenn es auf dem Markt gekauft wurde	2	,,	,,

Die Haltbarkeit der damaligen Geräte ist aus den Bestimmungen des Posener Kreditvereins vom Jahre 1825 zu ersehen, wonach für gute Dominial-Geräte folgende Konservationskosten jährlich berechnet wurden:

$^1/_3$ des Werts eines beschlagenen Wagens.
$^1/_1$,, ,, ,, nicht beschlagenen Wagens.
$^1/_1$,, ,, der Eggen; hier sind wahrscheinlich Eggen mit Holzzinken gemeint.
$^1/_3$,, ,, des Pfluges und Häufelpfluges.
$^1/_3$,, ,, des Geschirres.

Was nun die Wirtschaftsbilanz der Bauern jener Zeit anbelangt, so ist eine annähernde Vorstellung darüber durch ein Studium der Klassifikationsanschläge möglich. Wie nämlich aus Tabelle 12 und 13 zu ersehen ist, wurden von den Behörden die genauesten Berechnungen der Ein- und Ausgaben zusammengestellt.

Die Tabelle 16 entstammt verschiedenen Klassifikationsanschläge und ergibt annähernd die Jahreseinnahme an Geld eines Bauern mit dem durchschnittlichen Besitz von ca. 60 Morgen.

---

[1] Testament eines gewissen Janisch aus Culm (Kr. Meseritz) a. d. Jahre 1786. In seinem Hofe befinden sich 1 Wagen, 1 Pflug, ein Paar Eggen mit eisernen Zinken usw. (Kgl. Staatsarchiv zu Posen, Dorf-Akten C.)

[2] Kreditordnung und Taxgrundsätze l. c. S. 185f.

Die von den Bauern gebauten Getreidearten waren Roggen, Gerste, Hafer, Buchweizen, Erbsen, Hirse, Rübsen, Lein und Hanf. Aus der Tabelle geht hervor, daß der durchschnittliche Körnerertrag 3 Korn betrug; davon kam nur 1 Korn zum Verkauf, dann eins zur Saat und eins wurde in der Wirtschaft verbraucht. Die angeführten Getreidepreise stammen aus den Jahren 1775—1800 und sind in weitaus den meisten Klassifikationsanschlägen zugrunde gelegt worden. Rechnet man zu der aus dem Getreideertrag sich ergebenden Geldeinnahme den von der Viehzucht stammenden Ertrag, so erhält man als Jahreseinnahme einer Bauernstelle die Summe von ca. 25 Talern. Dazu kommen noch die Einnahmen für Heu, — ein zweispänniges Fuder Heu kostete ca. 20 Groschen, — Geflügel usw., die aber sehr unbestimmt waren und in eine Durchschnittsbilanz nicht eingetragen werden können.

Dieses war die Geldeinnahme des Bauern, neben allem, was er während des Jahres an Produkten verzehrt und verbraucht hatte. Sein Wohlstand war aber ebenso von diesen Einnahmen, wie von seinen Prästationen abhängig. Die an den Gutsherrn zu leistenden Dienste und Abgaben waren ihrem Wert nach von diesen Einnahmen in Abzug zu bringen, und die Differenz ergab erst das richtige Bild des bäuerlichen Wohlstandes.

Drittes Kapitel.

Die Bauernregulierung im Großherzogtum Posen.

Die Landeskulturgesetze von 1815—1822. Das Gesetz vom 8. April 1823. Das Gesetz von 1851. Die Ausführung dieser Gesetze.

Gleich nach der Besitzergreifung des Großherzogtums Posen im Jahre 1815 wurden von der preußischen Regierung Schritte getan, um die Lage der Bauern zu verbessern; dabei befolgte man auch den politischen Nebenzweck, das niedrige Volk für die Regierung, als Stütze gegen den Adel zu gewinnen.[1]

Eine Kabinettsordre vom 3. Mai 1815 besagt, daß das gegenwärtige Verhältnis zwischen den Gutsbesitzern und den auf ihren Gütern befindlichen nichterblichen Bauern aufrechterhalten werden solle.[2] Die Bauern sind als persönlich ganz freie Menschen und als Nutznießer der ihnen vom Gutsbesitzer überlassenen Grundstücke anzusehen. Sie haben eine Entschädigung, sei es in Geld oder Naturalien oder Diensten, zu entrichten und es soll sowohl dem Gutsherrn, als auch dem Bauern freistehen, dieses Verhältnis nach vorhergehender kontraktmäßiger, oder — in Ermangelung eines Kontraktes, — einjähriger Kündigung aufzuheben und voneinander zu trennen.

Ein Erlaß vom 9. November 1816 gibt bekannt, daß die Art und Weise, wie das Edikt vom 14. September 1811 über die guts-

[1] Szołdrski l. c. S. 45ff.
[2] Klebs l. c. S. 111ff.

herrlichen und bäuerlichen Verhältnisse und die Deklaration vom 29. Mai 1816 im Großherzogtum Posen mit Beachtung der Rechte aller Beteiligten anzuwenden sei, durch eine besondere Verordnung bestimmt werde.

Da hierdurch die Eigentumsverleihung auch für die nicht erblichen Bauern in Aussicht gestellt wurde, so sahen sich viele Gutsherren veranlaßt, diesen Bauern zu kündigen. Dies rief eine große Verwirrung hervor; die ausgewiesenen Bauern verfaßten Bittschriften an den König und die Regierung. Die Folge davon war eine Verordnung vom 6. Mai 1819, die bestimmte, daß das Ausweisen der Bauern nicht mehr auf einseitige Kündigung des Herrn hin zulässig sei, daß es vielmehr nur nach den im preußischen Landrecht hierfür aufgestellten Grundsätzen zu geschehen habe.[1] Kurzum, der Bauernschutz wurde eingeführt bis zum Erlaß der geplanten Regulierungsgesetzgebung.

Inzwischen waren schon Kommissionen der Regierungen und der Justizbehörden ernannt worden, welche die gutsherrlich-bäuerlichen Verhältnisse untersuchten und die gegenseitigen Verpflichtungen nach einem festen Maß bestimmten. Es wurden klugerweise erfahrene Landeseingesessene als Ratgeber zugezogen, ein Bauer und ein Gutsbesitzer, u. a. „der polnische Thaer", Baron v. Chłapowski. Diese Kommissionen, deren es zwei gab, eine in Posen und eine in Bromberg, bereiteten Gesetzentwürfe und Vorschläge vor, begutachteten Anträge einzelner Gutsherren und sandten dann ihre Vorarbeiten den Ministerien des Innern, der Justiz und der Finanzen ein. Der Erfolg dieser Arbeit war das Gesetz vom 8. April 1823: „Wegen der Regulierung der gutsherrlich-bäuerlichen Verhältnisse im Großherzogtum Posen, den mit Westpreußen wieder vereinigten Distrikten, dem Kulm- und Michelauschen Kreise und in dem Landgebiet der Stadt Thorn".

Die Regierung vermeidet hier eine gewisse Einseitigkeit des altländischen Regulierungsgesetzes und erläßt ein Gesetz in neuer, den Zeit- und Ortsverhältnissen mehr entsprechender Form. Das Gesetz wünscht ausdrücklich, daß sowohl der Gutsherr wie der Bauer volle Entschädigung erhalten, und daß die gegenseitigen Verpflichtungen, nach gerechten Grundsätzen berechnet, stets die Grundlage der Entschädigung bilden sollen.

Auf den ersten Blick scheint es sonderbar, daß in diesem Gesetz so wenig Berechnungsmaßregeln getroffen sind, daß dem Richter und den Parteien ein weites Gebiet zur Regelung der Entschädigung eingeräumt ist.[2] Aber nur in dieser Weise konnte bei der ungeheuren Verschiedenheit der Einzelfälle eine absolute Gerechtigkeit ermöglicht werden. In den verschiedenen Landesteilen sind die agrarischen

---

[1] Lipińska l. c. S. 94ff.

[2] O uregulowaniu stósunków włościańskich w Wielkiem Księstwie Poznańskiem. (Über die Regelung der bäuerlichen Verhältnisse im Großherzogtum Posen.) Herausgegeben von T. N. Bobrowicz, Leipzig (Librarie étrangère) 1843. S. 19ff.

Verhältnisse verschieden. So ist auch dieses Regulierungsgesetz nicht eine Sammlung von unbeweglichen Vorschriften, sondern vielmehr eine Abhandlung über die Art und Weise, wie man dieses schwere Problem am besten lösen könnte. Es sind erfahrene Hinweise und Ratschläge, welche viele Einzelfälle voraussehen, für andere dagegen freien Raum lassen. Das Gesetz wendet sich an den guten Willen der Interessenten, erinnert an den edlen Zweck und empfiehlt stets eine freiwillige Einigung. Erst wenn eine solche nicht zustande kommen könnte, soll die Sache durch ein Komitee mit gerichtlicher Kraft entschieden werden.

Das Gesetz verordnet in Übereinstimmung mit dem Regulierungsgesetz vom 14. September 1811 und dessen Deklaration vom 29. Mai 1816, daß: „die bisher zu Eigentums- oder Erbpachtsrechten noch nicht verliehenen bäuerlichen Ackernahrungen ihren Besitzern zu Eigentumsrechten verliehen und die auf denselben haftenden Dienste und sonstigen Leistungen abgelöst werden sollen“.[1]

Im übrigen enthält das Gesetz mehrere Abweichungen von den Grundsätzen der älteren Regulierungsgesetze von 1811 und 1816 namentlich in folgenden Punkten:

1. Der Begriff einer regulierungsfähigen bäuerlichen Stelle ist insofern erweitert, als die Regulierungsfähigkeit nicht unbedingt von der erfolgten Eintragung der Stelle in das Steuerkataster abhängig gemacht worden ist.[2] Die Katastrierung konnte nämlich für den bei weitem größten Teil der Provinz nicht maßgebend sein, da es keine Steuerkataster für laßbäuerliche Nahrungen gab.

2. Die Entschädigung des Gutsherrn ist nicht, wie im Edikt vom 14. September 1811, auf ein Drittel bzw. die Hälfte der bäuerlichen Ländereien normiert, je nachdem die Bauern ihre Höfe zu nicht erblichen oder zu erblichen Rechten besitzen. Sie wird vielmehr bestimmt nach Maßgabe der bisherigen gutsherrlichen Nutzungen, unter Abzug der Gegenleistungen, ohne besonderes Entgelt für das Eigentum der Höfe. In Ermangelung einer besonderen Einigung beider Teile, kann die Entschädigung in Rente oder Inventarstücken oder in Land gefordert werden; letzteres jedoch nur insoweit, als die Bauernnahrung nach der Landeinziehung groß genug bleibt, um ein Zweigespann von Ochsen hinlänglich zu beschäftigen.

Die an und für sich unzweckmäßige Normalentschädigung erschien nämlich in der Provinz Posen um so weniger passend, als die bäuerlichen Höfe im ganzen kleiner sind und stärker belastet waren, als in den älteren Provinzen.

3. Den Gutsherren ist es gestattet, sich bei der Auseinandersetzung eine größere Zahl von Dienstleistungen, und zwar, freiwillige Einigung vorausgesetzt, auf längere Zeit, bis zu 24 Jahren, vorzubehalten.

4. Den bäuerlichen Wirten sollen auf ihr Verlangen die bisherigen

---

[1] Klebs l. c. S. 113ff.
[2] Klebs l. c. S. 114ff.

Konservationshilfen, namentlich an Waldweide und Feuerungsmaterial, nicht nur bis zur erfolgten Auseinandersetzung, sondern auch noch darüber hinaus während der nächsten 10 Jahre gegen Entschädigung durch Handdienste vorbehalten werden.

Hierbei wurde auf die Vermögenslage und den Kulturzustand beider interessierten Teile Rücksicht genommen. Man muß beachten, daß die Regulierung nicht von amtswegen in einer bestimmten Frist, sondern nur auf Provokation erfolgte, es also daran gelegen war, den Parteien eine Einigung möglichst zu erleichtern.

5. Die Gutsherren sind verpflichtet, die nach der Kabinettsordre vom 6. Mai 1819 erledigten oder eingezogenen bäuerlichen Höfe wieder wohnungsfähig zu machen und sie mit besonderen Wirten zu besetzen.

Diese Verpflichtung ergibt sich aus der Natur der Sache und hätte weiter zurück ausgedehnt werden sollen, nämlich auf die seit der Einführung des Allgemeinen Landrechts eingezogenen Höfe. Indessen hat das Gesetz diese Maßregel zugunsten des Gutsherrn in der angegebenen Weise eingeschränkt mit Rücksicht darauf, daß längere Zeit bestehende Verhältnisse nicht gestört werden sollten.

6. Mit der Eigentumsverleihung und Dienstaufhebung auf amtlichem Wege soll zugleich die vollständige Gemeinheitsteilung zwischen der Gutsherrschaft und den bäuerlichen Wirten verbunden und zwischen ihnen nach Möglichkeit vermittelt werden.

Man hatte diese Vorsichtsmaßregel getroffen, da, wie schon erwähnt, die Grundstücke untereinander vermischt und zersplittert waren. Durch diese Maßregel wurde die von den Gutsbesitzern lang ersehnte Zusammenlegung ihrer Ländereien ermöglicht und zugleich den Bauern die Bewirtschaftung ihrer Höfe bedeutend erleichtert.

Das Regulierungsgesetz bestimmt genau die Art der Bauernstellen, die ihm unterliegen, die das Recht haben, reguliert zu werden. Das Gesetz sorgt dafür, daß nicht zu kleine Wirtschaften gebildet werden, bei denen nachher der selbständige Besitzer seine Familie nicht ernähren und die Steuern nicht bezahlen könnte und infolgedessen dem Lande und dem Gutsherrn zur Last fiele. Die Festlegung einer Grenze in dieser Hinsicht ist schwer, denn sie hängt ab von der Ortschaft selbst, von der Art des Bodens, der Anzahl von Weiden usw.

Das Gesetz besagt folgendes:

Für bäuerliche Nahrungen sollen jene Stellen gelten, deren Hauptbestimmung es ist, ihren Inhaber als selbständigen Ackerwirt zu ernähren. Das Vorhandensein dieser Bestimmung ist dann anzunehmen, wenn entweder in der Stelle Spanndienste geleistet werden, oder wenn der Besitzer zur Bewirtschaftung derselben gewöhnlich bisher Zugvieh (Pferde oder Rinder) gehalten hat oder solches zu deren Bewirtschaftung dauernd erforderlich ist. Eins dieser drei Merkmale genügt, um die Stelle als regulierungsfähig zu erachten. Findet sich bei einer Stelle nicht wenigstens eins derselben vor, so ist sie nicht regulierungsfähig und gehört zu den Dienstfamilienstellen, die dem Gesetz nicht unterliegen.

Die Gutsbesitzer erstrebten nun eine nochmalige Bestimmung

oder vielmehr eine Verengerung des Begriffes der Regulierbarkeit, und dies geschah durch die Deklaration vom 10. Juli 1836. Hierin wurden zunächst einige über den Begriff der Ackernahrung entstandene Zweifel beseitigt und die Regulierungsfähigkeit selbstständiger bäuerlicher Stellen näher bestimmt. Es wurde der Unterschied zwischen Bauernstellen und kleineren Dienstfamilienstellen erläutert, den verschiedenen von herrschaftlichen Beamten und Dienstboten anstatt des Lohnes benutzten Ackernahrungen, schließlich von solchen Betrieben, welche nicht nur dem Landbau, sondern auch gewerblichen Zwecken dienen.

Diese Deklaration stellte eine Konzession an die Gutsherren dar, indem sie die Zahl der regulierungsfähigen Nahrungen verminderte.

Die Größenbestimmung der in Betracht kommenden Stellen wurde nun distriktsweise nach den verschiedenen Bodenarten getroffen. Bei Weizenboden wurde das Areal in allen Teilen der Provinz gleich bemessen, dagegen wurde bei Roggenboden das Minimum einer Stelle in verschiedener Weise festgesetzt. Es betrug im fruchtbaren Kreise Hohensalza 45 Morgen, im Kreise Schildberg dagegen 65 Morgen. Aushilfsweise ist ein Landbesitz an Acker und Wiesen von 25 preuß. Morg. Gerstenbodens II. Klasse als Minimum festgelegt worden. Die für die einzelnen Gegenden bestimmten Minimalstellengrößen zeigt Tabelle 17.

Das Gesetz von 1823 macht keinen Unterschied zwischen den Domänen- und Privatbauern, der ungerechterweise in den früheren Gesetzen unter Bevorzugung der ersteren stets berücksichtigt wurde.

Die Art wie die Regulierung zustande kommen soll, und zwar die Angabe, woraus eine Wirtschaft bestehen, wieviel Acker, Wiesen und Weiden sie besitzen muß, der Modus, nach dem der Gutsherr für seine bisherigen Vorteile zu entschädigen ist, alles dies hängt ausschließlich von dem Willen der Interessenten ab. Die Regulierungskommission hat das Recht, erst dann zu vermitteln, wenn die Partien allein zu einer Einigung nicht gelangen können. Es werden die gegenseitigen Verpflichtungen berechnet; von den Rechten, die dem Gutsherrn zustehen, werden die Anrechte des Bauern abgezogen, und der Rest bildet die Entschädigung des Gutsherrn. Diese kann erfolgen durch Abtreten eines Teiles des bäuerlichen Ackers oder durch Geld- oder Getreideabgaben und Beibehaltung der Frondienste auf eine bestimmte Zeit, wie schon oben erwähnt wurde. Der Gutsherr darf einer Wirtschaft als Entschädigung nicht mehr Acker, Wiesen und Weiden abnehmen, als die Hälfte ihres Areals, und dies auch nur in dem Falle, wenn durch diese Verminderung die Wirtschaft noch immer imstande ist, für ihre Bearbeitung ein Paar gute Ochsen genügend zu beschäftigen.[1] [2]

Das Gesetz erlaubt, die bäuerlichen Grundstücke an eine andere Stelle zu verlegen. Die Regulierungskommission soll es genehmigen,

---

[1] Klebs l. c. S. 114ff.

[2] O uregulowaniu stósunków włościańskich l. c. S. 21ff.

wenn sie überzeugt ist, daß dadurch der Gutsherr einen positiven wirtschaftlichen Vorteil hat, die Kultur des Landes sich steigert oder Entwässerungen leichter durchzuführen sind. Der Bauer aber soll dabei keinen Schaden erleiden. Der Boden soll genau geprüft werden; falls schlechterer für besseren den Ersatz bilden soll, ist das Areal entsprechend größer zu bemessen. Die Pflicht der Regulierungskommission ist es, zu sorgen, daß durch eventuellen Verlust von Wiesen und Weiden der Bauer nicht gezwungen werde, das System seiner Wirtschaft zu ändern.

Falls infolge der Verlegung der Bauernstelle ein Umbau der Gebäude erforderlich wird, so muß dies auf Kosten des Gutsherrn geschehen. Der Bauer ist verpflichtet, während 12 Jahren nach Vollstreckung der Regulierung in seinem Hause so wie früher das Gesinde des Guts zu beherbergen; diese Pflicht besteht allerdings dann nicht, wenn der Bauer mit dem Gesinde in einer Stube wohnen müßte.

Alle Steuern, welche auf den bäuerlichen Äckern und Gebäuden lasten, fallen mit dem Tage der Regulierung den Bauern zu.

Was die Ablösungsordnung anbetrifft, so wurden die am 7. Juni 1821 für die älteren Provinzen erlassenen Bestimmungen auch in Posen eingeführt und durch das Gesetz vom 8. Februar 1846 erweitert. Dieses Gesetz behandelt die Ablösung von Diensten, Natural- und Geldleistungen bei solchen Grundstücken, welche eigentümlich zu Erbzins- oder Erbpachtrechten besessen werden. Alle solche Angaben können auch auf einseitigen Antrag des Berechtigten oder des Verpflichteten abgelöst werden, mit Ausnahme der auf Dienstfamilienstellen haftenden Handdienste, wo die beiderseitige Einwilligung erforderlich ist. Eine weitere Ausnahme bilden Abgaben öffentlichen Charakters, wie Gemeinde- oder Kirchensteuern, die sich für die Ablösung überhaupt nicht eignen.

Die Ablösung geschieht derart, daß Hand- und Spanndienste, welche zusammen jährlich den Belauf von 50 Manns-Handtagen nicht übersteigen, nach den üblichen Arbeitspreisen in Geld angeschlagen und in Rente vergütet werden.[1] Diese ist jederzeit gegen Erlegung des 25fachen Betrages ablösbar. Bei größeren Diensten dagegen wird nicht nach den einzelnen Arbeitstagen gerechnet, sondern nach den Kosten, denen der Berechtigte ausgesetzt ist, um diese Dienste zu ersetzen.

Alle für Leistungen festgestellten Renten können auf Antrag des Verpflichteten jederzeit in Kapital abgelöst werden. Jedoch bestimmt das Gesetz vom 31. Januar 1845, daß eine Einschränkung oder Ausschließung dieser Befugnis durch einen Vertrag zulässig ist. Außerdem werden die im Landeskulturedikt vom 14. September 1811 erteilten Vorschriften wegen Ablösung fixierter Geldleistungen der Erbpächter auch auf leistungspflichtige Eigentümer oder Erbzinsleute unter Beibehaltung des Kapitalisierungssatzes von 4% ausgedehnt. Auch für die in der Ablösungsordnung nicht ausdrücklich

---

[1] Klebs l. c. S. 118.

als ablösbar bezeichneten gewerblichen, handwerksmäßigen und sonstigen auf dem Grundbesitz haftenden Leistungen wurde später durch das Gesetz vom 30. Juni 1841 wenigstens der Weg zu einer Ablösung durch gütliche Vereinbarung unter Vermittelung der Regulierungsbehörden eröffnet.

Was nun den Wert der einzelnen Dienste anbetrifft, der doch bei den Entschädigungen berechnet werden mußte, so sind bestimmte Normalsätze durch sachverständige Landeseingesessene aufgestellt, durch die Generalkommission begutachtet und vom Ministerium bestätigt worden. (Vgl. Tabelle 18.) Hierbei wurde als Rechnungsfaktor Roggen angenommen, weil dieser wegen der durchaus ländlichen Zustände dem Bauern ein näher liegendes Mittel für die Wertangabe war als das Geld. Wenn man nun Getreide auf Geld umrechnete, so wurden die Martinidurchschnittspreise der letzten 14 Jahre vor der Provokation auf Auseinandersetzung, mit Weglassung der beiden teuersten und billigsten, zugrunde gelegt. Unter Martinimarktpreisen werden diejenigen verstanden, welche im Durchschnitt in den zwei Wochen um Martini gelten.

Die Ereignisse des Jahres 1848 zeigten, daß eine baldige Aufhebung der noch bestehenden Dienste und Lasten erwünscht sei. So brachten auch die Gesetze vom 9. Oktober 1848 und 19. November 1849 einige Bestimmungen über die Ablösung, die die frühere Ordnung erweiterten. Die Reformgesetze von 1850 führten weitere Vorschriften mit sich. Man kann sie in drei Abschnitte zerlegen: Der erste handelt von denjenigen Berechtigungen, welche ohne Entschädigung aufgehoben werden sollen. Dazu gehören besonders solche Rechte, welche dem Berechtigten entweder gar keinen materiellen, oder nur einen von ganz zufälligen Umständen abhängigen, selten zu realisierenden Vorteil gewähren, wie z. B. Obereigentum, Vorkaufsrecht und 22 andere Vorrechte. Der zweite Abschnitt enthält die Bestimmungen über die Ablösung der Reallasten, die auf eigentümlich oder erbpacht- oder erbzinsweise besessenen Grundstücken haften. Der dritte Abschnitt handelt ausschließlich von der Regulierung und gilt nur in den Landesteilen, für die die Gesetze vom 14. September 1811 und 8. April 1823 erlassen wurden.[1]

Es sind nunmehr alle mit lassitischen Rechten zur Kultur oder Nutzung ausgetanen oder mit Abgaben oder Diensten an die Herrschaft belasteten Stellen ohne Rücksicht auf Umfang und Beschaffenheit regulierungsfähig, sofern sie erblich oder zu einem derartigen Nutzungsrechte verliehen sind, daß im Falle der Erledigung die Wiederbesetzung erfolgen müßte. Diese Bestimmung hat jedoch für die Provinz Posen keine besondere Wichtigkeit, da hier dergleichen kleinere Stellen meistens bereits eingezogen waren oder nur als Dienstfamilienstellen existierten, welche von der Regulierung ausgeschlossen sind.[2]

Durch das Gesetz vom 2. März 1850 wird die Verpflichtung des

---

[1] Klebs l. c. S. 137ff.
[2] Szołdrski l. c. S. 51ff.

Gutsherrn zur Wiederbesetzung leerer Bauernstellen aufgehoben. Es findet eine Regulierung von Amts wegen nur bei denjenigen Stellen statt, auf deren Besitz und Eigentumsverleihung jemand einen berechtigten Anspruch erhebt.

Dem Stellenbesitzer steht zwar nach dem Gesetz von 1823 das Eigentumsrecht erst nach der Ausführung der Regulierung zu, dennoch ist ihm ein vollständiges Erbrecht, wie bei wirklichen Eigentümern, schon am Tage der Verkündung des neuen Gesetzes verliehen worden. Bei erblicher Überlassung eines Grundstückes soll fortan nur die Übertragung des vollen Eigentums zulässig sein, allenfalls unter Auflegung ablösbarer fester Geldrenten oder von Kapitalien, die spätestens nach 30 Jahren kündbar sind.

Auf Ablösung oder Regulierung anzutragen ist sowohl der Berechtigte als auch der Verpflichtete befugt. Die Provokation auf Ablösung seitens des Berechtigten muß sich stets auf die Ablösung aller Reallasten, die für ihn auf den Grundstücken derselben Gemeinde haften, erstrecken, und bei Provokation des Verpflichteten auf sämtliche, seinem Grundstücke obliegenden Reallasten. Dabei ist das Zurücknehmen einer eingebrachten Provokation nicht zulässig.

Die Kosten der Regulierungen und Ablösungen, ausschließlich der Prozeßkosten, werden von dem Berechtigten und Verpflichteten zur Hälfte getragen. Um das Verfahren der Regulierung zu erleichtern, werden die landwirtschaftlichen Regulierungsabteilungen und Generalkommissionen ermächtigt, jeden Staats- und Gemeindebeamten, den sie dazu für geeignet halten, mit Auseinandersetzungsgeschäften zu beauftragen.

An dieses Gesetz schließt sich unmittelbar das an demselben Tage erlassene Gesetz über die Errichtung von Rentenbanken[1] an. In jeder Provinz wird eine unter Leitung und Garantie des Staates stehende Rentenbank errichtet, welche die in feste Geldrenten verwandelten Reallasten an Stelle des Berechtigten übernimmt und diesen dafür in Höhe des Ablösungskapitals durch zinstragende, allmählich zu amortisierende Schuldverschreibungen (Rentenbriefe) abfindet. Da die Renten, die die Rentenbank von den Verpflichteten in der bisherigen Weise fortbezieht, zum 20fachen Betrage kapitalisiert sind, und die Rentenbriefe nur zu 4 $^0/_0$ verzinst werden, so bleibt ein Überschuß von 1 $^0/_0$ übrig. Dieser bildet den Fonds, aus welchem die allmähliche Amortisation der Rentenbriefe bewirkt wird. Die Amortisation erfolgt nach 41 $^1/_{12}$ Jahren, wenn die volle Rente an die Bank überwiesen wird, und nach 56 $^1/_{12}$ Jahren, wenn der Verpflichtete jährlich nur $^9/_{10}$ der Rente bezahlt, was nach den diesbezüglichen Bestimmungen zulässig ist. Auch steht ihm während dieser Zeit die gänzliche oder teilweise Tilgung der Rente durch Kapitalzahlung frei.

Der Verpflichtete kann die Ablösung durch einmalige Zahlung des 18fachen Rentenbetrages an den Berechtigten direkt bewirken, jedoch nur dann, wenn derselbe sich damit einverstanden erklärt;

[1] Klebs l. c. S. 145ff.

im entgegengesetzten Falle erfolgt die Zahlung an die Staatskasse, welche sich mit der Rentenbank in Verbindung setzt und dem Berechtigten den 20fachen Betrag in Rentenbriefen auszahlt.

Die der Rentenbank überwiesenen Renten werden monatlich eingezogen und haben das gesetzliche Vorzugsrecht, welches den Steuern zusteht.

Die mit halbjährlich fälligen Zinskupons versehenen und „au porteur" lautenden Rentenbriefe sind seitens ihrer Inhaber nicht kündbar, wohl aber von seiten der Bank, welche einen entsprechenden Teil halbjährlich auslosen läßt und die ausgelosten Briefe ihren Inhabern nach dem Nennwert bar bezahlt.

Die Sicherstellung der Rechte dritter Personen bei der Abfindung ist, abgesehen von einigen Modifikationen, ähnlich wie bei sonstigen Kapitalabfindungen. Die Kosten der Errichtung und Verwaltung der Rentenbanken trägt der Staat.

Die Renten, die dem Domänenfiskus zustehen, unterliegen denselben Grundsätzen, jedoch mit dem Unterschiede, daß keine Rentenbriefe ausgefertigt werden, sondern die Renten nach Ablauf von $56^1/_{12}$ bzw. $41^1/_{12}$ Jahren erlöschen.

Zur Ausführung der Regulierungs- und Ablösungsgesetze war eine Generalkommission ernannt worden, bestehend aus einem Generalkommissar, einem Oberkommissar, welcher ein der Landwirtschaft kundiger Sachverständiger sein sollte, und einem ebenfalls mit den agrarischen Verhältnissen vertrauten Justitiar.[1] Jedoch erwies sich infolge der wachsenden Zahl der Geschäfte bald eine Verstärkung der Kollegien als notwendig. Es wurden teils Gerichts-, teils Verwaltungsbeamten herangezogen, welche in Auseinandersetzungsangelegenheiten eine gewisse Erfahrung hatten.[2]

Die Appellationsinstanz war das Revisionskollegium in Posen, dessen Vorsitzender ein Mitglied des Präsidiums des Oberlandesgerichtes war und dem zwei Oberlandesgerichtsräte und zwei der Landwirtschaft kundige Regierungsräte angehörten. 1844 wurde es, ebenso wie alle anderen Revisionskollegien, nach Berlin verlegt.[3] Um eine gütliche Einigung zu erleichtern, wurden besondere Kreis-Vermittelungsbehörden ernannt, welche aus 2—5 eingesessenen Rittergutsbesitzern und Bauern bestanden. Diese Instanz hatte für ein möglichst einfaches Zustandekommen der Einigung zu sorgen; erst wenn dies nicht gelang, konnte die Generalkommission einschreiten. Indessen wurde den Kreis-Vermittelungsbehörden durch die Verordnung vom 30. Juni 1834 im allgemeinen eine veränderte Stellung gegeben; die Erfahrung hatte nämlich gezeigt, daß der Zweck eines schnellen und einfachen Verfahrens auf diesem Wege nicht erreicht sei, vielmehr dabei unnütz Zeit und Geld vergeudet wurde. Sie führten

---

[1] O uregulowaniu stósunków włościańskich, l. c. S. 54ff.
[2] Klebs l. c. S. 177 ff.
[3] Meitzen l. c. Bd. I. S. 400 ff.

nun ihre Geschäfte unter der Leitung des Landrates und der Generalkommission.

Die Ausführung der Regulierung, deren Folgen für die sozialen Verhältnisse und für die Landwirtschaft so ungemein wichtig waren, hatte mit den verschiedensten Schwierigkeiten zu kämpfen. Die Ursache hiervon lag teils in der Gesetzgebung selbst, teils in äußeren Verhältnissen.

Das Regulierungsgesetz vom 8. April 1823 begnügte sich nicht mit der summarischen Teilung des Landbesitzes zwischen dem Gutsherrn und dem Bauern zu $^1/_2$ und $^1/_3$, sondern gründete die Auseinandersetzung auf den Wert der beiderseitigen Leistungen. So sehr diese Entschädigungsweise auch den Forderungen der Gerechtigkeit und Zweckmäßigkeit entspricht, so ist die Regulierung dadurch trotzdem erschwert worden. Es mußte nämlich in jedem einzelnen Falle eine genaue Ermittelung und Feststellung der gegenseitigen Rechte und Verpflichtungen erfolgen, was bei den durchaus ungeordneten Besitz- und Rechtsverhältnissen und dem gänzlichen Mangel an schriftlichen Verträgen nichts Leichtes war.

Die entgegengesetzten Interessen des Gutsherrn und des Bauern waren auf jedem Schritt ein Hindernis. Es kamen fortwährend Streitigkeiten vor über die Regulierungsfähigkeit überhaupt, über die Zahl, den Umfang und den Wert der Dienste, weiter über die Beschaffenheit der Naturalabgaben, die Unterhaltungspflicht der Gebäude, das Eigentum der Inventarien usw. Eine besonders reichhaltige Quelle von Prozessen im Regulierungsverfahren bot die Feststellung der subjektiven Regulierungsansprüche selbst. Nach dem Gesetze stand nämlich ein solcher Anspruch nur demjenigen zu, der einen regulierungsfähigen Hof bei Verkündung des Gesetzes rechtmäßig besaß. Es scheint auf den ersten Blick, daß durch diese Bestimmung allen weiteren Schwierigkeiten vorgebeugt sei. Eine nähere Betrachtung ergibt indessen das Gegenteil: Schon die Bedingung, daß der Besitz kein bloß faktischer, sondern ein rechtmäßiger sei, d. h. sich auf einen Rechtstitel gründen sollte, versetzte die Besitzfrage aus dem Tatsächlichen in das Gebiet rechtlicher Fragen, über die sehr verschiedene Ansichten herrschen konnten. Es hatte bei der früheren schlechten Lage der Bauern, dem wiederholten Wechsel der Pächter und Verwalter eine häufige Änderung der Besitzer stattgefunden. Viele Bauern waren nicht vom Eigentümer, sondern von den Pächtern und Kommissarien eingesetzt worden und auch oft nur interimistisch; viele waren durch Abtretung der Hufe seitens der bisherigen bäuerlichen Besitzer, bald ohne Wissen des Gutsbesitzers, bald nur mit stillschweigender Genehmigung desselben, in den Besitz ihrer Höfe gelangt. Eine große Anzahl von Stellen war selbst nach 1819 von ihren Wirten verlassen und mit anderen Wirten besetzt oder auch unbesetzt geblieben.

Die Aussicht auf Eigentumserwerbung und bessere Vermögenslage zog jene ursprünglichen Besitzer aus dem Verborgenen. Sie traten hervor mit mehr oder minder begründeten Ansprüchen, die erst auf dem Wege des Prozesses entschieden werden mußten. Die Zahl derartiger Prozesse belief sich bis 1839 auf 270.[1]

Ein anderer Umstand, der die Ausführung der Regulierung in der Provinz Posen erschwerte, liegt in der wegen des mehrfachen Regierungswechsels vorhandenen verschiedenartigen Gesetzgebung. Es gab viele Fälle, wo zum Zwecke der Feststellung von Rechten, Beurteilung der verschiedenen Erwerbsarten, auf die Gesetze, Verfassungen und das Gewohnheitsrecht der altpolnischen, südpreußischen und Warschauer Regierungszeit zurückgegriffen werden mußte.

Die Landeskulturgesetzgebung schnitt überhaupt so tief in die ursprünglichen Zustände ein, daß die Vermeidung eines Konfliktes zwischen dem Althergebrachten und dem Neueingeführten auch bei den weisesten und durchdachtesten Gesetzen nicht zu erhoffen war. Um Mißverständnisse zu beseitigen, sind zahlreiche Ministerialerlasse, Gesetzsammlungen und Kommentare erschienen, welche bis in die kleinsten Einzelheiten der ländlichen Verhältnisse eindrangen.

Es soll sogar vorgekommen sein, daß die vielen Schwierigkeiten den Bauern solche Furcht einflößten, daß sie, obgleich ihnen doch eben die Regulierung nur zu Gute kommen konnte, in der Nacht heimlich das Dorf verließen, nur um nicht zur Übernahme der Wirtschaft gezwungen zu werden. Trotz aller dieser Schwierigkeiten waren die unmittelbaren Erfolge der Regulierungsgesetzgebung infolge der Zweckmäßigkeit des Gegenstandes selbst und der Tatkraft der Kommissionen ganz außerordentlich groß.[2] Folgende Zahlen beweisen dies deutlich:

Es gab in Posen 1816 bzw. 1823 nach den Ermittelungen von Knapp[3] 48151 spannfähige Bauern überhaupt, von denen über 25000 (52 %) Laß- und Pachtbauern waren, d. h. ungünstige Besitzrechte besaßen; die übrigen 48 % der spannfähigen Bauern waren teils volle Eigentümer, teils Erbzinsleute und Erbpächter, welche nicht regulierungsbedürftig waren und nur ihre Dienste und Leistungen abzulösen hatten. Die große Zahl von 48 % ist dadurch zu erklären, daß besonders im Netzedistrikt viele Bauern, insbesondere Domänenbauern, bereits vor 1806 Eigentumsrechte erworben hatten. Weiter wurden sämtliche Gemeinheiten, d. h. die gemeinsamen Nutzungen von Holz, Streu, Hutungen usw. durch die Landeskulturgesetzgebung geteilt und erledigt.

Bis 1865 sind fast alle Regulierungen, Ablösungen und Gemeinheitsteilungen durchgeführt worden. Die Erfolge dieser Tätigkeit zeigt Tabelle 19.

---

[1] Klebs l. c. S. 181.

[2] In einer Sitzung des Ausschusses für Industrie des wirtschaftlichen Vereins „Kasyno“ in Gostyn im Jahre 1840 wurde hervorgehoben, daß die Regulierung in der Provinz Posen gegenüber Schlesien sehr schnell und ohne Hindernisse vor sich gehe. Man behauptete, daß in Posen das Verhältnis in den freiwilligen Regulierungsauseinandersetzungen zu den auf dem Prozeßwege erledigten 7:3, in Schlesien dagegen 1:2 war. (Przewodnik Rolniczo Przemysłowy. [Landwirtschaftlich gewerblicher Anzeiger.] Jahrgang 1840 S. 226—227.)

[3] Knapp, Die Bauernbefreiung. Leipzig 1887. Bd. I. S. 257ff.

Diese Zahlen beziehen sich nur auf die von den Auseinandersetzungsbehörden geleiteten Geschäfte. Dazu kommen noch die der Domänen- und Forstverwaltungen. Die angeführten jährlichen Geldzahlungen sind nur die von den Rentenbanken übernommenen Renten.

So sind also bis 1865 über 2 Millionen Spanndienst- und über $4^1/_2$ Millionen Handdiensttage aufgehoben worden. Nimmt man nun an, daß in normalen Verhältnissen der freie und selbständige Bauer auch nur ein Viertel mehr leisten könnte als bei einer Zwangsarbeit und der damit verbundenen Zeitvergeudung, so gewann die Summe der Arbeit in der Provinz Posen durch die Ablösungen jährlich $^1/_2$ Million Spann- und über 1 Million Handdiensttage, was von unschätzbarem Werte ist.

Die Ablösungen von Diensten wurden schnell vollendet, da allgemein eine Abneigung gegen Dienste in der Provinz herrschte. Dagegen viel langsamer ging es mit der Ablösung von Naturalabgaben und Geldrenten: Bis 1850 waren nur wenig Anträge dieser Art gemacht worden. Kaum aber war das Rentenbankgesetz erschienen, so strömten Provokationen auf dergleichen Ablösungen in solcher Menge zu, daß die Zahl der Anträge, die 1849 auf 38 gesunken war, in den beiden folgenden Jahren 1338 betrug. Seit 1850 werden die Ablösungen überhaupt häufiger: z. B. waren es 1849 nur 15000 Dienst- und Abgabepflichtige, welche abgelöst hatten, im Jahre 1865 stieg ihre Zahl auf 89000; es waren also seit 1849 rund 74000 Ablösungen erledigt worden.

Die meisten Renten waren den Rentenbanken überwiesen worden; so wurden der Posener Rentenbank während 5 Jahren aus 2351 verschiedenen Ortschaften 404015 Rthlr. Jahresrenten eingezahlt, was ein Kapital von beinahe 9 Millionen Rthlr. repräsentiert und etwa $^3/_4$ der ganzen in Kapital abzulösenden Renten ausmachte.

Die Regulierung wurde in fast 2500 Dörfern vorgenommen. Beinahe ein Fünftel der regulierten Stellen wurde abgebaut, d. h. die Gebäude und Äcker der Bauern wurden aus irgendwelchen Rücksichten an eine andere Stelle verlegt. Dabei wurde stets für die Bequemlichkeit gesorgt und der Abbau in die Nähe der Landstraße, Kirche, Schule usw. gelegt. Für die vorhandenen und die geplanten Schulen wurde bei dieser Gelegenheit ein Stück Acker vorbehalten; im ganzen betrug die Dotation der Schulen durch die Regulierung 6859 Morgen, durch die Gemeinheitsteilung 7000 Morgen.

An neuen Betrieben sind infolge der Regulierungen: 30 herrschaftliche Vorwerke, 6272 abgebaute Bauernhöfe und 471 Dienstfamilienwohnungen, infolge der Gemeinheitsteilung 22 herrschaftliche Vorwerke, 2605 abgebaute Bauernhöfe und 471 Dienstfamilienwohnungen entstanden.[1]

Über die Resultate der Regulierung hinsichtlich der Anzahl und Fläche der spannfähigen Nahrungen gibt Tabelle 19a) und b) einen Überblick. Es geht aus ihr hervor, daß infolge der Regulierung die

---

[1] Klebs l. c. S. 208.

Zahl und Fläche der spannfähigen bäuerlichen Nahrungen sich im Regierungsbezirke Bromberg bedeutend vermindert, dagegen im Regierungsbezirke Posen, allerdings in geringerem Maße, vermehrt hat.

Die große Agrarreform hat die Trennung zwischen dem ländlichen Arbeiter und dem selbständigen Bauern verursacht. Ursprünglich war ein solcher Unterschied nicht vorhanden; es gab vor der Regulierung überhaupt nur wenige Tagelöhner, und diese hatten die Aussicht, daß ihnen bei günstiger Gelegenheit zum Lohn für gute Dienste eine erledigte Bauernstelle zufallen werde.[1] In den großen Gütern wurden im allgemeinen die Arbeiten durch die Frohnleistungen der erbuntertänigen Dörfer — vom Vollbauern an bis herunter auf den Büdner — bewirkt. Durch die Regulierung wurden nun die Inhaber der spannfähigen Nahrungen nach Ablösung der Dienste und Abgaben zu freien, selbständigen Grundbesitzern. Dagegen sind unzählige Eigentümer von kleinen Stellen, denen die Regulierungsfähigkeit nicht zuerkannt wurde, zu besitzlosen Tagelöhnern in dem benachbarten Gute geworden, indem ihre Besitzungen allmählich zum Gutslande geschlagen wurden.

In dieser Weise vollzog sich die Scheidung zwischen dem landbesitzenden Bauern und dem besitzlosen Arbeiter. Diese befinden sich nun außerhalb des Gemeindelebens und unterliegen sowohl in wirtschaftlicher als auch in obrigkeitlicher Hinsicht dem Gutsherrn. Es wurde nämlich, was die Verwaltung anbetrifft, die Scheidung zwischen Landgemeinden und Gutsbezirken geschaffen.[2]

Viertes Kapitel.

Die Wirkung der Regulierung auf die Entwicklung der bäuerlichen Landwirtschaft.

Durch die Landeskulturgesetzgebung wurde der schroffe Spalt zwischen dem Großgrundbesitz und dem Bauernbesitz beseitigt. Die verschiedenen rechtlichen Zustände werden nun gleichgestellt. Der Unterschied zwischen dem Gutsland und dem modernen Bauernbesitz ist fast ausschließlich durch die Größe des Vermögens hervorgerufen. Eine bäuerliche Besitzung erhält ihr Gepräge dadurch, daß der Eigentümer selbst seine physische Arbeit zur Bewirtschaftung des Gutes verwendet, und dieser Charakter geht verloren, wenn der Besitzer durch Beaufsichtigung der Arbeiten und die Leitung der geschäftlichen und sonstigen Angelegenheiten hinreichend beschäftigt wird. Die Besitzgröße, bei der eine Wirtschaft ihren bäuerlichen Charakter verliert und als ein Gut anzusehen ist, ist sehr verschieden und hängt von der Beschaffenheit des Bodens, von der Intensität der Wirtschaftsweise u. a. ab. Sie schwankt zwischen 40 und 60 ha.

---

[1] **Sering**, Die innere Kolonisation im östlichen Deutschland. Schriften d. Ver. für Soz. Pol. Bd. LVI. Leipzig 1893. S. 9.

[2] **Sering** l. c. S. 10.

Der bäuerlichen Landwirtschaft wurde es durch die Regulierung möglich gemacht, sich die Errungenschaften der Neuzeit anzueignen. Durch die Regulierung wurde der Bauer der Verpflichtungen, die seine Wirtschaft beeinträchtigten, entbunden; er wurde ein freier und selbständiger Mann, empfänglich für alles Gute und Nützliche, was die Kultur mit sich bringt. Die Möglichkeit, sich aus Armut zu Wohlstand emporzuarbeiten, war ihm nun gegeben.

Der Bauer ließ denn auch dieses günstige Moment nicht achtlos vorübergehen, sondern nützte es nach besten Kräften aus. Nachdem er sich also nach vielen Jahrhunderten des Abhängigseins an seine Selbständigkeit gewöhnt hatte, trachtete der Bauer danach, seine Wirtschaft zu reformieren. Er bessert seine Gebäude aus, umringt sein Gehöft mit Zäunen, schafft die Steine von den Feldern weg, zieht Gräben, kurzum er tut alles, was seiner Ansicht nach der Wirtschaft nützen könnte. Oft sind diese Reformen dadurch gefördert worden, daß die Höfe durch Abbau in eine günstige Lage verlegt wurden.[1] Wenn nun auch in den ersten Jahren nach der Regulierung die Bodenerträge nicht viel größer waren, so ist doch die Summe der verkauften Produkte infolge der Aufhebung der Frohndienste, also infolge der verminderten Gesindezahl, bedeutend größer geworden.

Die Bodenkultur wird allmählich vollkommener; die Ackerbestellung geschieht im allgemeinen mit mehr Sorgfalt. Es werden immer mehr Futtergewächse angebaut, was nun, seit der Aufhebung der freien Weiden, umso wichtiger ist. Diese Fortschritte sind auch einigen Musterwirtschaften zu verdanken, die in den dreißiger Jahren alle Neuheiten der Landwirtschaft des Westens in die Provinz einführten. An erster Stelle ist hier der General Baron von Chłapowski zu nennen[2], der seine fachmännischen landwirtschaftlichen Kennt-

---

[1] Die zahlreichen Verlegungen der Bauernhöfe hatten ihre guten Folgen auch für die kleinen Städte, wo sich das Maurer- und Zimmergewerbe infolge der zahlreichen Abbauarbeiten stark entwickelte.

[2] Chłapowski führte in den zwanziger und dreißiger Jahren auf seinen Gütern folgende Fruchtfolgen ein:

I. Rotation: (Schwerer Boden, 10 Schläge à 30—50 Mg.) 1. Wicken (Stalldung), 2. Roggen, 3. Hackfrüchte (Stalldung), 4. Gerste mit Kleeeinsaat, 5. Klee, 6. Kleeweide, 7. Hafer, 8. Brache, 9. Raps (Stalldung), 10. Weizen.

II. Rotation: (Leichter Lehmboden, 7 Schläge à 50 Mg.) 1. Roggen, 2. Kartoffeln (Stalldung), 3. Erbsen, 4. Roggen mit Weißkleeeinsaat, 5., 6., 7. Weide.

III. Rotation: (Leichter Boden, 13 Schläge à 50 Mg.) 1. Roggen, 2. Erbsen (Stalldung), 3. Roggen, 4. Buchweizen mit Weißklee-Einsaat, 5., 6., 7. Weide, 8. Roggen 9. Kartoffeln (Stalldung), 10. Gerste mit Weißkleeeinsaat, 11., 12., 13. Weide.

Mit welchen Schwierigkeiten zu jener Zeit die Einführung solcher Reformen zu kämpfen hatte, beweist z. B. die Tatsache, daß Chłapowski in Turew (Kreis Kosten) frischen Kleesamen durch seine Knechte aus Erfurt holen lassen mußte.

Andererseits brachten die deutschen Einwanderer eine intensivere Bewirtschaftungsweise aus dem Westen mit. So war z. B. die Herrschaft Kobelniki (Kr. Strelno) des Freiherrn v. Wilamowitz-Moellendorf eine Musterwirtschaft. Um das Jahr 1843 bestand dort folgende Fruchtfolge:

1. Brache, 2. Raps, 3. Weizen, 4. Kartoffeln, 5. Erbsen (Stalldung), 6. Win-

nisse, die er in England erworben hatte, nicht nur auf seinen eignen Gütern verwertete, sondern sie vielen Söhnen von Rittergutsbesitzern, die Volontäre bei ihm wurden, beibrachte. Aber Chłapowski gedachte auch der Bauern, indem er in einer Zeitschrift, betitelt „Szkółka niedzielna“ (Sonntagsschule), ihnen in leichtverständlicher Weise eine rationelle Landwirtschaft vor Augen führte. Welch' große Bedeutung die Einführung des Anbaues von Futtergewächsen bei den Bauern gehabt hat, beweist folgendes: In Neu-Krumzig (Kreis Bomst) hatte die unumschränkte Benutzung der herrschaftlichen Wälder infolge der Regulierung aufgehört und alles schien kopfüber zu gehen, da die Bauern keine Wiesen hatten. Land war hier für Spottpreise zu kaufen, und Zwangsverkäufe kamen massenhaft vor. Eine förmliche Umwälzung bewirkte aber die Einführung des Futterpflanzenbaues, der diesen Mißständen ein Ende machte.[1] Der Bauer beginnt auch nach dem Vorbilde des Großgrundbesitzes besser zu düngen. Mit dem Stalldünger wird umsichtiger verfahren; auch werden Teichschlamm, Erde aus Gräben, Gyps, Mergel und Asche zur Düngung verwendet.

In der Nähe von Städten wird der Anbau von Handelsgewächsen bei den Bauern häufiger. Auch wird für die Produktion von Heu mehr Sorge getragen; die Wiesen werden nach Möglichkeit melioriert und zweischnittig gemacht. Die Ernteerträge beginnen zu steigen und den durchschnittlichen Erträgen der Rittergüter gleichzukommen. Man kann annähernd die Ernten der Bauernwirtschaften aus der Zeit nach der Regulierung an den Normal-Ertrags-Tabellen des Posener Kredit-Vereins ersehen, die für die Rittergüter um das Jahr 1830 aufgestellt wurden. Aus ihnen ist zu ersehen, daß im günstigsten Falle bei Tonboden der Ertrag an Weizen oder Gerste pro Morgen 7—9 Scheffel (ca. 280—360 kg[2]), im ungünstigsten Falle dagegen, bei einer sehr schwachen Düngung, 4—6 Scheffel betrug. Bei sandigem Lehm- und lehmigem Sandboden soll die durchschnittliche Ernte, je nach der Düngung, 6—3 bzw. 5—2 Scheffel ausgemacht haben. Der bei Kalkboden verzeichnete Ertrag ist äußerst gering, er schwankte zwischen 3 und 1 Scheffel pro Morgen. Als Aussaatmenge bei diesen Normal-Erträgen wurde im großen und ganzen ein Scheffel angenommen. (Vergl. Tabelle 20.)

Das Schwanken der Ernteerträge entspricht dem der Bareinnahmen des Bauern; diese hängen jedoch ebenfalls mit den vorherrschenden Getreidepreisen zusammen; bei dem durchaus unge-

---

terung, 7., 8. Klee, 9. Winterung, 10. Brache, 11. Winterung (Stalldung), 12. Kartoffeln, 13. Sommerung.

Die vom Staat eingerichteten Versuchs-Musterwirtschaften, ebenso wie die Ackerbauschule zu Kolno (Kr. Birnbaum) gingen leider wegen Mangels an Geldmitteln ein, dagegen hat der 1830 festgesetzte Prämienfonds von jährlich 600 Talern zur Vermehrung des Futtergewächsbaues und Einführung der Stallfütterung erheblich beigetragen. (Brodnicki, l. c. S. 48ff.)

[1] Akten des landwirtschaftlichen Provinzialvereins für das Großherzogtum Posen. 1882. (Bericht des Vorstandes des Landw. Prov.-Ver. an den Landwirtschaftsminister Dr. Lucius über die bäuerlichen Wohlstandsverhältnisse).

[2] Vgl. Anmerk. 2 S. 21.

regelten Getreidehandel jener Zeit war nämlich der Preis für das bäuerliche Getreide, sofern es überhaupt zum Verkauf gelangte, mehr vom Willen der kleinstädtischen Getreidehändler abhängig, der stets ein Jude war, als von der allgemeinen Notiz.

Die Jahresdurchschnittspreise der landwirtschaftlichen Produkte in den Jahren 1816—1890 sind in Tabelle 21 zusammengestellt.

Was die Viehhaltung betrifft, so sind hier günstige Umwandlungen zu verzeichnen. Vor allem wird die Zahl der Zugochsen infolge der Aufhebung der Spanndienste eingeschränkt. An ihrer Stelle hält der Bauer Nutzvieh und er sieht allmählich die daraus entstehenden Vorteile. Im allgemeinen widmet er seinen Haustieren mehr Sorgfalt und ihre Qualität wird mit der Zeit besser. Zur Verbesserung der Pferderassen wird vom Staate im Jahre 1832 ein Landgestüt errichtet und 1835 eine Körordnung erlassen. Über die Quantität der Tiere jener Zeit gibt Tabelle 22 einen Überblick, die sich zwar auf die gesamte Provinz bezieht, jedoch auch für die bäuerliche Viehhaltung in den einzelnen Zeitabschnitten einen gewissen Anhalt bietet.

Auch auf den Zustand der Gebäude und Geräte soll die Regulierung nach den Berichten von Zeitgenossen einen günstigen Einfluß ausgeübt haben. Zwar sind die Lehm- und Fachwerkbauten mit Strohdächern noch allgemein üblich, aber es werden gewisse Verbesserungen vorgenommen. Der Schornstein wird aus Stein gemauert, die Stuben werden geräumiger gebaut und mit größeren Fenstern und ordentlichen Glasscheiben versehen. Die Ackergeräte werden vollkommener, zum Teil mit Eisen beschlagen, durch staatliche Verfügung werden breitspurige Wagen eingeführt. Kurzum der Wohlstand der Bauern wurde durch die Landeskulturgesetzgebung gehoben. Dies ist auch daraus zu ersehen, daß bis 1848 die Abfindung der Gutsherren seitens der Bauern in Roggen und Land, später schon meistens in Geld erfolgten. Auch sind die Bezahlungen der Renten im Großen und Ganzen pünktlich gewesen, mit Ausnahme der Jahre 1848—50, wo die inneren Unruhen auch hier nicht ohne Folgen geblieben sind.

Fünftes Kapitel.

Der Rückgang des bäuerlichen Besitzes in den Jahren 1823—1880.

Das vierte Kapitel hat den segensreichen Einfluß geschildert, den die Verleihung von Freiheit und Eigentumsrechten auf den Bauern und seinen Besitz ausgeübt hat. Leider folgte diesen günstigen Erscheinungen bald eine Reihe von Mißständen, die den Rückgang des Rustikalbesitzes verursachten.

Diese ungünstigen Zustände waren folgende: Schon bei der Regulierung selbst sind mitunter Fehler begangen worden; es wurden Gemeinden selbständig gemacht, die nicht groß genug waren, um die Lasten der Selbständigkeit zu tragen und deshalb der Verschuldung anheimfielen. Auch der kulturelle Zustand der Bauern war nicht überall der erfreulichste. Wo die Rittergüter nicht mit gutem Beispiel vorangingen und mit Rat und Tat den Bauern beistanden, da hob sich die Landwirtschaft der Bauern wenig. Bei ihrer Schwerfälligkeit, die noch aus der Zeit der Leibeigenschaft herrührte, andrerseits bei ihrem großen Konservatismus und dem Mißtrauen gegenüber allem, was als neu erschien, eigneten sich die Bauern, wo sie eben kein gutes Beispiel als Ansporn hatten, die Fortschritte auf landwirtschaftlichem Gebiete nicht an. Dazu trugen auch in bedeutendem Maße der Leichtsinn und die Sorgfalt der Bauern bei; sehr verbreitet war die Trunksucht, die durch die Wochenmärkte und zahlreichen Feiertage gefördert wurde.

Außerdem waren die verschiedensten Lasten hinzugekommen. Neben den Abfindungen und Renten waren die Staatssteuern, Kirchen- und Schulbeiträge, Kreiskommunallasten, Beiträge zu Provinzial-Institutionen usw. zu bezahlen. Besonders wurden die Kommunallasten hoch bemessen. Die Ursache dafür ist in dem Bau von Chausseen und Eisenbahnen zu suchen; die Provinz wurde hierbei vom Staate sehr wenig unterstützt, und so fielen die Kreise einer sehr großen Verschuldung anheim, was auf die Besteuerung der einzelnen Gemeinden entsprechend einwirkte. Wie ein Bericht des Posener Landwirtschaftlichen Provinzialvereins an den Minister Lucius vom Jahre 1892 besagt[1], sind diese hohen Kommunalabgaben auch durch die großen Kosten der Armenpflege verursacht worden: Eine große Anzahl von Landbewohnern zog alljährlich im Frühjahr nach den Großstädten, Industriegebieten und Gegenden mit starkem Rübenbau, um höheren Arbeitslohn zu suchen. Viele von ihnen kehrten im Herbste zurück, ohne genügenden Geldvorrat für den Winter mit sich zu bringen. Die Pflicht der Unterstützung dieser Leute und ihrer Familien trägt der heimatliche Armenverband; für kleine unvermögende Armenverbände war diese Unterstützungspflicht mitunter geradezu ein Ruin. Alle diese Lasten mußten von einem Besitztum, dessen durchschnittliche Größe 55 Morgen betrug, herausgewirtschaftet werden. Etwaige Reformen, die die Bodenerträge steigern konnten, beanspruchten anfangs eine — mitunter sehr bedeutende — Kapitalanlage, die vom Bauern schwerlich beschafft werden konnte. So ist denn nicht zu verwundern, daß der wenig regsame Bauer, falls ihm nicht besondere Hilfe gewährt wurde, infolge der großen Lasten in Verschuldung geriet. Viel Übel ist auch durch die allgemein verbreitete Vererbungsweise auf Grund von Überlassungsverträgen verursacht worden. So kam es oft vor, daß der Vater im Alter von 50—55 Jahren, — also in einer Zeit, wo er noch rüstig und arbeitsfähig war, die Wirtschaft seinem Sohne überließ. Diese Trägheit hatte zur Folge, daß die Arbeitskraft der Eltern, die noch lange Zeit hätte ausgenutzt werden können, verloren ging, andrerseits aber das Ausgedinge infolge eines sehr langen Zusammenlebens zu einer drückenden Last wurde. Es kam vor, daß

[1] Vgl. Anmerk. 1 S. 39.

das Ausgedinge 20—30 Jahre gezahlt wurde, und als die Eltern schließlich starben, da hatte der Sohn schon das Alter erreicht, in welchem er es ebenfalls für angemessen hielt, in den Ruhestand zu treten. So geschah es denn, daß das Altenteil eine ständig auf dem Gute lastende Pflicht wurde.[1]

Andererseits wurden die Ausgedinge selbst oft sehr hoch bemessen, ohne Rücksicht auf die Leistungsfähigkeit der Stelle. Da der Übernehmer stets als der Bevorzugte unter den Geschwistern galt, er selbst aber auch sehr oft erfreut war, nun der Besitzer zu werden, so geschah es, daß in die Verträge sehr große Abfindungen und Altenteile eingetragen wurden.

In folgendem gibt ein Ausgedinge aus dem Kreise Bomst ein Beispiel dieses Übels:

Auf einer Wirtschaft von 15 ha leichten Bodens, deren Kaufpreis 3500 M. beträgt, lastet eine Schuld von 600 M. Der vierzigjährige Vater überläßt den Hof seiner Tochter gegen folgendes Ausgedinge:

1. Eine Stube, Keller, Bodenraum, Viehstall, eine Kuh und zwei Schafe, bei freiem Sommer- und Winterfutter.

2. Ein Drittel des Obstes, Nutzung von drei Flächen Land à $^1/_4$ Morgen des besten vorhandenen Bodens.

3. Der Wirt (Schwiegersohn des Ausgedingers) muß das Land für diesen bestellen und den erforderlichen Dünger anfahren.

4. Freie Verpflegung während der Krankheit, einschließlich der Kosten des Arztes und Apothekers, sowie freies Begräbnis.

5. 4 Klafter zerkleinertes Kiefernholz I. und II. Klasse sowie 2000 Stück Torf als Brennmaterial.

6. 9 Scheffel Roggen, $1^1/_2$ Scheffel Buchweizen, 2 Scheffel Hafer, $1^1/_2$ Scheffel Hirse, und 1 Schock Stroh.

7. 9 Mark bares Geld.

8. Jährlich 4 freie Fuhren 2 Meilen weit.

9. Sollte der Ausgedinger wegziehen, so erhält er jährlich 30 M. als Entschädigung für die freie Wohnung und das vorgeschriebene Ausgedinge muß ihm 2 Meilen weit nachgefahren werden.[2]

Dieses ist kein ungewöhnliches Ausgedinge; die Erscheinung, daß es die Leistungsfähigkeit der Wirtschaft übersteigt, ist in den Jahren 1850—80 häufig. Die unmittelbare Folge davon ist ein Rückstand in der Zahlung des Altenteiles, was Unfrieden in das Haus bringt. Nach dem Zanke zwischen Eltern und Kindern kommt es zu Prozessen und schließlich zum Zusammenfall des Vermögens, wozu die Winkeladvokaten, die die kleinste Streitsache zu heller Flamme anzufachen verstehen, in hohem Maße beitragen.

Besonders schlimm, ja geradezu entsetzlich gestaltet sich die Belastung, wenn zwei Ausgedinge gleichzeitig auf der Wirtschaft

---

[1] v. Natusius, Die bäuerlichen Verhältnisse in der Provinz Posen. Schriften des Vereins für Sozialpolitik. Bd. XXIV. Leipzig 1883, S. 27ff.

[2] Akten des landwirtschaftlichen Provinzialvereins 1882. (Vgl. Anm. 1 S. 39.)

haften, wie dies nicht selten dadurch herbeigeführt wird, daß das Besitztum in dritte Hände übergeht. Ein grelles Beispiel einer solchen Belastung gibt eine Wirtschaft in der Gemeinde W. im Kreise Pleschen:[1]

Die betreffende Wirtschaft hat eine Ausdehnung von 36 Morgen. Sie wurde zu einem ziemlich hohen Preise mit folgendem Ausgedinge verkauft:

1. Freie Wohnung.
2. 6 Viertel Roggen.
3. $5^1/_2$ Viertel verschiedenen Sommergetreides.
4. 2 Viertel gestampfter Hirse.
5. Ein 15 Ruten langes Beet Land, mit Lein bearbeitet.
6. 8 Beete zu Kartoffeln.
7. 3 Klafter Holz mit freier Zufuhr.
8. Die Nutzung eines Gartens.
9. Eine Kuh mit Futter und Weide.
10. Ein gemästetes Schwein.
11. Ein Taler zu Salz.

Der Käufer machte sich von der Wirtschaft los unter Auferlegung eines zweiten Ausgedinges für sich; — dies bestand aus:

1. Freier Wohnung.
2. 1 Scheffel Weizen.
3. 10 Scheffel Roggen.
4. 7 Scheffel verschiedenen Sommergetreides.
5. $^1/_2$ Scheffel gestampfter Hirse.
6. 30 Scheffel Kartoffeln.
7. 2 Beete Land.
8. Einer Kuh mit Futter und Weide.
9. Einem gemästeten Schwein.
10. Freier Wäsche.

Der neue Besitzer war natürlich in kurzer Zeit bankerott und verlor dabei noch seine eigene, schon früher besessene Wirtschaft; das überlastete Grundstück wurde unter Reduzierung des unsinnigen Ausgedinges von dem benachbarten Großgrundbesitzer angekauft. Das Los dieser Wirtschaft wurde von zahlreichen anderen geteilt.

Auch ein hoher Kaufpreis ist oft die Ursache des Verderbens für viele Bauern gewesen. Die Preise, die die Bauern für den Boden bezahlten, entsprachen zwar den allgemein üblichen Bodenpreisen, weniger aber dem landwirtschatlichen Kulturzustand. Die Anzahlungen waren zu niedrig, die Zahlungsbedingungen für die Restkaufgelder wurden dem Bauern, der in Geldangelegenheiten nicht die geringste Erfahrung hatte, in ungünstigster Weise vorgeschrieben. Verhängnisvoll in dieser Hinsicht war auch der Brauch, Stellen, die verkauft werden sollten, möglichst hoch zu beleihen; man hatte nämlich beobachtet, daß stark verschuldete Güter am leichtesten zu verkaufen

[1] Natusius l. c. S. 30.

wären. Ein Betriebskapital war nur selten in hinreichendem Maße vorhanden.

Die Kreditverhältnisse waren äußerst ungünstig. Ein gesunder Bodenkredit bestand erst seit 1879 bzw. 1883, d. h. seit der Herabsetzung des Mindesttaxwertes bei Beleihungen der Posener Landschaft auf 6000 bzw. 4000 M. Dies trat also erst dann ein, als der bäuerliche Besitz schon große Verluste erfahren hatte.[1]

Andere Grundkreditbanken, die kurz nach 1870 in großer Menge auftraten und ihre Aufmerksamkeit dem Bauernbesitz zuwandten, trugen meistens nur zu seinem Verderben bei. Die Bauern, die, wie gesagt, in Geldangelegenheiten vollkommen unerfahren waren, ließen sich zu großen Anleihen verleiten. Sie schöpften aus den zahlreichen Kreditquellen mit voller Hand, sogar über den augenblicklichen Bedarf hinaus und gingen dabei ungünstige Bedingungen ein. Ein Zinssatz von 7—7$^1/_2$ %, unabsehbare Amortisationsfristen, dabei Bedingungen, welche die vorzeitige Ablösung des Darlehens fast unmöglich machten, dies alles waren Verpflichtungen, die den arglosen Bauern auferlegt wurden. Wie folgenschwer diese Mißstände waren, ergibt sich aus den Angaben des Landrats des als Durchschnittskreis geltenden Kreises Obornik, aus den Jahren 1875 und 1882. Danach waren fast 60% aller Wirtschaften (von 7,5—150 ha Areal) verschuldet. Die durchschnittliche Belastung betrug pro ha im Jahre 1875 154 M. und stieg im Jahre 1882 auf 175 M. Die gesamte Belastung dieser Wirtschaften belief sich im Jahre 1875 auf 2714530 M., im Jahre 1882 auf 4265513 M., vergrößerte sich also in 7 Jahren um 30%. Der Wert des gesamten bäuerlichen Besitzes des Kreises Obornik betrug im Jahre 1882, wenn man den Verkaufswert von 1 ha mit 500 M. annimmt, 15475500 M., mithin betrug die angegebene Belastung 29,5% des Gesamtwertes und 138 M. pro ha der Gesamtfläche. Der Wert des verschuldeten bäuerlichen Besitzes belief sich auf 10188000 M., mithin betrug die Summe der Belastung 42,7% dieses Wertes und 209 M. pro ha der verschuldeten Fläche.[2]

Die Berichte der einzelnen Kreisvereine an den Provinzialverein aus den Jahren 1880—82 enthalten ebenfalls genaue Angaben über die Verschuldung des ländlichen Besitzes.

Diesen Berichten zufolge betrug die Verschuldung im Kreise Wreschen 50% des Wertes des bäuerlichen Besitzes, in Schrimm, Kosten, Fraustadt, Kroeben 66% und im Kreise Bromberg bis 100% des Wertes des bäuerlichen Besitzes. Im Kreise Schroda schätzte man die Verschuldung auf den 25 fachen Betrag des Grundsteuerreinertrages. Günstiger gestalteten sich die Verhältnisse in den Kreisen Bomst, Schildberg, Kolmar, Meseritz, Pleschen, Krotoschin, Wongrowitz, Birnbaum, Schwerin a. W., wo die Verschuldung nicht mehr als 30% des Wertes des bäuerlichen Besitzes betrug. Zu beachten ist hierbei, daß der Zinsfuß der eingetragenen Hypotheken sehr hoch war.

---

[1] Akten des landwirtschaftlichen Provinzialvereins 1882. (Vgl. Anm. 1 S. 39.)
[2] Natusius l. c. S. 13.

Noch verhängnisvoller waren die Zustände beim Personalkredit. Dieser ruhte fast ausschließlich in den Händen wucherischer Geldverleiher, zumeist Juden, die in allen Landstädten zu finden waren. Dem unsauberen Geschäftsgebaren leistete die Unbedachtsamkeit der Bauern großen Vorschub. Gewöhnlich wurden die Darlehen gegen Wechsel gegeben. Anfangs wurde ein mäßiger Zinsfuß ausgemacht, jedoch steigerten sich bald die Verpflichtungen mit den fortgesetzten Prolongationen derart, daß sie schließlich die Leistungsfähigkeit des Hofes überstiegen. Der Bauer wurde ein Sklave des Wucherers, der ihn in der schmählichsten Weise aussog und schließlich an den Bettelstab brachte. Folgender Fall gibt dafür ein trauriges Beispiel:

Der Wirt N. in W. im Kreise Obornik erbte um das Jahr 1860 eine kleine Wirtschaft von 8 ha mit 300 M. Schuld und bekam mit seiner Frau 900 M. bares Geld. Nach 6 Jahren ist das bare Geld verwirtschaftet. Ihm fällt ein Pferd, er muß ein neues kaufen und braucht hierzu 75 Mark. Diese Summe leiht er auf einen Wechsel mit kurzer Verfallzeit von einem jüdischen Händler der benachbarten Kleinstadt. Die Schuld ist in kurzer Zeit, ohne daß N. dazu geborgt hat, auf 450 M. angewachsen. Dann übernimmt ein anderer Handelsmann diese Schuld und gibt dem N. noch weitere 36 M., läßt sich hierüber einen Wechsel über 45 M. und 9 M. Zinsen für den Monat ausstellen, und als die Schuld nach 3 Monaten auf 72 M. angewachsen war, wurden 15 M. monatlich an Zinsen zugeschrieben. Bald war diese ursprünglich 75 + 36 M. = 111 M. betragende Schuld auf 2100 M. angewachsen. N. mußte die Hälfte der Wirtschaft verkaufen, blieb aber in den Händen des zweiten Händlers und nach 2 Jahren folgte die zweite Hälfte nach. N. kam an den Bettelstab.[1]

Diesen himmelschreienden Ausbeutungen machte das Wuchergesetz vom 24. Mai 1880 ein Ende.

Die Folge der Kreditnot waren zahlreiche Zwangsversteigerungen. Die Bauernhöfe wurden dann von Großgrundbesitzern oder von gewerbsmäßigen Güterhändlern aufgekauft. Die Großgrundbesitzer erwarben die Bauernstellen, um ihre eigenen Besitzungen abzurunden oder besondere Vorwerke zu bilden. Dabei waren die Bodenpreise bei dem Großgrundbesitze höher als bei den Bauernstellen, so daß ein Ankauf dieser seitens der Rittergutsbesitzer als eine durchaus vorteilhafte Kapitalanlage galt.

Die Güterhändler dagegen kauften die Bauernhöfe auf, um sie zu parzellieren. Oft waren diese Händler die Wucherer selbst, die den Bauern ruinierten und daraufhin seinen Besitz parzellierten. So wurden die spannfähigen Nahrungen in Häusler -oder Dienstfamilienstellen zerlegt. Die Parzellierung der Stellen durch den Bauern selbst kam sehr selten vor.

Die Folge aller dieser Mißstände war, daß die Zahl der spannfähigen Nahrungen in den Jahren 1823—1880, vor allem aber 1859—1880, sich stark verminderte.

---

[1] Natusius l. c. S. 19.

Die Zahl der spannfähigen Nahrungen hat in der Zeit von 1823 bis 1880 in allen Kreisen der Provinz, mit Ausnahme der Kreise Bomst, Meseritz und Bromberg, abgenommen, und zwar:[1]

Im Reg.-Bez. Posen	um	6485 Nahrungen und
„ „ Bromberg	„	2331 „
im ganzen also	um	8816 Nahrungen (8679) = 18,34 (18%)[2].

In der Zeit von 1823—1859 tritt dieser Rückgang der bäuerlichen Nahrungen noch nicht so deutlich hervor; neun Kreise des Reg.-Bez. Posen haben in dieser Zeit sogar eine Zunahme zu verzeichnen, die zusammen 294 Nahrungen beträgt; im Reg.-Bez. Bromberg, wo nur der Kreis Wirsitz eine Zunahme zu verzeichnen hatte, nahm in der Zeit von 1823—1859 die Zahl der spannfähigen Wirtschaften um 714 ab. Die ganze Provinz verlor in dieser Zeit also 420 Höfe = 1%.

Dagegen haben in der Zeit von 1859—1880 nur die Kreise Bomst, Bromberg und Schubin eine Zunahme aufzuweisen, es verlor:

der Reg.-Bez. Posen	7679	spannfähige Stellen.
„ „ „ Bromberg	1617	„ „
zusammen	8396	= 17,54%

Der Verlust an Areal war verhältnismäßig kleiner, als der Verlust an Stellen: Die gesamte bäuerliche Fläche verminderte sich

		1823—1859	1859—1880	1823—1880
im Reg.-Bez. Posen	um	43360 Mg.	124225 Mg.	167585 Mg.
„ „ „ Bromberg	„	14160 „	—19720 „[3]	— 5560 „
in der ganzen Provinz	um	57520 Mg.	104505 Mg.	162025 Mg.

im Verhältnis zum ursprünglichen Umfange

im Reg.-Bez. Posen	um	2,05%	6 %	8,5%
„ „ Bromberg	„	1 %	—1,5%	—0,5%
in der ganzen Provinz	„	1,7 %	3 %	4,7%.

Die Zahl der nicht spannfähigen Nahrungen hat 1859—1880 in allen Kreisen der Provinz, ausgenommen Meseritz, Bromberg, Schubin und Wirsitz, zugenommen und zwar

im Reg.-Bez. Posen	um	9915
„ „ „ Bromberg	„	941
in der ganzen Provinz	um	10856 (10510) = 32 (30) %.

Das Areal der nicht spannfähigen Nahrungen hat sich in dieser Zeit in allen Kreisen der Provinz, Posen und Schubin ausgenommen, vergrößert, und zwar

im Reg.-Bez. Posen	um	189416 Mg.
„ „ „ Bromberg	„	35591 „
zusammen		225007 Mg. (224001) = 75%.

[1] Akten des Provinzialvereins 1882.

[2] Die in Klammern angeführten Zahlen sind den Angaben von Grossmann, Die Vererbung des bäuerlichen Besitzes in Posen (Serings Annalen 1898. S. 19) entnommen.

[3] Bei dem Vorzeichen (—) hat die Gesamtzahl der Stellen zugenommen.

Die durchschnittliche Größe eines spannfähigen Bauernhofes betrug

	1823	1859	1880
im Reg.-Bez. Posen	62 Mg.	60 Mg.	70 Mg.
„ „ „ Bromberg	95 „	99 „	114 „
in der ganzen Provinz	71,6 „	71 „	83,6 „

Die durchschnittliche Größe eines nicht spannfähigen Bauernhofes betrug

	1853	1880
im Reg.-Bez. Posen	8,5 Mg.	12 Mg.
„ „ „ Bromberg	9,2 „	11,3 „
in der ganzen Provinz	8,8 „	11,75 „

1880 wurde festgestellt, daß in dem Zeitraume von 1823—1880 500 bäuerliche spannfähige Stellen mit einem Flächeninhalt von 29280 Morgen kommunalrechtlich und 2332 Wirtschaften mit 148953 Morgen tatsächlich mit selbständigen Gutsbezirken vereinigt wurden.[1]

Alle diese traurigen Erscheinungen riefen nach Abhilfe. Das Ministerium für Landwirtschaft, die einheimischen Behörden, weiter eine große Anzahl von Privatpersonen, vor allem Rittergutsbesitzer, auch vereinzelt Bauern, strebten danach, den Bauernbesitz vor dem Untergange zu bewahren. Die verschiedenen Arten der Abhilfe, die zu diesem Zweck geschaffen wurden, sollen in dem nächsten Abschnitt erörtert werden.

II. Der heutige Zustand des bäuerlichen Besitzes in der Provinz Posen.

Erstes Kapitel.

Die Entwicklung der landwirtschaftlichen Besitzverhältnisse seit 1880.

Die staatliche Kolonisation (die Gesetze von 1886—1900). Die private Parzellierung. Die Entwicklung der Bodenpreise.

Die gegenwärtige Besitzverteilung in der Provinz Posen erhielt ihre neue Form durch die seit Mitte der achtziger Jahre stark ins Leben getretene Parzellierung des Bodens. Sie ging sowohl vom Staat, als auch von privaten Unternehmungen aus.

Die Entwicklung der staatlichen Parzellierung ist folgende: Der Rückgang des bäuerlichen Besitzes einerseits, die starke Auswanderung in den siebziger und achtziger Jahren andererseits riefen die Forderung nach Schaffung einer gesunden ländlichen Besitz-

[1] Akten des landwirtschaftlichen Provinzialvereins l. c.

verteilung in der Provinz Posen hervor. Die Zerschlagung des Latifundienbesitzes wurde allgemein verlangt; dem einen kam es dabei auf die Errichtung kleiner Arbeiterstellen zur Milderung der Arbeiternot an, die anderen wünschten einen kräftigen Bauernstand als eine soziale Mittelstandsschicht zu schaffen. Die Großgrundbesitzer selbst ersahen in der Parzellierung ihrer verschuldeten Latifundien ihre einzige Rettung. Auch sprachen dabei in den Provinzen Posen und Westpreußen nationalpolitische Gründe mit: man wollte den deutschen Bauernstand vermehren.

Der Weg zu diesem Ziele wurde in der Wiederbelebung des Erbpachtverhältnisses erkannt. Es stand fest, daß in kapitalarmen Kreisen sehr wenig Kauflustige vorhanden waren, die von ihren eignen Mitteln das Gut und Inventar zu erwerben imstande wären, und so kam man auf den Gedanken, die Übereignung gegen Renten zum Gegenstand einer neuen Gesetzgebung zu machen. Diese Einrichtung, die oft als eine neue Rechtsform bezeichnet wird, ist in Wirklichkeit, auch nach den Absichten des Gesetzgebers, nichts anderes als eine Modernisierung der Erbpacht.

Im ersten Kapitel haben wir die besitzrechtliche Stellung der Erbpächter sowie der Erbzinsleute erkannt. Es sei hier aber hervorgehoben, daß der Begriff der Erbpacht im Sinne der preußischen Gesetzgebung nicht mit der polnischen Erbpacht, sondern vielmehr mit den Besitzrechten der Zinsbauern gleichbedeutend ist. Bei der modernen Erbpacht fällt natürlich das frühere Abhängigkeits- und Hörigkeitsverhältnis fort.

Durch das Gesetz vom 2. März 1850 wurde die Erbpacht in Preußen beseitigt[1]; jedoch war diese Verfügung nicht lange maßgebend, denn schon in den Jahren 1860—80 wurde infolge der oben geschilderten ungünstigen agrarischen Zustände das Erbpachts- und Rentenproblem der Gegenstand lebhafter Polemik und zahlreicher Beratungen. Es wurde die Anschauung verbreitet, daß der Grund und Boden nur Ertrag-, nicht Kapitalwert habe und deshalb als ein Rentenfonds anzusehen und zu behandeln sei. Als Vorkämpfer dieser Ideen traten Justus Möser und Rodbertus-Jagetzow auf.

Der Ausdruck „Rentengut" wird zum erstenmal amtlich gebraucht in der „Denkschrift betreffend Rentengüter", welche der preußische Landwirtschaftsminister durch Verfügung vom 2. November 1885 dem Landesökonomiekollegium vorlegte. Diese bezeichnet damit denjenigen Grundbesitz, der gegen Übernahme einer festen, eventuell auch unablösbaren Rente zu Eigentum übertragen wird.[2]

Ehe aber eine solche Rentengutsgesetzgebung für ganz Preußen zustande kam, wurde ein Gesetz ins Leben gerufen, das zum Teil

---

[1] Kalkstein, Ustawy o włościach rentowych. (Die Rentengutsgesetze.) Posen 1892. S. 8ff.

[2] Waldhecker, Die preußischen Rentengutsgesetze nach Theorie und Praxis. Berlin 1894. S. 21ff.

auch anderen nationalpolitischen Absichten entstammte. Im Jahre 1886 wurde das Rentengut von dem preußischen Landtag in ein Gesetz aufgenommen, das die Förderung deutscher Ansiedelungen in Posen und Westpreußen beabsichtigte. Es ist ein Fonds von 100 Millionen für die Ausführung dieser Kolonisierung bewilligt worden. Die Kolonisten erhalten das Land zum Selbstkostenpreise, meist in Form eines Rentengutes, gegen eine Rente von 3%. Die Leitung ruht in den Händen der Ansiedlungskommission. Diese vollzieht die Parzellierung der angekauften Güter und ordnet die Hypotheken und Kommunalverhältnisse, auch sucht sie die Ansiedler nach den Vermögens- und sonstigen Verhältnissen aus. Die Ansiedlungskommission gewährt mitunter, um den Kolonisten anfangs das Fortkommen zu erleichtern, bis drei Freijahre und, wenn dies erforderlich ist, auch Ergänzungsdarlehen.

Die Kommission hat dabei das Recht und die Möglichkeit, das Eigentum des Rentengutsnehmers in folgender Weise einzuschränken:

1. durch Unablösbarkeit der Rente,
2. durch die Bindung von Zerteilung und Abveräußerung an ihre Zustimmung,
3. durch Festsetzung eines Veräußerungsverbots,
4. durch Vorkaufsrecht.[1]

Diese Abhängigkeit des Ansiedlers soll bezwecken, die deutschen Kolonien auch als deutsche zu erhalten.

Nach diesem ersten Versuche, der durch die Ansiedlungskommission mit dem Rentengutsystem ausgeführt wurde — sie hatte 95% aller Ansiedlungen in Form von Rentengütern veräußert —, kam das Gesetz vom 27. Juni 1890 zustande, das das alte Erbpachtverhältnis für die ganze Monarchie einführte.[2] Während nach dem Ansiedlungsgesetze der Staat selbst das ganze Geldgeschäft übernimmt, kann nun jeder Grundbesitzer sein Gut zerteilen und darauf Bauern gegen eine Rente ansiedeln.[3] Aber dieses Gesetz hatte wegen seines Mangels an Erleichterungen wenig Erfolg. So kam denn am 7. Juli 1891 ein neues zustande, das die Förderung der Errichtung von Rentengütern bezweckte — vor allem ein Verdienst des Finanzministers Miquel.[4] Hierbei wurde vor allem ins Auge gefaßt, daß zur Begründung von Rentengütern die vermittelnde Tätigkeit der Generalkommission den Gutsbesitzern zur Verfügung gestellt werde. Weiter wurde bestimmt, daß die Rentenbank Darlehne an Rentengutsbesitzer zur Errichtung von Gebäuden, Beschaffung des Inventars usw. gewähren und die Renten, auf welche die Rentenberechtigten Anspruch haben, unter gewissen Voraussetzungen ablösen soll.

Die Rentengutsgesetzgebung hatte jedoch ihr Ende noch nicht erreicht: Am 8. Juni 1896 wurde das Gesetz betreffend das Anerbe-

[1] Aal, Das preußische Rentengut, seine Vorgeschichte und seine Gestaltung in Gesetzgebung und Praxis. Stuttgart 1901. S. 55.
[2] Waldhecker l. c. S. 30ff.
[3] Aal l. c. S. 56. [4] Desgl. S. 66.

recht bei Renten- und Ansiedlungsgütern erlassen. Hierdurch genießt der Anerbe bei der Erbteilung ganz außerordentliche Vorteile. Abgesehen davon, daß er mit dem Hofe eine sichere, selbständige Arbeitsgelegenheit erhält, wird ihm derselbe zu einem äußerst billigen Anrechnungswerte überlassen. Von diesem gelangen nur zwei Drittel zur allgemeinen Aufteilung, während ein Drittel ihm ausschließlich ungeteilt zukommt. Ferner braucht er die Miterben nicht durch Kapitalzahlung abzufinden, sondern dies kann durch ihrerseits unkündbare jährliche Renten geschehen.

Durch diese Maßnahme wurde die ohnehin schon ungünstige Lage der Miterben noch verschlechtert; denn anstatt ein Kapital zu erhalten, mit dem sie sich selbständig machen konnten, wurde ihnen eine Rente angewiesen, deren jährlicher Betrag viel zu gering war, um eine neue Existenz schaffen zu können.

Diese Mängel glich der Staat zum Teil aus, indem er hier seinen Kredit zur Verfügung stellte. Bei Höfen, die eine absolute Sicherheit für die Zahlung der Rente boten, sollte die Rentenbank dieselbe übernehmen und die Miterben durch Kapital abfinden. Auch wurde der Anerbe, falls er das Anerbengut innerhalb von 20 Jahren nach dem Tode des Erblassers an einen Fremden veräußere, verpflichtet, den Betrag des Voraus nachträglich in die Erbsumme einzuwerfen; den Miterben wurde außerdem das Vorkaufsrecht eingeräumt.

Das Rentengutswesen, das vom Staate schon so vielseitig unterstützt war, hatte noch einen Mangel an sich, nämlich die schwierigen Kreditverhältnisse bei der Bildung des Rentengutes.

Nach dem Gesetze vom 27. Juni 1890 mußte jedes Grundstück, das ein Rentengut werden sollte, frei von Hypotheken und Grundschulden sein. So mußten bei Rentengutsgründungen erst alle auf dem Stammgute lastenden Schulden getilgt werden, ehe es zu Rentengütern geteilt wurde. In der Regel war es die Absicht des Rentengutsausgebers, diese Freistellung mit den Rentenbriefen, die er für die Kaufrente von der Rentenbank erhielt, zu bewerkstelligen. Da aber diese Rentenbriefe erst nach Beseitigung aller Grundschulden erteilt wurden, so bedurfte der Rentengutsausgeber eines Zwischenkredits. So kam es denn, daß der Verkäufer seinen Anspruch auf die zu erhaltenden Rentenbriefe sowie auf die baren Auszahlungen der Rentengutsnehmer an den Darleiher des Zwischenkredits zedierte.

Andererseits bedurfte auch der Rentengutsnehmer eines Zwischenkredits, wenn er die nötigen Wohn- und Wirtschaftshäuser auf dem Rentengut errichten wollte; das Bardarlehn, welches ihm auf Grund des Gesetzes vom 7. Juli 1891 zustand, konnte ihm aber von der Rentenbank erst dann gewährt werden, wenn das Rentengut begründet und der Bau ausgeführt und versichert war, da sonst die nötige Sicherheit fehlte.

Das beiderseitige Bedürfnis an Zwischenkredit führte oft zu Schwierigkeiten und die hierbei entstehenden Unkosten wurden infolge des steigenden Reichsbankdiskonts, der Provisionen usw. nicht unerheblich.

Diesen Mißständen steuerte der Staat durch das Gesetz vom 12. Juli 1900. Danach wurden 10 Millionen Mark aus dem Reservefonds der Rentenbanken bewilligt, zum Zwecke der Gewährung von Zwischenkredit bei Begründung von Rentengütern unter Vermittelung der Generalkommission.

In chronologischer Ordnung ist zuerst die Tätigkeit der Ansiedlungskommission zu betrachten: Sie wurde, wie schon erwähnt, durch das Gesetz vom 26. April 1886 ins Leben gerufen, um den Bestand und die Entwicklung der deutschen Bevölkerung in den östlichen Provinzen sicher zu stellen. Es wurden 100 Millionen zur Verfügung gestellt und durch die Gesetze vom 20. April 1898 und vom 1. Juli 1902 noch weitere 100 bzw. 150 Millionen bewilligt.

Der Wirkungskreis dieser neuen Institution erstreckt sich auf drei Gebiete:

1. die käufliche Erwerbung von Grundstücken, die sich zur Errichtung von landwirtschaftlichen Stellen von mittlerem und kleinem Umfange (Bauernhöfe, Arbeiterstellen) eignen;
2. die Verwendung geeigneter Grundstücke des vorhandenen fiskalischen Domänen- und Forstbesitzes zur Errichtung solcher Stellen;
3. die Hergabe von Staatsmitteln zur ersten Einrichtung und zur Regelung der Gemeinde-, Kirchen- und Schulverhältnisse neuer Stellen und ganzer Landgemeinden.[1]

Die zur Ausführung dieses Gesetzes eingesetzte Ansiedlungskommission besteht aus den Oberpräsidenten der beiden beteiligten Provinzen (Posen und Westpreußen), aus je einem Kommissar des Ministerpräsidenten und der Minister für Landwirtschaft, Domänen und Forsten, des Innern, der Finanzen und der geistlichen, Unterrichts- und Medizinalangelegenheiten, sowie aus den vom König auf je drei Jahre ernannten sonstigen Mitgliedern.

Die Ansiedlungskommission kaufte in den ersten zwanzig Jahren ihres Bestehens annähernd eine Million Magdeburger Morgen auf. Der weitaus größte Teil dieser Fläche entfällt auf angekaufte Landgüter, deren durchschnittliche Größe in den einzelnen Jahren zwischen 1300 bis 5300 Morgen schwankte. Kaum ein Zehntel der den neuen Ansiedlungen angehörenden Fläche war ursprünglich in bäuerlichen Händen. Der Gesamtkaufpreis in den einzelnen Jahren zeigt, wenn man die ersten zwanzig Jahre des Bestehens der Kommission ins Auge faßt, eine beträchtlich steigende Tendenz. Dies hängt einerseits mit den höheren Bodenpreisen, vor allem aber mit einem umfangreicheren Güterankauf zusammen. Denn während in den Jahren 1883—1897 die jährliche Summe der angekauften Grundstücke zwischen 12 und 20 Tausend Morgen schwankt, beginnen um das Jahr 1900 diese Ziffern zu steigen und erreichen 1903 und 1905 die Summe von

[1] Zwanzig Jahre deutscher Kulturarbeit. Tätigkeit und Aufgaben neupreußischer Kolonisation in Posen und Westpreußen. Sammlung d. Drucks. d. Hauses d. Abg. 20. Legisl., III. Sess. 1907. Drucks. Nr. 501. S. 3595.

110 bzw. 92 Tausend Morgen. So verwendete denn die Kommission während der ersten dreizehn Jahre ihres Bestehens für den Ankauf von Gütern jährlich 2,3—6,9 Millionen Mark. Im Jahre 1899 steigt dieser Betrag plötzlich auf 10,9 Millionen, im Jahre 1903 auf 29,5 und 1906 sogar auf 30,9 Millionen.[1]

Die Besiedelungstätigkeit der Ansiedlungskommission hat sich in den einzelnen Kreisen in ungleichem Umfange bemerkbar gemacht. Einige nördliche Kreise sind äußerst stark besiedelt. Im Jahre 1905 betrug die Summe des von der Kommission angekauften Landes im Kreise Gnesen 29,2 %, im Kreise Znin 20 % und in Wreschen 18 % der gesamten Kreisfläche. Dagegen ist der Süden der Provinz im allgemeinen weniger stark besiedelt. Während sich in den Kreisen Gostyn und Kosten die Ausdehnung dieser Ansiedlungen auf etwa 4 % der Kreisfläche beläuft, ist sie im Kreise Grätz nur verschwindend klein.[2]

Die angekauften Grundstücke werden derart aufgeteilt, daß geschlossene Dörfer oder einzeln gelegene Gehöfte gebildet werden. Die Ansiedlerstellen werden zu Eigentum gegen Rente, seltener in Zeitpacht auf 12 Jahre überlassen.

Bei eigentümlichem Erwerb der Stellen wird der ganze Kaufpreis in Form einer Rente, die 50 Jahre lang vom Staate unkündbar ist, geleistet. Der Ansiedler behält also sein ganzes eingebrachtes Vermögen unverkürzt zur Errichtung und Inbetriebsetzung der Stelle. Der Staat hält sich das Wiederkaufsrecht, auch im Falle einer Zwangsversteigerung und im Falle des Todes des Eigentümers vor. Der Wiederkaufspreis soll 75 % des von der Generalkommission abgeschätzten gemeinen Wertes betragen.

Dem Ansiedler wird die Pflicht auferlegt, auf dem Gute zu wohnen, seine Gebäude und bewegliche Habe gegen Feuer, sein Getreide gegen Hagel zu versichern.

Bei der Aufteilung werden folgende Größenklassen unterschieden:

0— 1 und 1— 2 ha	—	Arbeiterstellen, die in der Regel nur Kleinvieh aufweisen.
2— 3 „ 3— 5 „	—	Handwerker- und gewerbliche Stellen, die schon mindestens auf die Aufzucht von 1 Stück Großvieh angewiesen sind.
5—10 „	—	Halbbauernstellen (Einspänner, Kuhbauer).
10—15 „ 15—20 „	—	Spannfähige Vollbauernstellen.
20—25 „ 25—50 „	—	Großbäuerliche Betriebe.
50—120 „	—	Großbetriebe.

Aus den Berichten der Ansiedlungskommission ist zu ersehen, daß den größten Teil der Zahl und Fläche der Ansiedlerstellen die spannfähigen Vollbauernstellen einnehmen. Sie betrugen im Jahre

---

[1] Vgl. Tabelle 23.

[2] Vgl. Tabelle 24.

1906 30,9—34,7 % der Gesamtzahl und 28,32—40,63 % der Gesamtfläche aller Ansiedlerstellen. Die nächstgrößte Zahl der Nahrungen besitzen die sogenannten Einspänner oder Kuhbauern, die 1906 mit 10,5 % an der Summe der errichteten Bauernhöfe beteiligt waren. Der Anteil der Arbeiter- und Handwerkerstellen betrug in demselben Jahre rund je 5 %, die Zahl der von der Ansiedlungskommission errichteten großbäuerlichen Betriebe nimmt allmählich ab. Sie machte in den Jahren 1906 und 1907 nur 3 % der Gesamtzahl aus. Die entsprechende Ziffer für Großbetriebe ist während der ganzen Dauer der ansiedelnden Tätigkeit dieser Kommission verschwindend klein gewesen.[1]

Die Finanzierung der Ansiedlungen geschieht, wie schon erwähnt, mittels des Rentenprinzips.

Um einerseits den Staat schadlos zu halten, andererseits aber auch dem Ansiedler eine sichere Existenz zu verschaffen, wurde bestimmt, daß die Rente dem „Selbstkostenpreise", nicht dem Schätzungswerte entsprechen sollte. Die Verzinsung des Bodenpreises wurde auf 3 % festgesetzt. Jedoch mußte der Rentenfuß mitunter niedriger bemessen werden, wenn der Schätzungswert des Bodens bedeutend geringer war als sein Selbstkostenpreis. Man wollte in dieser Weise vermeiden, daß den Ansiedler die Nachteile von Überzahlungen träfen, die meistens nur politischen Erwägungen entstammten. In solchen Fällen wurde der Unterschied zwischen dem Kapitalwert der Rente und dem Selbstkostenpreise als Ausgabe der Kommission gebucht. Durch Herabsetzung des Normalrentenfußes wurde in solchen Fällen die Rente der einzelnen Stelle mehr oder weniger ihrer Wertschätzung angepaßt.[2] Gleichzeitig aber wurde das Ablösungskapital, dessen Höhe von dem Zinsfuß abhängig ist, entsprechend erhöht; ein Bauer, der seine 3prozentige Rente ablösen will, muß den 33,3-fachen Betrag auszahlen, bei einer $2^2/_3$prozentigen Rente ist der 37,5-fache, bei einer $2^1/_2$fachen der 40fache Betrag zu zahlen.

Das Ablösungskapital war denn von ganz zufälligen Momenten abhängig; es war niedrig, wenn das Grundstück billig gekauft war, und umgekehrt.

Diesen Übelstand empfanden die Ansiedler allerdings wenig, denn sie zogen es vor, statt diese billigen Renten abzulösen, ihre Ersparnisse zur Sparkasse zu tragen, wo sie $3^1/_2$—4 % bekamen.

Im Jahre 1905 hat die Finanzierung der Kommission eine Änderung erfahren. Der normale Rentenfuß von 3 % wird nun nicht mehr vom Selbstkostenpreise, sondern von dem Schätzungswert erhoben, der auf Grund sorgfältiger Einzelbonitierung und nach genauer Prüfung und Vergleichung mit ähnlichen Ansiedlungen als angemessen ermittelt wird. Der Unterschied zwischen Schätzungs-

[1] Vgl. Tabelle 25.

[2] Es wurden bis Anfang des Jahres 1905 69 % der gesamten von der Kommission parzellierten Fläche zu 3prozentiger, 5,62 % zu $2^3/_4$-, 18,8 % zu $2^1/_2$-, 2,25 % zu $2^1/_4$-, 6 % zu 2- und 0,36 % zu $1^3/_4$prozentiger Rente angelegt.

und Anrechnungswert wird als Gewinn und Verlust der Kommission gebucht.

Der Ansiedler ist keinen Preisschwankungen ausgesetzt, und die von ihm zu zahlende Rente hängt gerechterweise nur von der Beschaffenheit seiner Stelle ab. Für die Kommission dagegen ist dieses neue System verlustreich. Im Jahre 1906 ergab sich bei einem Selbstkostenpreis von 72294250,29 M. ein Verlust von 3,39 % = 2450721,29 M. Was die durchschnittlich für 1 Hektar von den Ansiedlern an die Kommission bezahlte Rente betrifft, so ist hier eine steigende Tendenz zu bemerken. Ein offensichtlicher Grund dieser Erscheinung liegt in den Bodenpreisen. Die Rente, die im Jahre 1886 durchschnittlich pro Hektar 15 M. betrug, stieg im Jahre 1897 auf 21,25 und 1905 auf 30,25 M. In bezug auf 1 M. Grundsteuerreinertrag belief sich diese Durchschnittszahl im Jahre 1886 auf 1,8, 1897 auf 2,3 und 1905 auf 3,1 M.[1]

Die angesiedelten Bauern sind zum weitaus größten Teile nicht einheimische, sondern entstammen anderen Landesteilen. So lieferte in den ersten zwanzig Jahren der Tätigkeit der Kommission die Provinz Posen nur 13,9 % und Westpreußen nur 10,5 % der gesamten Ansiedler. Den übrigen Teilen Preußens entstammten 41,2 %, den nichtpreußischen Bundesstaaten 14 % der angesiedelten Bauern. Der Rest, das ist 20,4 %, war aus dem Auslande eingewandert.[2]

Die bis Ende 1906 in den Besitz ihrer Stellen eingesetzten Ansiedler haben zusammen ein Vermögen von etwa 53¼ Millionen Mark (in barem Gelde 43¼ Millionen Mark und in Werten 10 Millionen Mark) nachgewiesen.[3] Davon entfallen auf die Ansiedler aus Posen und Westpreußen 12 Millionen Mark oder 23 %, auf die aus den übrigen Teilen des Deutschen Reiches 28¼ Millionen = 53 % und aus dem Auslande 13 Millionen = 24 %. Im Durchschnitt bringt jede zu Eigentum angesetzte Ansiedlerfamilie 5350 M. mit sich.[4]

Die Tätigkeit der zweiten staatlichen Parzellierungsbehörde, der Rentenbank, ist weniger umfangreich. In den Jahren 1891—93 wurde eine Statistik über die Zahl der gebildeten Rentengüter nicht nach Regierungsbezirken und Provinzen, sondern nach Generalkommissionen geführt, und diese sind mit der Einteilung nach Provinzen und Regierungsbezirken nicht identisch. Die Generalkommission zu Bromberg umfaßte z. B. die Provinzen Posen und Westpreußen. Nun ist bekannt, daß sie 1891—93 einschließlich im ganzen 345 Rentengüter gebildet hat, von denen etwa die Hälfte auf die Provinz Posen entfallen dürfte. Vom Jahre 1894 an wird eine Statistik nach Regierungsbezirken geführt. Hieraus ist zu ersehen, daß in den ersten Jahren nach 1894 die Rentengutsbildung eine ziemlich rege war. Es wurden jährlich 1300—6000 ha aufgeteilt und vorwiegend

---

[1] Vgl. Tabelle 26.

[2] Vgl. Tabelle 27.

[3] Hierbei sind die Bewohner der Arbeitermietshäuser nicht berücksichtigt, da sie meistens vermögenslos sind.

[4] 20 Jahre deutscher Kulturarbeit, l. c. S. 3640ff.

spannfähige Vollbauernstellen (von der Größe von 10—25 ha) gegründet. Mit dem Jahre 1899 hört die Rentengutsbildung auf. Der Grund hierfür ist in den nationalpolitischen Verhältnissen der Provinz zu suchen. In den ersten Jahren der Tätigkeit der Rentenbank wurden sowohl deutsche als auch polnische Bauern angesiedelt. Die polnischen Käufer bildeten sogar einen beträchtlichen Teil der Rentengutnehmer, da deutsche Bauern mehr von der Ansiedlungskommission angesiedelt wurden. Mit der Verschärfung der nationalen Unterschiede werden aber neuerdings die Rentengüter polnischen Ansiedlern nicht mehr übergeben; deutsche landbedürftige Bauern wenden sich aber immer mehr an die Ansiedlungskommission, und so kommt es, daß in den Jahren 1899—1906 fast keine Rentengüter von der Rentenbank gebildet wurden. Seit 1907 gründet sie fast ausschließlich Arbeiterstellen.[1] Die Rente ist zumeist eine 4prozentige und erlischt nach $60^1/_2$ Jahren.

Außer diesen staatlichen Parzellierungsinstituten besteht noch eine große Reihe von privaten Gesellschaften, Genossenschaften und Spekulanten, welche an der Aufteilung des Bodens beteiligt sind. Obgleich ihre Tätigkeit nicht so gewaltige Erfolge aufzuweisen hat wie die der staatlichen Anstalten, vor allem der Ansiedlungskommission, so sind die Ergebnisse der Parzellierung der Landbank und der Bank Ziemski, der beiden größten privaten Ansiedlungsbanken, dennoch ziemlich bedeutend.

Die Landbank in Berlin, deren Aktienkapital zurzeit 15 Millionen Mark beträgt, wurde 1895 gegründet; sie hat sich neben vielem anderen auch die Aufgabe gestellt, Rentengüter aus eigenen oder nicht eigenen Liegenschaften zu bilden und zu besiedeln. Sie hat bis 1905 in der Provinz Posen 44 große Güter mit einem Flächeninhalt von 28125 ha, und 36 kleine Güter mit einem Flächeninhalt von 2515 ha angekauft und zum größten Teil unter bäuerliche Ansiedler aufgeteilt.[2]

Die polnische „Bank Ziemski" (Landbank) zu Posen wurde 1887 gegründet und verfügt gegenwärtig nach wiederholten Kapitalvermehrungen über ein Aktienkapital von 4 Millionen Mark. Sie hat bis 1905 etwa 25000 ha parzelliert, doch soll diese Zahl auch die bei der Parzellierung entstandenen Restgüter umfassen, die das Gepräge des Großbetriebes haben.[3] Eine Übersicht über die in den einzelnen Jahren von der „Bank Ziemski" aufgeteilten Flächen gibt Tabelle 29.[4] Dieser Bank sind die Parzellierungsgenossenschaften „Spółka Ziemska" (Landgenossenschaft) zu Posen, gegründet 1890, und „Spółka Ziemska" zu Witkowo, gegründet 1898, angeschlossen.

---

[1] Vgl. Tabelle 28.

[2] Adamczewski, Walka ekonomiczno-polityczna o ziemię w W. X. Pozn. (Der ökonomisch-politische Kampf um den Boden in Posen.) Zeitschrift „Ekonomista". Jahrg. VIII. Bd. I. S. 329.

[3] Bernhard, Das polnische Gemeinwesen im preußischen Staat. Leipzig 1907 und Szembek, Les Associations économiques des paysans polonais. Paris-Bruxelles 1911. S. 287.

[4] Siehe Anhang.

Daneben bestehen zwei große Parzellierungsgenossenschaften in Posen, die „Spółka rolników Parcelacyjna“ (Parzellierungsgenossenschaft der Landwirte), gegründet 1894, und die „Bank Parcelacyjny“ (Parzellierungsbank), gegründet 1897.

In der Provinz sind außerdem folgende sogenannte bäuerliche Parzellierungsbanken, ebenfalls Genossenschaften, vorhanden:

Bank	Parcelacyjny	in	Priment (Kr. Bomst),	gegr.	1901,
„	„	„	Schrimm,	„	1903,
„	„	„	Kosten,	„	1905,
„	„	„	Wreschen,	„	1905,
„	„	„	Ostrowo,	„	1906.

Die Tätigkeit dieser polnischen Parzellierungsbanken kann in festen Zahlen nicht angegeben werden, da die Banken meistens keine ausführlichen Jahresberichte veröffentlichen. Jedenfalls aber ist ihr Wirkungskreis gegenüber dem der großen Parzellierungs- und Ansiedlungsbanken verhältnismäßig klein. Ihre Tätigkeit wurde durch das Gesetz betreffend die Gründungen neuer Ansiedlungen vom 10. August 1904 bedeutend erschwert. Die Errichtung einer neuen Wohnstätte hängt, diesem Gesetz zufolge, von der staatlichen Genehmigung ab, und eine solche wird bei der Bildung von polnischen Ansiedlungen verweigert. So besteht denn heutzutage bloß eine polnische Parzellierung an Anlieger.

Die staatliche und private Aufteilung des Bodens haben in der Provinz Posen in den letzten Jahren eine gewaltige Veränderung in der Besitzverteilung verursacht. Die landwirtschaftlichen Betriebszählungen von 1882, 1895 und 1907 veranschaulichen deutlich diese Tatsache:

Die Anzahl der Großbetriebe hat in den Jahren 1882—1907 in der gesamten Provinz um mehr als ein Siebentel abgenommen. Diese Verminderung ist im Regierungsbezirk Bromberg etwas größer gewesen als im Regierungsbezirk Posen. Der eigentliche bäuerliche Besitz ist im steten Wachsen begriffen. Die Betriebszählung von 1882 unterscheidet bloß die Größenklassen 1—10 ha und 10—100 ha; vergleicht man bei derselben Einteilung der bäuerlichen Besitzung die Zahlen der drei Betriebszählungen, so ergibt sich ein ständiges allgemeines Wachsen der Ziffern: Im Regierungsbezirk Bromberg hat die Zahl der Betriebe von der Größe von 10—100 ha in 25 Jahren um etwa 50% und im Bezirk Posen um etwa 16% zugenommen. Ihre Gesamtfläche hat sich sogar in noch höherem Maße erweitert. Den stärksten Aufschwung dieser Betriebsklasse haben die Jahre 1882—1895 aufzuweisen. Es fällt aber auf, daß nach den statistischen Aufnahmen von 1895 und 1907, die genauere Einteilungen enthalten, sich ein Rückgang der Betriebe von 50—100 ha bemerkbar macht. Diese Erscheinung ist günstig zu nennen, da diese kleinen Landgüter oder Vorwerke weder die Vorzüge des kapitalkräftigen Großbetriebes, noch die der geringen Produktionskosten des Kleinbetriebes in ausreichendem Maße genießen können.[1]

Die Zahl der Kleinbauernstellen, die eine Größe von 1—10 ha besitzen, ist ebenfalls im Wachsen begriffen. Sie hat in beiden Regierungsbezirken in den Jahren 1882—1895 und 1895—1907 um fast je ein Sechstel zugenommen. Die Gesamtfläche dieser Betriebe nahm in derselben Zeit um mehr als die Hälfte zu. Die Erscheinung, daß die Betriebe, die eine Größe von 1—10 ha und 10—50 ha besitzen, sich ständig vermehren, ist eine äußerst günstige zu nennen. Bei einer solchen Größe seiner Wirtschaft hat der Bauer die beste Gelegenheit, seine Arbeit und die seiner Familie zu verwerten. Allerdings ist zu berücksichtigen, daß bei den allerkleinsten Stellen, der Größenklasse von 1—10 ha, also bei einer Fläche von etwa 1—5 ha, je nach den Boden- und anderen Verhältnissen der Besitzer mehr oder minder darauf angewiesen ist, auch außerhalb seiner Stelle zu arbeiten. Die Zahl der spannlosen Arbeiterstellen, die die Größe von 1 ha nicht erreichen, hat in den Jahren 1882—1895 um mehr als 30 % zugenommen. Ebenso hat sich ihre Fläche bedeutend vergrößert. Nun ergibt sich aber aus der letzten Betriebszählung von 1907, daß diese spannlosen Nahrungen sich wieder im Rückgange befinden. In den Jahren 1895—1907 hat sich ihre Zahl um ein Neuntel, ihre Gesamtfläche um etwa ein Achtel vermindert. Genaue Angaben über diese Veränderung in der Besitzverteilung während der letzten 25 Jahre gibt Tabelle 30, die nach den landwirtschaftlichen Betriebszählungen von 1882, 1895 und 1907 zusammengestellt ist.

Mit der Entwicklung der ländlichen Besitzverteilung ist die Frage der Bodenpreise eng verbunden. Wir wollen in kurzen Zügen die Entwicklung der Bodenpreise bei dem bäuerlichen Besitz betrachten:

Dank den Ermittelungen von Sarrazin[2] ist es möglich, die Bodenpreise bis in die vierziger Jahre zurück festzustellen. Er hat den Kleingrundbesitz in zwei Gruppen eingeteilt; die erste umfaßt Stellen mit weniger als 30 ha, die zweite diejenigen mit 30—50 ha Areal.[3] Bei der ersten Gruppe hat er 1709 Käufe, 1318 Erbveräußerungen und 116 Zwangsversteigerungen betrachtet, bei der zweiten wurden an Käufen 478, an Erbfällen 517 und an Zwangsversteigerungen 47 Fälle ermittelt (vgl. Tabelle 31). Die Resultate einer so sorgfältigen Untersuchung können also einen ziemlich sicheren Anhalt für die Entwicklung der Bodenpreise geben.

Es fällt auf, daß bis in die neunziger Jahre hin der Unterschied zwischen den Preisen, die für guten und für minderwertigen Boden bezahlt wurden, äußerst gering ist. Dies ist wohl darauf zurückzuführen, daß bei den Bauern der gute, schwere Boden, der noch nicht ent-

---

[1] Die Nachteile dieser Besitzgröße sind in einem Bericht des Posener landwirtschaftlichen Provinzialvereins an den Landwirtschaftsminister im Jahre 1882 in ausführlicher Weise erläutert worden. (Vgl. S. 39.)

[2] Sarrazin, Die Entwicklung der Preise des Grund und Bodens in Posen. Halle a. S. 1897. S. 23f.

[3] Die dritte Gruppe kommt für unsere Ermittelung nicht in Betracht.

wässert war, sehr wenig beliebt war. Auch entsprach das schwache Inventar des Bauern der Bearbeitung des schweren Bodens nicht.

Der Kaufpreis für bäuerlichen Besitz betrug in den Jahren 1840—50 nach Sarrazin im Durchschnitt 164—225 M. pro Hektar. Er stieg dann allmählich und erreichte um das Jahr 1870 die Höhe von etwa 500 M. Hierauf trat für kurze Zeit ein sehr starkes Steigen der Bodenpreise ein — wahrscheinlich ein Einfluß des damaligen wirtschaftlichen Aufschwungs — um gegen Ende der siebziger Jahre wieder nachzulassen. Das hängt mit den Erscheinungen zusammen, die in Kapitel 5 des ersten Teils erörtert wurden.

Um die Mitte der achtziger Jahre begann in Posen ein reger Landgüterverkehr sich zu entwickeln. Wie oben erwähnt, entstand eine große Reihe von Parzellierungsbanken, von denen die Ansiedlungskommission den größten Ausschlag für die ungeheure Steigerung der Bodenpreise gegeben hat.

Nicht allein der Umstand, daß der Wirkungskreis der Kommission sehr groß gewesen ist, daß also die Nachfrage nach Land gesteigert wurde, sondern auch politische Beweggründe spielten bei dem Steigen der Bodenpreise mit. Es entwickelte sich ein heftiger Kampf zwischen Deutschen und Polen, und so wurden die Preise in die Höhe geschraubt. Anfangs entsprachen diese der Ertragsfähigkeit des Bodens nicht; mit dem gewaltigen Aufschwung, den die Landwirtschaft der Provinz Posen in den letzten 15 Jahren erfahren hat, begannen jedoch allmählich die Erträge den hohen Preisen zu entsprechen. Man kann selbstredend hier nur von dem Landerwerb eines Privatmannes sprechen, denn die Beantwortung der Frage, ob die von der Ansiedlungskommission angesetzten Bauern die Zinsen des Kaufpreises herauswirtschaften, den die Kommission bezahlt, greift über den Rahmen unseres Themas hinaus.

Nach einer Statistik, die im Jahre 1906 von der Ansiedlungskommission veröffentlicht wurde[1], wurde im allgemeinen Grundstückverkehr für kleine Bauerngüter in den Jahren 1901—1903 1249 M. und in den Jahren 1904—1906 1359 M. durchschnittlich pro Hektar bezahlt. Die Ansiedlungskommission selbst zahlte in den Jahren 1904—1906 im Durchschnitt 1543 M. pro Hektar.

Seit dieser Zeit sind die Preise wieder gestiegen. In den fruchtbaren Kreisen Kujawiens und der Lissaer Gegend zahlt man für Bauerngüter schon 3000 M. pro Hektar.[2] Diese hohen Bodenpreise, die, wie bemerkt, immer mehr den Erträgen entsprechen, sind der beste Beweis dafür, daß die bäuerliche Landwirtschaft in Posen allmählich der in den westlichen Provinzen des Reiches gleichkommt.

---

[1] Vgl. Tabelle 32.

[2] Es sind sogar in neuester Zeit in Posen für einige große Herrschaften, deren Umfang über 1000 ha beträgt, fast 3000 Mark pro Hektar gezahlt worden.

Zweites Kapitel.

Die Vererbung des bäuerlichen Grundbesitzes in der Provinz Posen.

Die Vererbung des bäuerlichen Grundbesitzes in der Provinz Posen hängt mit seiner gesamten Entwickelung eng zusammen. Sie ist von großem Einfluß auf die Krisis gewesen, der der Bauernbesitz in den Jahren 1850—1880 anheimfiel.

Der bäuerliche Besitz wird meistens durch Überlassungsverträge vererbt, weniger auf Grund des Intestaterbrechts und nur in seltenen Fällen kommt die Vererbung mittels eines Testamentes vor.[1] Dies ergibt sich auch aus den Angaben von 42 Amtsgerichten.[2] Die Untersuchungen erstrecken sich auf die Vererbungen der sämtlichen ländlichen Grundstücke und sind nach den jeweiligen Erhebungen auf einen Zeitraum von 2—15 Jahren ausgedehnt. Sie geben aber auch einen guten Anhalt für die Vererbung des bäuerlichen Besitzes, da dieser den weitaus größten Teil der ländlichen Besitzungen ausmacht. Aus Tabelle 33 ist zu ersehen, daß der Besitzübergang auf Grund von Überlassungsverträgen bei weitem die anderen Arten überragt. Die Zahl der Vererbungen durch Testament, — die 6% der gesamten Erbverträge ausmacht — bezieht sich im großen und ganzen auf den Großgrundbesitz, bei dem dieses System am häufigsten vorkommt; für Bauernbesitz kommt diese Art der Vererbung in weit geringerem Maße vor. Die Tatsache, daß die Zahl der Fälle, in denen Intestaterbfolge vorkommt, sich verhältnismäßig hoch gestaltet, ist auf die in der Provinz übliche eheliche Gütergemeinschaft zurückzuführen. Der überlebende Ehegatte hat das Recht, das zu teilende gemeinschaftliche Grundstück gegen einen Preis zu übernehmen, den die übrigen Erben zu bestimmen haben. So kommt es denn, daß eine Veränderung des Eigentums durch Vererbung hier nicht eintritt. Es kommt mitunter auch vor, daß bei der Auseinandersetzung zugleich eine endgültige Regelung der Erbfolge stattfindet, indem zugleich ein Überlassungsvertrag abgeschlossen wird, und die Miterben auch wegen des künftigen Nachlasses des überlebenden Ehegatten abgefunden werden. Der Übernehmer wird gegenüber den Miterben bevorzugt; er ist meistens der überlebende Ehegatte selbst, und so gebührt ihm die Hälfte des gesamten Besitzes. Außerdem wird die Lage des Übernehmenden noch dadurch begünstigt, daß die Bemessung der Taxen bei solchen Auseinandersetzungen sehr niedrig ist — z. B. niedriger als bei Beleihungen.

Die Realteilung im Erbgange ist in der Provinz Posen äußerst selten. Dies ist wohl auf den bei den Bauern stark ausgeprägten Familiensinn zurückzuführen, denn der Bauer scheut sich davor, sein väterliches Erbe zu zerstückeln. Im Regierungsbezirke Bromberg soll Realteilung gar nicht vorkommen; dagegen wird sie in den süd-

---

[1] Grossmann, l. c. S. 22ff.

[2] In der Provinz Posen befinden sich 54 Amtsgerichte.

lichen Teilen der Provinz, in den Kreisen Krotoschin, Ostrowo, Schildberg, Kempen, vor allen aber in Rawitsch häufiger angewandt.[1]

Der größte Teil der Vererbungen geschieht durch Überlassungsverträge. In der Regel werden diese zwischen den Eltern und einem Kinde geschlossen; eine feste Sukzessionsordnung besteht hierbei nicht. Oft wird der älteste Sohn zum Übernehmer gewählt, keineswegs aber in allen Fällen. Auch ist beobachtet worden, daß die Bauern einer Tochter den Hof überlassen, da sie glauben, von ihr besser gepflegt zu werden, als von der Frau eines Sohnes. Die Eltern wohnen, nachdem sie sozusagen in den Ruhestand getreten sind, zusammen mit dem Übernehmer. Im allgemeinen aber wird bei der Wahl des Übernehmers darauf geachtet, daß dieser die größte Gewähr für die gute Bewirtschaftung der Stelle und die Leistung des Altenteils bietet. Mit fremden Personen werden Überlassungsverträge nur in den allerseltensten Fällen geschlossen.

Der Übernehmer bekommt das Gut samt dem lebenden und toten Inventar. Als Gegenleistung übernimmt er die eingetragenen und mitunter auch die Privatschulden des Überlassers; außerdem verpflichtet er sich, letzterem einen Altenteil — auch Ausgedinge genannt — zu gewähren und die Miterben abzufinden. Der Altenteil besteht im allgemeinen aus freier Wohnung, einer Getreide- und geringen Geldrente, freiem Unterhalt für eine Kuh, einem Gemüsegarten, freiem Arzt nebst Arznei in Krankheitsfällen und standesgemäßem Begräbnis. Bei ganz kleinen Wirtschaften besteht das Ausgedinge nur aus dem Recht zu freier Wohnung, Verpflegung und Begräbnis.[2]

Der Überlassungspreis wird durch die Abfindungen, Verpflichtungen und Schulden meistens gedeckt. Bleibt noch ein Rest übrig, so wird dieser den Eltern bezahlt oder zugunsten der Miterben hypothekarisch eingetragen. Einen besonderen Erbteil erhält der Übernehmer nicht; er gilt schon dadurch als abgefunden, daß er das Grundstück als Eigentum erhält.

Das Altenteilswesen ist von großer Bedeutung für die Erhaltung des ungeteilten Familienbesitzes. Die Leistung des Ausgedinges wird nämlich bei einem nicht geteilten Erbe am sichersten gestellt; andererseits wird aber schon deshalb ein Kind oder ein naher Verwandter zum Übernehmer gewählt, weil das übliche Zusammenleben der Überlasser mit dem Übernehmer anders als im engen Familienkreise wohl nicht zu denken ist.

Drittes Kapitel.

Die Hebung des Bauernstandes durch die landwirtschaftlichen Vereine.

Die landwirtschaftlichen Vereine der Provinz Posen waren die ersten, die den Bauernstand und seine Lanwirtschaft zu heben begannen. Bevor irgendeine Gesetzgebung zum Schutze und zur Förderung des

[1] Grossmann, l. c. S. 48.
[2] Vgl. Tabelle 34.

selbständig gewordenen Bauernbesitzes erlassen wurde, arbeiteten schon zahlreiche opferwillige Männer, zumeist Rittergutsbesitzer, daran, den Bauern von seinen Lasten zu befreien und ihm die segensreichen Errungenschaften der Neuzeit zugänglich zu machen.

Das Mittel, durch welches die Aufklärung unter den Bauern verbreitet wurde, waren die landwirtschaftlichen Vereine, die somit von der größten Bedeutung für die Entwicklung des Bauernstandes geworden sind.

Die Geschichte der landwirtschaftlichen Vereine der Provinz Posen beginnt mit dem Jahre 1802, in dem der königliche ökonomische Verein für Südpreußen gegründet wurde. Dieser Verein, dessen Tätigkeit uns auf das genaueste in seinen Jahresberichten beschrieben wird, bestand bis 1806; es gehörten ihm sowohl Deutsche als Polen an. In den später gegründeten Vereinen macht sich eine Scheidung zwischen den beiden Nationalitäten bemerkbar, und deshalb sind in der Geschichte der landwirtschaftlichen Vereine unserer Provinz zwei Hauptgruppen zu unterscheiden, die deutschen und die polnischen Vereine. Diese Vereine arbeiteten gesondert voneinander und ihre Wirkungskreise waren verschiedener Art. Diese Absonderung bewirkte, daß die deutschen Vereine nur die deutschen Bauern belehrten, während die polnischen Vereine nur für die polnischen Bauern von Bedeutung waren. Jedoch ergaben diese beiden voneinander getrennten Kulturarbeiten als Gesamtergebnis eine allgemeine Hebung des Posener Bauernstandes.

Um die Hebung der deutschen Bauern haben die sogenannten landwirtschaftlichen Kreisvereine sich verdient gemacht. Diese waren ursprünglich in mehreren Gruppen vereinigt und erst durch die Gründung des landwirtschaftlichen Provinzialvereins für das Großherzogtum Posen im Jahre 1873 erhielten sie eine gemeinsame Zentralstelle. Im Süden der Provinz wurde 1855 der landwirtschaftliche Verein für den Kreis Kosten gegründet; ihm schloß sich 1864 der Kreis Kröben an, und nach der Teilung desselben im Jahre 1887 in mehrere Kreise erhielt der Verein den Namen „Landwirtschaftlicher Hauptverein der Kreise Kosten, Lissa, Rawitsch, Schmiegel, Fraustadt und Gostyn.“[1]

Anfangs versuchte man die Bauern zu den Kreisvereinen heranzuziehen, als dies aber nicht gelang, beschloß man in den einzelnen Landstädten Lokalvereine[2] zu gründen, die ihren Zweck erfüllten, da viele Bauern ihnen beitraten.

Eine andere Gruppe von Vereinen bestand im Norden der Provinz[3] und vereinigte sich im Jahre 1852 zu dem landwirtschaftlichen Zentralvereine für den Netzedistrikt. Dieser zählte im Jahre 1867 16 Kreis- bzw. Zweigvereine, die ihrerseits wieder Lokalvereine bildeten, und im Jahre 1877—1878 war diese Zahl auf 21 uud ihre Mitgliederzahl auf 1145 gestiegen.

---

[1] Peters, Der landwirtschaftliche Hauptverein der Kreise Kosten, Schmiegel, Fraustadt, Lissa, Rawitsch und Gostyn. Posen 1905. S. 5ff.

[2] Vgl. Tabelle 35.

[3] Vgl. Tabelle 36.

Eine dritte Zentralstelle für die Förderung der Landwirtschaft war der im Jahre 1865 gegründete Landwirtschaftliche Hauptverein für den Regierungsbezirk Posen. Er bestand anfangs aus 7 Zweigvereinen[1], mit der Zeit vergrößerte sich aber ihre Zahl, so daß im Jahre 1878 der Hauptverein insgesamt 677 Mitglieder zählte.

Im Jahre 1873 traten die oben genannten drei Gruppen der landwirtschaftlichen Vereine, nämlich der Hauptverein der Kreise Kosten, Lissa, Rawitsch usw., der Zentralverein für den Netzedistrikt und der Hauptverein für den Regierungsbezirk Posen, samt ihren Kreis- und Lokalvereinen zu einem „Provinzialverein für das Großherzogtum Posen" zusammen, ohne in ihrer Selbständigkeit und dem Verfügungsrecht über ihr Vermögen beschränkt zu werden. Durch diese Vereinigung sollten die einzelnen Hauptvereine zu einem übereinstimmenden Wirken angeregt und instand gesetzt werden, die Erfolge ihrer Tätigkeit sich gegenseitig mitzuteilen und zu gemeinsamer Beratung zu bringen.[2,3]

Unter der Leitung einer tatkräftigen Direktion vermehrte sich rasch die Zahl der Lokal- und Zweigvereine und ihrer Mitglieder. So zählte im Jahre 1878 der Provinzialverein 2100, und 18 Jahre später 5622 Mitglieder.[4]

Allmählich erweiterten sich die Kompetenzen des Provinzialvereins, das Bestehen besonderer Zentral- bzw. Hauptvereine wurde immer überflüssiger und so gingen diese mit der Zeit ein. Das Statut des Provinzialvereins unterscheidet folgende Unterverbände:

1. Kreisvereine;
2. Lokalvereine, die den Kreisvereinen angeschlossen sind, und vorwiegend aus kleineren Grundbesitzern bestehen;
3. zweckverwandte Vereine, die bloß einen Zweig der Landwirtschaft zu fördern suchen.

Der Provinzialverein bestand bis zum Jahre 1896 und wurde infolge der Errichtung einer Landwirtschaftskammer aufgelöst, die nun die Zentrale für das landwirtschaftliche Vereinswesen der Provinz bildete.

Die wesentlichen Merkmale der Landwirtschaftskammer gegenüber dem Provinzialverein sind folgende:

1. Die Landwirtschaft besitzt durch ihre Kammer, ähnlich wie der Handel und das Gewerbe, eine öffentliche Institution zur Vertretung ihre Gesamtinteressen.
2. Alle Landwirte, welche eine selbständige Ackernahrung besitzen, sind zur Landwirtschaftskammer beitragspflichtig und haben aktives und passives Wahlrecht.

---

[1] Vgl. Tabelle 37.

[2] Statuten des landw. Provinzialvereins f. d. Großherzogtum Posen.

[3] Einer im Jahre 1861 an alle landwirtschaftlichen Vereine ergangenen Anregung zur Bildung eines gemeinsamen Zentralvereins leisteten die deutschen Vereine keine Folge. So umfaßte denn der damals gegründete landwirtschaftliche Zentralverein im Großherzogtum Posen nur die polnischen landwirtschaftlichen Vereine.

[4] Vgl. Tabelle 38.

3. Die Wahlen zu der Kammer werden entweder durch den Kreistag oder durch ein besonderes Wahlverfahren vollzogen, das auf indirekter Wahl beruht.

4. Die Landwirtschaftskammer steht unter der Aufsicht des Landwirtschaftsministers.

Der Landwirtschaftskammer sind ebenso wie dem früheren landwirtschaftlichen Provinzialverein die landwirtschaftlichen Kreis- und Lokalvereine angeschlossen.[1]

Die Entwicklung der polnischen landwirtschaftlichen Vereine, die anfangs nur aus Großgrundbesitzern bestanden, war folgende: Im Jahre 1838 wurde in Gostyn ein landwirtschaftlicher Verein unter dem Namen „Wydział rolniczo-przemysłowy" (Ausschuß für Landwirtschaft und Gewerbe) gegründet; ein ähnlicher Verein entstand in Gnesen. Es gehörten bis zu 25% Deutsche an, der Vorstand jedoch war polnisch. Beide Vereine bildeten wieder Zweigvereine, welche zusammen Generalversammlungen abhielten. Im Jahre 1846 lösten sie sich jedoch sämtlich auf.

In der Zeit von 1848—1860 entstanden die landwirtschaftlichen Vereine Schroda-Wreschen, Gostyn-Kröben-Krotoschin-Schrimm-Fraustadt-Kosten, Posen-Samter, Adelnau, Schildberg-Pleschen. Im Norden der Provinz entstand zu gleicher Zeit in Hohensalza ein Verein unter dem Namen „Towarzystwo rolnicze połączonych północnych powiatów" (Landwirtschaftlicher Verein der vereinigten nördlichen Kreise).[2]

Im Jahre 1861 vereinigten sich alle obengenannten polnischen landwirtschaftlichen Vereine zu dem zur Zeit noch bestehenden landwirtschaftlichen Zentralverein, der den Namen „Centralne Towarzystwo Gospodarcze w Wielkiem Księstwie Poznańskiem" führt. Dieser zerfällt in verschiedene Filialvereine. Alljährlich wird in Posen eine Generalversammlung aller Mitglieder des Zentralvereins, also auch aller Filialvereine abgehalten. Außerdem finden gemeinsame Beratungen der Vorsitzenden der Filialvereine und des Vorstandes des Zentralvereins statt. Die Entwicklung der Mitgliederzahl ist aus Tabelle 40 zu ersehen.

Alle diese polnischen Vereine hatten aber anfangs für den Bauernstand wenig Bedeutung. Zwar kehren in ihren Sitzungen ebenso wie in den von ihnen herausgegebenen Zeitschriften „Przewodnik rolniczo przemysłowy" (Landwirtschaftlich-gewerblicher Anzeiger) und „Ziemianin" (Der Landmann) Bestrebungen zur Hebung des Bauernstandes

---

1 Außerdem sind der Landwirtschaftskammer zahlreiche „zweckverwandte" Vereine angeschlossen. (Vgl. Tabelle 39.)

2 Rocznik Centr. Tow. Gospodarczego w W. Ks. Poznańskiem. (Jahresbericht des landwirtschaftlichen Zentralvereins im Großherzogtum Posen.) 1861. S. 12ff. Księga Jubileuszowa wydana w 50 tą rocznicę założenia Centr. Tow. Gospodarczego w W. Ks. Poznańskiem. (Festschrift, herausgegeben aus Anlaß des 50jährigen Bestehens des landwirtschaftlichen Zentralvereins im Großherzogtum Posen.) Posen 1911. S. 4ff.

und seiner Landwirtschaft immer wieder. Einige bedeutende Männer, wie der schon erwähnte General von Chłapowski und der Staatsreferendar Joseph von Morawski aus Oporow machten sich hierbei besonders verdient. Aber große Erfolge waren nicht zu verzeichnen, bis im Jahre 1866 folgendes Ereignis den richtigen Weg zur Hebung des Bauernstandes wies:

Im Städtchen Dolzig (Kreis Schrimm) wurde in diesem Jahre auf Anregung der Bauern Dionys Stasiak aus Księginki und Anton Banaszyk aus Studzianna vom Pfarrer Wiśniewski der erste sogenannte Rustikalverein in der Provinz gegründet.[1] Dieser Verein, der den Namen „Kołko rolnicze włościańskie" führte, hatte außer einigen Großgrundbesitzern und Geistlichen, die dem Vorstande angehörten, nur Bauern der benachbarten Gemeinden als Mitglieder.

Diese neue Einrichtung fand jedoch wenig Nachahmer. In den drei darauffolgenden Jahren wurden nur 9 solche Vereine gegründet, die allein dastanden, ohne eine gemeinsame Organisation zu bilden. Um dieser neuen segensreichen Institution den Weg zu bahnen, beschloß der landwirtschaftliche Zentralverein in einer Generalversammlung vom Jahre 1873, die Rustikalvereine unter die Leitung eines Mannes zu stellen, der mit ihnen stets in Verbindung stehen und darüber bei jeder Generalversammlung des Zentralvereins berichten sollte.[2]

Diesen schwierigen Posten übernahm der Rittergutsbesitzer Maximilian von Jackowski. Er widmete sein weiteres Leben der Hebung des Bauernstandes durch Gründung und Überwachung der Rustikalvereine, und blieb ihr Leiter („Patron") bis zum Jahre 1901. Im Jahre 1875 wurden die Vertreter der einzelnen Rustikalvereine zu einer Versammlung einberufen, an der 67 Delegierte teilnahmen, darunter 38 Bauernstellenbesitzer.

Obgleich schon zu jener Zeit 45 Vereine bestanden, so ist doch diese Versammlung als die konstituierende anzusehen, denn damals erst wurde das Wesentliche der Bestimmungen über Bauernvereine beschlossen. Es wurde ein Programm angenommen, das bis auf den

---

[1] Brownsford, Przyczynek do rozwoju Kółek rolniczych. (Beitrag zur Entwickelung der Rustikalvereine.) Posen 1907. S. 6ff.

Derselbe, Rozwój Kółek rolniczych w obrębie Tow. roln. Poznańsko-Szamotulskiego. (Die Entwicklung der Rustikalvereine innerhalb des landwirtschaftlichen Vereins Posen-Samter.) Posen 1911. S. 4ff.

Derselbe, Rozwój Kółek rolniczych w Wielkopolsce. (Die Entwicklung der Rustikalvereine in Großpolen.) In Festschrift des landwirtschaftlichen Zentralvereins. Posen 1911. S 204ff.

[2] M. Jackowski, Sprawozdanie Patronatu z czynności Kółek rolniczych za rok 1897 i sprawozdanie z 25-letniej pracy. (Bericht des Patronats über die Tätigkeit der Bauernvereine im Jahre 1897 und in den 25 Jahren ihres Bestehens.) Posen 1898. S. 11ff.

Langie, O Kółkach włościańskich w polskich dzielnicach pod panowaniem pruskiem. (Über die Rustikalvereine in den unter preußischer Herrschaft sich befindenden polnischen Landesteilen.) Krakau 1883. S. 17ff.

Roczniki Włościańskich Kółek rolniczych. (Jahrbücher der landwirtschaftlichen Bauernvereine.) Posen 1874—1911.

heutigen Tag eingehalten wird, und dessen Einzelheiten an anderer Stelle erläutert werden.

Die Gründungsweise der Rustikalvereine war von der der deutschen Lokalvereine verschieden. Während diese von den Kreis- und Hauptvereinen gegründet wurden, erwies sich bei jenen ein ähnliches System als schwerfällig und unpraktisch. Die anfänglichen Versuche, Rustikalvereine durch die polnischen Filialvereine zu gründen, ergaben keine günstigen Resultate. So erkannte denn Jackowski bald, daß die Agitation nur von einer Zentralstelle ausgehen darf und begann, selbst Vereine zu gründen. Der Erfolg dieser Arbeit war groß; die Anzahl der Rustikalvereine wuchs überraschend schnell und ist noch heute im Wachsen begriffen. Aus Tabelle 41 ist zu ersehen, daß die Zahl der Bauernvereine im Jahre 1873 7 und in dem darauffolgenden Jahre 45 betrug. Die Vereine vermehrten sich rasch und erreichten im Jahre 1884 die Zahl 141, im Jahre 1894 die Gesamtzahl 172. Im Jahre 1911 waren 373 Bauernvereine vorhanden.

Die gesamte Mitgliederzahl des Verbandes der polnischen Bauernvereine betrug im Jahre 1877 3800, im Jahre 1895 7145 und 1907 14000 Mitglieder.

Ebenso wie die Gründung der Rustikalvereine, ging auch ihre Leitung von Jackowski, dem „Patron" der Vereine, aus. Da mit wachsender Zahl der Vereine die Arbeit des Patrons immer umfangreicher wurde, stellte ihm die Generalversammlung des landwirtschaftlichen Zentralvereins im Jahre 1884 „Wize-Patrone" zur Seite, von denen jeder einen bestimmten Bezirk — „Wize-Patronat" — verwalten sollte. Im Jahre 1886 waren 12 solcher Wize-Patronate vorhanden, im Jahre 1911 gab es deren 35; sie sind heute fast mit den landrätlichen Kreisen identisch. Neuerdings ist dem Patron ein Beirat, der sogenannte Patronatsrat, zur Seite gestellt worden.

Die Tätigkeit der landwirtschaftlichen Vereine und ihre Erfolge hinsichtlich der Belehrung der Bauern, muß ebenfalls in zwei Abschnitten geschildert werden, die die deutschen und polnischen Vereine getrennt betrachten.

Was die deutschen Vereine anbetrifft, so war ihre ursprüngliche Form, die der Kreisvereine, für den Bauernstand von geringer Bedeutung. Versuche, die gemacht wurden, um die Bauern diesen Vereinen zu nähern, scheiterten vollkommen. Erst durch die Gründung von Lokalvereinen in den einzelnen Landstädten gelang es, die Bauern zum Eintritt in diese Vereine zu bewegen. Diese Bauern waren ausschließlich deutscher Nationalität.

Die oben erwähnten Hauptvereine waren stets eifrig bestrebt, die Lokalvereine durch Geldmittel und auf sonstige Weise zu unterstützen. Aus den Statuten dieser Vereinsgruppen ist zu ersehen, daß sie eine Förderung des Bauernbesitzes in der verschiedenartigsten Weise angestrebt haben, insbesondere sollten öffentliche praktische Versuche mit erprobten Ackerwerkzeugen, Produkten, Sämereien usw. angestellt und Vieh- bzw. Produktenausstellungen bewirkt werden.

So wurde im Jahre 1861 von dem landwirtschaftlichen Zentralverein für den Netzedistrikt eine Ausstellung in Bromberg veranstaltet, an der 12 Lokalvereine regen Anteil nahmen. Es wurden 106 Pferde, 123 Rinder, 156 Schafe, 20 Schweine und zahlreiche landwirtschaftliche Geräte ausgestellt. Die Bauern erhielten die Prämien in Geld, für jede Abteilung der Ausstellung waren 40 Taler bestimmt. Auch der Hauptverein zu Lissa veranstaltete Ausstellungen und zwar in den Jahren 1860, 63, 69, 78 und 84, außerdem richtete er im Jahre 1872 einen Zucht- und Mastviehmarkt ein. Dieser Verein war ganz besonders für die Förderung des Kleinbesitzes tätig. Seine Fürsorge für die bäuerliche Viehzucht gibt sich darin zu erkennen, daß der Verein auf jeden Zuschuß aus öffentlichem Fonds für die alljährlich stattfindenden Prämiierungen von Pferden und Rindvieh zugunsten der Lokalvereine von vornherein verzichtete und letztere sogar wiederholt selbst unterstützte. Auch ist der Verein stets bestrebt gewesen, die staatlichen Unterstützungen für die Prämierung ganzer bäuerlicher Wirtschaften zu verwenden. Ferner haben vereinzelt Mitglieder dieser Vereine den Bauern die Erwerbung von besserem Saatgut durch Umtausch oder billigen Verkauf desselben bedeutend erleichtert. Mehr aber noch haben die Großgrundbesitzer sich dadurch um die Bauern verdient gemacht, daß sie durch Belehrungen und Vorträge in den Lokalvereinen und durch gemeinsame Besichtigung musterhaft bewirtschafteter Großbetriebe die bäuerliche Landwirtschaft hoben.

Die Zahl der Mitglieder eines Lokalvereins, der, wie schon erwähnt, zum größten Teil Kleingrundbesitzer umfaßt, ist eine sehr verschiedene. So zählte z. B. im Jahre 1907 der Lokalverein Brake, (Kr. Meseritz) 336 und der Verein Jagdschütz (Kr. Bromberg) nur 18 Mitglieder.

Der Zweck der Lokalvereine, d. i. die Förderung der Landwirtschaft in den Betrieben ihrer Mitglieder, soll auf folgende Weise erreicht werden.

a) durch öffentliche Vorträge.
b) „ gemeinsamen Bezug des Amtsblattes der Landwirtschaftskammer.
c) „ Erteilung von Ratschlägen seitens der Vereinsleitung auf Anfragen einzelner Mitglieder.
d) „ gemeinsame Beschaffung landwirtschaftlicher Sämereien, Düngemittel usw.
e) „ Verbesserung und Veredelung der Viehstände.
f) „ Veranstalten von Ausstellungen.
g) „ Beschickung von Ausstellungen, die die Landwirtschaftskammer und die mit ihr in Verbindung stehenden Korporationen veranstalten.
h) „ gemeinsamen Besuch von Ausstellungen, Saatmärkten, Versuchsgütern, Musterwirtschaften, Vortragskursen, Viehschauen usw.
i) „ Gründung einer landwirtschaftlichen Vereinsbibliothek.[1]

[1] Statuten der Posener Landwirtschaftskammer für die Provinz Posen.

Die Versammlungen finden nach Bedarf statt und werden für jedes Halbjahr im Voraus bestimmt. Der Zweck dieser Lokalvereine wird im allgemeinen erreicht; auf die Erfolge ihrer Tätigkeit, d. h. den gegenwärtigen Zustand der bäuerlichen Landwirtschaft, wird an anderer Stelle näher eingegangen.

Aus den Lokalvereinen sind in einzelnen Fällen Entwässerungs- und Meliorationsgenossenschaften und Zuchtvereine hervorgegangen. Der gemeinsame Bezug von Düngemitteln ist in den meisten Vereinen üblich; leider fehlt hierüber eine genaue Statistik. Neben den landwirtschaftlichen Lokalvereinen wirken verschiedene zweckverwandte, an die Landwirtschaftskammer angeschlossene Vereine, denen die Bauern teilweise angehören. Sie befassen sich mit Gartenbau, Viehzucht, Fischerei, Milchwirtschaft, Hopfenbau usw. (Vergl. Tabelle 39.)

Derselbe Zweck, den die deutschen Lokalvereine erreichen, wird von den polnischen Bauernvereinen angestrebt, wie in dem Programm vom Jahre 1875 vorgeschrieben ist. Dieses besagt, daß es der Zweck eines Vereins ist, die Mitglieder in den Versammlungen über alle Zweige der Landwirtschaft zu belehren; die Aneignung des vorgetragenen Stoffes soll möglichst leicht gemacht werden. Anfangs genügt es, wenn man die in den jeweiligen Jahreszeiten üblichen Arbeiten bespricht und die Mitglieder belehrt, wie diese am besten und billigsten ausgeführt werden. Ferner schreibt das Programm vor, wie Hof, Feld, lebendes und totes Inventar eines musterhaften Bauerngutes beschaffen sein soll, damit der Vorstand des Vereins einen gewissen Anhalt für die Ratschläge und Beurteilung der Wirtschaft der einzelnen Mitglieder habe. Dieser Abschnitt des Programms lautet folgendermaßen:

I. Der Hof.

a) Er soll so eingerichtet sein, daß jeder Gegenstand gegen Sonne und Regen geschützt sei.
b) Die Behandlung des Düngers und seine Gewinnung. Das Entfernen von Schmutz zur Verhütung von Infektion usw.
c) Die Behandlung des Korns auf dem Speicher, sein Reinigen zur Saat und zum Verkauf.

II. Der Acker.

a) Seine Bearbeitung.
b) Die verschiedenen Düngerarten und ihre rationelle Anwendung.
c) Die Arten des Getreides, der Futtergewächse, der Hackfrüchte und ihre rationelle Anwendung.

III. Die Haustiere.

a) Ihre verschiedenen Rassen.
b) Ihre Ernährung im Sommer und Winter.
c) Die Züchtungsverfahren.

IV. Die Hauswirtschaft.

a) Die Einrichtung des Hauses.
b) Die Milch.
c) Das Geflügel.

V. Vernachlässigte Wirtschaftszweige.

a) Bienenzucht.
b) Obst- und Gartenbau.

Weiter schreibt das Programm vor, daß es die Aufgabe der Vereine ist, die Mitglieder mit verbesserten, der Neuzeit entsprechenden und erprobten Werkzeugen bekannt zu machen. Auch in ökonomischer Hinsicht soll der Bauer belehrt werden; und zwar einerseits in einfachen Handelsgeschäften, wie Verkauf von Getreide nach holländischem Maß, andererseits in Kreditangelegenheiten, sowie Rechts- und Hypothekenfragen, soweit sie für den Kleingrundbesitzer in Betracht kommen. Es wird empfohlen, die Vereinsmitglieder auf die kleinen Einnahmequellen hinzuweisen, wie Gemüse- und Obstbau, Bienenzucht usw. Um ein praktisches Beispiel neuer Einrichtungen zu haben, sollen die Vereine gut bewirtschaftete Großbetriebe besichtigen. Auch sollen die Wirtschaften der einzelnen Mitglieder besucht[1] und Ausstellungen von landwirtschaftlichen Nutztieren, Produkten und Geräten veranstaltet werden. Der Bauer soll in dem Vereine nicht nur eine allgemeine Belehrung, sondern auch in den einzelnen Fällen Ratschläge in allen Angelegenheiten der Landwirtschaft, wie Fruchtwechsel, Feuer- und Hagelversicherung, Kredit usw. erhalten. Es wird empfohlen, im Vereinslokale einen Fragekasten für solche Fragen anzubringen, die sich für eine öffentliche Besprechung nicht eignen. In den Bereich der Tätigkeit des Vereins gehört auch die Vermittelung beim Einkauf von Geräten, Saatgut, künstlichen Düngemitteln, Kohle und allen für die Wirtschaft erforderlichen Artikeln.[2]

Die territoriale Ausdehnung eines solchen Bauernvereins ist meistens der eines Kirchspiels gleichbedeutend.[3] Die Zahl der Mitglieder eines Vereins ist sehr verschieden, sie schwankt zwischen 10 und 120.

Die Vereine innerhalb eines Wize-Patronats[4] halten alljährlich

---

[1] Im Jahre 1909 wurden etwa 500 Wirtschaften von Vereinsmitgliedern besichtigt.

[2] Statuten der polnischen Bauernvereine.

[3] Daraus erklärt sich auch die Einrichtung, daß die Vereine Sonntags nach der Andacht ihre Sitzung halten; die Bauern, die in der Kirche versammelt sind, können dann am leichtesten zusammenkommen. Diese Form des Vereins stammt aus Westpreußen. Dort wurde von Julian Kraziewicz in Piaseczno ein landwirtschaftlicher Verein für Bauernhofsbesitzer gegründet. Anfangs gehörten diesem Vereine 180 Mitglieder an; mit der Zeit aber wuchs ihre Zahl bedeutend, so daß man diesen Verein in Zweigvereine nach den Kirchspielen teilte. (Langie, O Kółkach l. c. S. 28ff.) Die Rustikalvereine sind auch zum Teil den westfälischen Bauernvereinen nachgebildet, und zwar nach Angaben ihres Gründers, des Freiherrn von Schorlemer-Alst.

[4] Vgl. S. 65.

zusammen eine Generalversammlung ab, bei der auch meistens der Patron zugegen ist. Hier werden weitergehende Fragen und gemeinsame Angelegenheiten erörtert. Dabei werden fast stets Vorträge, auch von Bauern gehalten. Außerdem findet in Posen alljährlich eine Versammlung von Vorsitzenden und Delegierten aller Vereine statt, und hier, vor einer tausendköpfigen Menschenmenge, hält neben gebildeten Landwirten auch stets ein Bauernsohn einen Vortrag.

Als Amtsblatt der Bauernvereine besteht seit dem Jahre 1889 der „Poradnik Gospodarski" (Landwirtschaftlicher Ratgeber), der außer den Vereinsnachrichten landwirtschaftliche Fragen in leicht verständlicher Weise erörtert. Außerdem werden vom Patron an die einzelnen Vereine Flugschriften, Broschüren und Bücher verschickt, die wichtige landwirtschaftliche, den Bauern naheliegende Fragen behandeln. In den ersten 25 Jahren des Bestehens der Rustikalvereine gelangten 168000 solcher Schriften zur Verteilung.

Einen großen Erfolg haben diese Vereine auf dem Gebiete der Melioration erreicht. So sind bis 1907 ca. 75000 ha bäuerlichen Grundbesitzes durch ihre Mitwirkung drainiert worden.

Ein wichtiger Teil des Wirkungskreises der polnischen Bauernvereine ist die Vermittelung beim Einkauf von Dünger- und Futtermitteln. Aus ihren Jahresberichten ist zu ersehen, daß die Menge der im Jahre 1876 durch Vermittelung der Vereine bezogenen Düngemittel 118,5 t betrug, also durchschnittlich auf jedes Mitglied 31 kg Düngemittel entfiel. Die Vermittelungstätigkeit steigerte sich aber dermaßen, daß die entsprechenden Zahlen im Jahre 1878 301,25 t und 50,4 kg, im Jahre 1895 1528 t und 403 kg und im Jahre 1910 ca. 25000 t und ca. 1785 kg Düngemittel betrugen.

Seit kurzer Zeit führt auch der Patronatsrat eine genaue Statistik über die bäuerliche Landwirtschaft. Ihre Resultate sind im Kapitel 5 verwertet worden.

Es ist den landwirtschaftlichen Vereinen, sowohl den deutschen als auch den polnischen, gelungen, den Posener Bauern aus der dunklen Unwissenheit auf eine hohe Stufe der Kultur zu heben. Sie haben ihn von seinen Fehlern befreit, haben ihn denken und überlegen gelehrt. Auf sicheren Grundlagen wurden allmählich die Elemente der Landwirtschaft in einer möglichst vollkommenen und einfachen Form aufgebaut, bis die bäuerliche Wirtschaft zu einem kerngesunden Gebilde wurde. Wo dies eintrat, hatte der Verein sein Ziel erreicht.

Viertes Kapitel.

Die landwirtschaftlichen Genossenschaften und der Zustand des landwirtschaftlichen Kreditwesens.

Die landwirtschaftlichen Vereine haben den Bauernstand in moralischer Hinsicht gehoben und ihm die Grundlagen einer rationellen Landwirtschaft geschaffen. Wo ein Verein sich in dieser Hinsicht betätigt hat, da war dieses Werk deutlich an den bäuerlichen Wirtschaften der betreffenden Gegend zu erkennen. Aber eine große Lücke machte sich noch stets bemerkbar: Es fehlte an Einrichtungen, um den Bauern in finanzieller Hinsicht zu unterstützen. Die Mißstände hinsichtlich der Kreditverhältnisse sind schon erwähnt worden. In ähnlicher Weise wurde der Bauer dadurch ausgenützt, daß er für seine Produkte schlechte Preise erzielte, dagegen die Rohstoffe und landwirtschaftlichen Artikel äußerst teuer bezahlen mußte. Diesen Mängeln wurde durch die Gründung von allerlei Genossenschaften gesteuert, welche dem Bauern die Verwertung seiner Produkte und den Einkauf von Rohstoffen erleichtern, ihn mit billigem Kredit versehen, vor Wucher schützen und ihm seine Grundstücke entwässern helfen.

Die Geschichte der landwirtschaftlichen Genossenschaften in der Provinz Posen ist kurz. In den siebziger Jahren waren sie noch sehr wenig zahlreich. Im großen ganzen beschränkten sich die genossenschaftlichen Vereinigungen auf das gelegentliche Zusammentreten der landwirtschaftlichen Vereine zum gemeinsamen Bezug von Düngemitteln, Sämereien u. a.; auch gab es vereinzelt Entwässerungs- und Meliorationsgenossenschaften. Erst in den achtziger und besonders in den neunziger Jahren vermehrte sich ihre Zahl bedeutend infolge des immer intensiveren landwirtschaftlichen Betriebes.

Das Gesetz vom 1. Mai 1889 betreffend die Erwerbs- und Wirtschaftsgenossenschaften schuf einer Entwickelung in dieser Hinsicht sichere Grundlagen. Vordem bestand nur die Form der unbeschränkten Haftpflicht, was bei landwirtschaftlichen Genossenschaften, in denen die verschiedensten Kapitalkräfte zusammentreten, wegen des ungleich verteilten Risikos wenig vorteilhaft ist.[1] § 2 dieses Gesetzes unterscheidet nun aber drei Arten von Genossenschaften, diejenigen mit beschränkter und unbeschränkter Haftpflicht und mit unbeschränkter Nachschußpflicht.[2]

Die in der Provinz Posen bestehenden Genossenschaften wurden teils nach dem Raiffeisenschen, teils nach dem Schultze-Delitzschschen Muster gegründet. Schultze hat einen besonderen Einfluß in der Provinz Posen dadurch gehabt, daß er sich längere Zeit in der Provinz aufhielt.[3]

Die Verfassungen der beiden Genossenschaften unterscheiden sich in folgenden Punkten: die Raiffeisenschen Vereine haben einen engbegrenzten Wirkungskreis, während er bei den Schultze-Delitzschschen unbegrenzt ist. Jene verteilen grundsätzlich keinen Gewinn, was bei diesen aber der Fall ist. Raiffeisen vertrat die Ansicht, daß man von den Hilfsbedürftigen nicht hohe Geschäftsanteile verlangen dürfe, und so sind die Anteile bei seinen Genossenschaften sehr

---

[1] Dziembowski, Institucye współdzielcze i wpływ ich na rozwój ekonomiczny rolnictwa. (Die gemeinnützigen Institutionen und ihre Wirkung auf die Entwickelung der Landwirtschaft. Festschrift des landwirtschaftlichen Zentralvereins.) Posen 1911. S. 152.

[2] Gesetz, betreffend die Erwerbs- und Wirtschaftsgenossenschaften vom 1. Mai 1889.

[3] Schultze war in den Jahren 1850—52 Amtsrichter in Wreschen.

niedrig (von 3—10 Mark an). Dagegen wollte Schultze-Delitzsch durch hohe Geschäftsanteile der Genossenschaft die notwendige Grundlage eines gesunden Geschäftsbetriebes geben. Beide Ansichten haben ihre Berechtigung; es ist aber zu bemerken, daß bei den Raiffeisenvereinen trotz der geringen Anteile ein Fehlen an erforderlichen Mitteln auch nicht nachzuweisen ist. Sie geben längeren Kredit auf allmähliche Rückzahlung gegen einmalige Ausstellung eines Schuldscheines, während die Schultzeschen Vorschußkassen kurzfristigen Kredit gewähren, meist auf drei Monate gegen Wechsel, die nach der genannten Zeit eingelöst oder wieder erneut werden müssen.

Die Erfahrung hat gezeigt, daß für ländliche Verhältnisse die Raiffeisenschen, für städtische Kreise die Schultzeschen Genossenschaften am geeignetsten sind.[1]

Bei der Betrachtung der Geschichte des Genossenschaftswesens der Provinz Posen müssen wir, ebenso wie bei den landwirtschaftlichen Vereinen, zwei große Gruppen unterscheiden, die deutschen und die polnischen Genossenschaften.

Die Entwickelung der deutschen Genossenschaften ist mannigfaltiger als die der polnischen, weil bei jenen die Gründung von mehreren Verbänden ausging, während diese mit geringen Ausnahmen zu dem „Związek Spółek Zarobkowych“ vereinigt sind.

Die ersten deutschen landwirtschaftlichen Genossenschaften wurden in Posen in den achtziger Jahren gegründet. Ein Grund hierfür lag nach Ansicht des Verbandsdirektors der landwirtschaftlichen Genossenschaften, Ökonomierats Hünerasky, in folgenden Tatsachen: Die verstärkte Viehhaltung nötigte die Landwirte, eine angemessene Verwertung der Produkte anzustreben; die Erfindung der Milchschleuder drängte zu Vereinigungen der Milchproduzenten und zur Schaffung von Molkereigenossenschaften.[2] [3]

Andererseits entstanden in großer Zahl Entwässerungs- und Drainagegenossenschaften, deren Verfassung jedoch von der der übrigen verschieden ist und deshalb an anderer Stelle geschildert werden muß.

Die ersichtlichen Vorteile dieser Vereinigungen bahnten den Weg zur Gründung von weiteren Genossenschaften, die ihre Tätigkeit auch auf andere landwirtschaftliche Erwerbszweige ausdehnten. So nahm eine Anzahl der in den achtziger Jahren entstandenen Genossenschafts-Molkereien denn auch den gemeinschaftlichen Bezug landwirtschaftlicher Bedarfsartikel in ihren Betrieb auf. Im Jahre 1890 gab es 35 Molkerei-Genossenschaften. Da ihnen durch das Gesetz vom 1. Mai 1889 ein Revisionszwang auferlegt wurde, so beschloß man, einen Molkerei-Revisionsverband zu gründen, der 1893 dem allgemeinen Verbande landwirtschaftlicher Genossenschaften für Deutsch-

---

[1] Luberg, Betriebslehre. 4. Auflage. Berlin 1911. S. 157ff.

[2] Hedinger l. c. S. 64ff.

[3] Eine Schrift von Długoborski, Gospodarstwa włościańskie w okolicy Poznania (Die Bauernwirtschaften in der Nähe von Posen. Posen 1874), behauptet, daß die Gründung von Molkereigenossenschaften einer der wichtigsten Faktoren zur Hebung der Bauernwirtschaften sei.

land zu Offenbach beitrat. Im Jahre 1895 hatte sich schon in Posen eine landwirtschaftliche Ein- und Verkaufsgenossenschaft gebildet, die sich später zu der jetzt bestehenden landwirtschaftlichen Zentral-Ein- und Verkaufsgenossenschaft erweiterte und sich ebenfalls dem allgemeinen Verbande anschloß. Im Februar des Jahres 1895 beschloß der Molkerei-Revisionsverband, seine Tätigkeit unter der Firma „Verband der landwirtschaftlichen Genossenschaften für die Provinz Posen" auch auf andere Arten von Genossenschaften zu erweitern.

Neben diesen gewann der Neuwieder Verband (Raiffeisen) immer mehr an Bedeutung. Seine Rolle in der Provinz Posen beginnt damit, daß er im Jahre 1896 in diesem Landesteile 23 Kreditgenossenschaften gründete.

Auch andere Verbände bildeten sich in den neunziger Jahren. Im Jahre 1898 bestanden in der Provinz Posen:

Der Verband der landwirtschaftlichen Genossenschaften für die Provinz Posen mit 274 Genossenschaften.

Der Verband der landwirtschaftlichen Genossenschaften des Bauernbundes zu Wollstein mit 18 Genossenschaften.

Der Verband der Erwerbs- und Wirtschaftsgenossenschaften der Provinzen Posen und Westpreußen mit 75 Genossenschaften.

Der Verband des Bundes der Landwirte mit 18 Genossenschaften.

Der Verband der Neuwieder Organisation (Raiffeisen) mit 94 Genossenschaften.

Der Darlehnsverband zu Pleschen mit 10 Genossenschaften.

Der Gesamtbestand der landwirtschaftlichen Genossenschaften betrug in diesem Jahre: 399 Kredit-, 8 Rohstoff-, 1 Absatz-, 1 Ziegelei-, 3 Müllerei-, 19 Pferdezucht-, 48 Molkerei-, 2 Brennerei-, 2 Stärkefabrik-, 1 Kornhaus-, 1 Rindviehzucht- und 2 Ziegenzuchtgenossenschaften, 3 Zentralkassen und 1 Zentral-Ein- und Verkaufsgenossenschaft.

Die Kreditgenossenschaften machen in allen Verbänden den größten Teil aus. Aus Tabelle 42 ist zu ersehen, daß der Verband der Erwerbs- und Wirtschaftsgenossenschaften, die Verbände Schultze-Delitzsch und Raiffeisen, der Handwerker-Zentral-Genossenschafts- und Pleschener Verband fast ausschließlich Kreditgenossenschaften umfaßt. Nur der Verband der landwirtschaftlichen Genossenschaften und der Bund der Landwirte schließen auch Bezugs-, Molkerei- und sonstige Genossenschaften in sich.

Man kann sagen, daß fast alle Arten der landwirtschaftlichen Gewerbe in diesen Genossenschaften vertreten sind. Es gibt nämlich Dampfmühlen, Stärke- und Kartoffeltrocknungs-Fabriken, Brennereien, Ziegeleien, Ein- und Verkaufsgenossenschaften, Pferdezucht-, Rasseviehzucht-, Ziegen- und Geflügelzuchtgenossenschaften, Heu- und Mastvieh-Verwertungsverbände, Eisenverkaufs-Genossenschaften und andere mehr.

Die Vorstände dieser Genossenschaften bestehen aus bäuerlichen Wirten, Gutsbesitzern, Kaufleuten und Schullehrern; letztere sind besonders zahlreich vertreten.

Die Entwickelung des Verbandes der landwirtschaftlichen Genossenschaften für die Provinz Posen, der, wie oben erwähnt, im Jahre 1895 aus dem Molkerei-Revisions-Verband seinen Ursprung genommen hatte, war folgende: Am Schlusse des ersten Jahres seines Bestehens umfaßte dieser Verband schon 2 Zentral-, 24 Molkerei-, 3 Absatz- und 98 Kreditgenossenschaften.[1] Diese Zahlen stiegen alljährlich, und am 1. Januar 1902 zählte der Verband 286 Kredit-, 43 Molkerei-, 17 Bezugs- und Absatz- und 67 verschiedene Genossenschaften nebst 2 Zentralgenossenschaften.

Für alle inneren Verwaltungsangelegenheiten ist der Verband allein maßgebend, während die Provinzial-Genossenschaftskasse die Geldausgleichstelle, also die Zentralkasse des Verbandes ist. Außer der Kreditgewährung hat diese Zentralkasse als Nebenbetrieb auch die Vermittelung von landwirtschaftlichen Bedarfsartikeln für die angeschlossenen Genossenschaften übernommen.[2]

Eine andere wichtige Zentralgenossenschaft ist die „Landwirtschaftliche Zentral-Ein- und Verkaufsgenossenschaft e. G. m. b. H. zu Posen“. Sie ist der Verkehrsmittelpunkt aller Ein- und Verkaufsvereine ebenso wie der Kreditgenossenschaften, die Waren beziehen. Am 1. Januar 1909 zählte sie 157 Mitglieder mit 253 Anteilen zu 3000 M. Sie setzte im Jahre 1908 an Waren um: 123626,17 Ztr. Getreide, 733741,88 Ztr. Düngemittel und Kalk, 76675,80 Ztr. Futtermittel und 1253515,00 Ztr. Kohlen.[3]

Die dem Verband der landwirtschaftlichen Genossenschaften für die Provinz Posen angeschlossenen Ein- und Verkaufsgenossenschaften haben im Jahre 1908 an verkauften landwirtschaftlichen Erzeugnissen ihrer Mitglieder einen Gesamtbetrag von 1151618 M. erzielt. Dagegen betrugen die von ihnen bezogenen Waren zusammen den Wert von 5197190 M.[4] Daraus ist zu ersehen, daß die Hauptaufgabe der Bezugs- und Absatzgenossenschaften in dem Ankauf von Dünge- und Futtermitteln, Sämereien, Kohlen usw. besteht, also in einem Geschäft, das weniger Risiko mit sich bringt als der Getreidehandel. Dieses risikofreie Kommissionsgeschäft betreiben beim Ankauf von Waren nicht nur die Bezugs- und Absatzgenossenschaften, sondern auch die meisten anderen zum Verband gehörenden Erwerbsgenossenschaften. So verkauften in demselben Jahre die Kreditgenossenschaften durch Vermittlung der landwirtschaftlichen Ein- und Verkaufsgenossenschaften Kohle, Düngemittel usw. im Gesamtwerte von 1311982 M.[5]

Neben diesem Verbande hat für den bäuerlichen Besitz, vor allem für seine Erzeugnisse, von den deutschen Vereinigungen der ländlichen Genossenschaften die sogenannte Neuwieder Raiffeisen-

[1] Vgl. Tabelle 43.

[2] Hedinger l. c. S. 65.

[3] Jahresbericht der landwirtschaftlichen Zentral-Ein- und Verkaufs-Genossenschaft e. G. m. b. H. zu Posen. 1909.

[4] Jahrbuch des „Verbandes der landwirtschaftlichen Genossenschaften für die Provinz Posen“. 1909.

[5] Hedinger l. c. S. 71.

Organisation die größte Bedeutung. Zwischen diesem Verbande und dem vorher erwähnten herrschte bis zum Jahre 1902 ein harter Konkurrenzkampf, der dadurch noch verschärft wurde, daß die Königliche Ansiedlungskommission den Neuwieder Verband bevorzugte.[1] Es wurde aber in diesem Jahre eine Einigung herbeigeführt und seitdem arbeiten die beiden großen Verbände friedlich nebeneinander.[2]

Die Geldausgleichsstelle des Raiffeisen-Verbandes ist die im Jahre 1900 gegründete Landesgenossenschaftsbank; seine Zentralstelle für den Bezug von Waren ist das im darauffolgenden Jahre errichtete „Deutsche Lagerhaus". Die unter dieser Firma bestehende Genossenschaft zählte im Jahre 1907 zu ihren Mitgliedern neben 118 Einzelmitgliedern wiederum 111 Genossenschaften. Mit Hilfe der durch die Gesetze vom 3. Juni 1896 und 8. Juni 1897 bewilligten 5000000 M. wurde in Luisenhain an der Warthe ein mächtiges Kornhaus errichtet. Die Genossenschaft „Deutsches Lagerhaus" setzte im Jahre 1907/08 um: 1005918 Ztr. Getreide im Werte von 9397430 M., an Düngemitteln 1201728 Ztr. im Werte von 4011753 M.

Der Raiffeisen-Verband zählte am 1. Juni 1908:

2	Zentral-Genossenschaften,
178	Kredit-Genossenschaften,
12	Bezugs- und Absatz-Genossenschaften,
23	Molkerei-Genossenschaften,
2	Müllerei-Genossenschaften,
1	Lagerhaus-Genossenschaft,
26	Brennerei-Genossenschaften,
2	Viehverkaufs-Genossenschaften,
1	Ziegelei-Genossenschaft,
5	Bau-Genossenschaften,
1	Dampfpflug-Genossenschaft,
9	Dampfdrescherei-Genossenschaften,
1	Pferdezucht-Genossenschaft,
9	sonstige Genossenschaften
zusammen 272	Genossenschaften.

Die Raiffeisen-Ein- und Verkaufsvereine wurden im allgemeinen später gegründet als die Bezugs- und Absatzgenossenschaften des erst genannten Verbandes. Allerdings haben sich jene eine größere Mitgliederzahl erworben und eine höhere Summe der Aktiva erreicht. Dagegen ist der ältere Verband besser gestellt durch die Höhe des eigenen Vermögens und Reingewinns, sowie den Wert der Waren-

[1] Vgl. III. Jahrbuch des Verbandes der landwirtschaftlichen Genossenschaften. Posen 1903.

[2] Hedinger l. c. S. 73.

bezüge.[1] Daraus kann man folgern, daß der Raiffeisen-Verband mehr Gewicht auf den Getreidehandel selbst legt und es ihm vor allem darauf ankommt, stets hohe Preise beim Ankauf der landwirtschaftlichen Produkte zu bezahlen, auch wenn der Jahresgewinn unter Umständen niedriger ist.

Die beiden soeben beschriebenen deutschen Verbände landwirtschaftlicher Genossenschaften sind von allergrößter Wichtigkeit für den Waren- und besonders für den Getreidehandel der Bauern. Die anderen deutschen Verbände haben vorwiegend große Bedeutung für die Kreditverhältnisse; so umfaßte die Provinzialgenossenschaftskasse E. G. m. b. H. zu Posen im Jahre 1899 203 Kredit-, 10 landwirtschaftliche Bezugs- und Absatzgenossenschaften, 11 Molkerei- und 25 sonstige Genossenschaften. Die Ergebnisse der Tätigkeit dieser Kreditgenossenschaften sollen an anderer Stelle erörtert werden. Nach den statistischen Angaben von Professor Dr. Petersilie gab es im Jahre 1900 im Regierungsbezirke Posen 377 Genossenschaften mit 58306 Mitgliedern und im Regierungsbezirke Bromberg 266 Genossenschaften mit 26139 Mitgliedern.[2]

Diese Zahlen umfassen ebenfalls die polnischen Genossenschaften, die nicht zu den oben genannten Verbänden gehören, und deren Entwickelung, wie bereits erwähnt, von derjenigen der deutschen verschieden ist.

Die polnischen landwirtschaftlichen Genossenschaften wurden anfangs ausschließlich nach dem Schultze-Delitzschschen Muster gegründet, da sie den städtischen Genossenschaften nachgebildet wurden. Als aber mit der Zeit die Vorzüge des Raiffeisenschen Systems in der Provinz Posen immer mehr bekannt wurden, da entstand ein heftiger Meinungsaustausch zwischen den Anhängern der beiden Systeme. An der Spitze der Anhänger Raiffeisens stand Maximilian von Jackowski, der Vorsitzende der Bauernvereine. Seine äußerst zahlreiche Partei setzte es durch, daß im Jahre 1885 beschlossen wurde, den Begründer und Leiter der polnischen Genossenschaften, den Probst Szamarzewski nach Westfalen zu schicken, damit er dort die Praxis der Raiffeisenvereine studiere.[3] Die Gegenpartei, vor allem Dr. Rzepnikowski an der Spitze der westpreußischen Polenbanken, machte gegen Raiffeisen alle mög-

---

[1] Es betrug im Jahre 1908:

	bei den Bezugs- u. Absatzgenossenschaften d. Verb. d. landw. Gen. f. die Provinz Posen	bei den Ein- und Verkaufsvereinen des Raiffeisen-Verbandes
die Mitgliederzahl	2013	2912
die Summe der Aktiva	2918271	3803113
das eigene Vermögen	374880	324389
der Reingewinn	109008	67628
der Wert der Warenbezüge	5197190	3735324

Zusammengestellt nach Hedinger, l. c. S. 76—77 und Tabelle VII und VIII.

[2] Szołdrski l. c. S. 173.

[3] Bernhard l. c. S. 237—238.

lichen Bedenken geltend. Diesen Streit, der die Verfassung der Genossenschaften umzuwälzen drohte, glich Wawrzyniak aus, der damalige Vize-Patron des Verbandes, indem er im Jahre 1886 in dem Verbandstage folgende Resolution durchsetzte:

> „Unsere Genossenschaften können und sollen die Raiffeisenschen ersetzen. Von der Begründung von Raiffeisengenossenschaften da, wo die Verhältnisse danach sind, will die Delegiertenversammlung nicht abraten und erklärt sich sogar bereit, sich ihrer anzunehmen.“

Dieser Beschluß war für den Vorsitzenden äußerst bequem; je nach Lage der Verhältnisse nutzte er bei der Gründung von Genossenschaften sowohl die Vorzüge Raiffeisens als auch Schultzes aus. Die Folge davon war, daß das System der polnischen Genossenschaften die Vorzüge beider Verfassungen besitzt.[1]

Im Jahre 1871 wurde der „Związek Spółek Zarobkowych“ (Verband der Erwerbsgenossenschaften) gegründet; er umfaßte 19 Genossenschaften, von denen 14 in der Provinz Posen und 5 in Westpreußen und anderen Landesteilen ihren Sitz hatten. Außerhalb dieses Verbandes gab es damals noch 13 andere Genossenschaften. Im Jahre 1873 waren 43 Genossenschaften vorhanden, ihre Mitgliederzahl betrug 7660, die Anteile 623486 M., der Reservefonds 74296 M., und die Depositen 2600869 M. In den darauf folgenden Jahren vermehrte sich andauernd die Zahl der Genossenschaften, sie wurden fast alle dem „Związek Spółek Zarobkowych“ untergeordnet.

Dieser Verband wird von dem sogenannten „Patronat“ geleitet, der aus dem Patron, dem Vize-Patron und 4 anderen Mitgliedern besteht. Er war von seiner Gründung an danach bestrebt, eine Zentralbank für seine Genossenschaften zu schaffen. Eine solche kam im Jahre 1878 zustande, indem die „Bank Włościanski“ (Bauernbank) gegründet wurde, deren Aktionäre die Genossenschaften sein sollten. Da aber die Zahl der von ihnen aufgenommenen Aktien sehr gering war, so mußte sich die Bank nach anderen Aktionären umsehen, und auch mit anderen Personen Geschäfte machen.

Mit der wachsenden Zahl der Genossenschaften machte sich aber auch das Bedürfnis einer eigenen Zentralbank immer mehr bemerkbar. So wurde denn im Jahre 1885 die „Bank Związku Spółek Zarobkowych“, eine Aktienbank, gegründet[2], deren Aktien bis zu 75 % den Erwerbsgenossenschaften, die meistens den Namen „Bank Ludowy“ (Volksbank) führen, angehören. Die Bank hat stets mit den Genossenschaften engen Kontakt. Der Bankdirektor ist zugleich Mitglied des Patronats des Verbandes.

Bei der Gründung dieser Genossenschaften haben sich zwei bedeutende Männer, der Probst Szamarzewski und Prälat Wawrzyniak große Verdienste erworben. Der erste war der Vorkämpfer der

[1] Bernhard l. c. S. 238—239.
[2] Vgl. Tabelle 44.

Volksbanken, dem zweiten verdankt die Mehrzahl der Genossenschaften ihre Entstehung und der gesamte Verband seine großen Erfolge. Im Jahre 1891, als Wawrzyniak die Leitung des Verbandes übernahm, zählte dieser 76 Genossenschaften mit 27671 Mitgliedern, die gesamten Anteile betrugen 2925062,85 M., der Reservefonds 1300873,97 M., die Depositen 12661911,51 M., die Bilanzen betrugen zusammengenommen 18942661 M.; im Jahre 1909, 8 Jahre später dagegen, gehörten zu dem Verbande 248 Genossenschaften mit 116849 Mitgliedern. Die Summe der Anteile betrug 21909831,63 M., der Reservefonds 10892145,10 M., die Depositen 177333297,25 M., die gesamten Bilanzen 234140096,02 M.[1]

Der Związek Spółek Zarobkowych umfaßt folgende Genossenschaften:

I. Landwirtschaftliche Einkaufs- und Absatz-Genossenschaften „Rolnik"; ihre Zahl betrug im Jahre 1909 49.
II. Parzellierungs-Genossenschaften, „Spółka parcelacyjna"; ihre Zahl betrug im Jahre 1909 15.
III. Kaufmännische Genossenschaften „Kupiec"; ihre Zahl betrug im Jahre 1909 4.
IV. Diverse Genossenschaften, ihre Zahl betrug im Jahre 1909 6.
V. Darlehns-Genossenschaften; ihre Zahl betrug im Jahre 1909 180; zusammen 248 Genossenschaften.

Eine Statistik aus dem Jahre 1909 zeigt, daß über 53 % der Mitglieder des Verbandes „Związek Spółek" Landwirte sind, und zwar: 1468 Großgrundbesitzer, 58663 Bauernstellenbesitzer und Büdner und 2270 Pächter.[2] 16 % der Darlehnskassen haben ihren Sitz in Dörfern. Diese Ziffern zeigen am deutlichsten an, welche große Bedeutung die Genossenschaften für den Bauernstand haben. Für ihn kommen besonders die Darlehensgenossenschaften, die meistens „Bank Ludowy" (Volksbank) heißen, und die Einkaufs- und Absatzgenossenschaften, die „Rolnik", in Betracht, die für sein alltägliches Leben äußerst wichtig sind. So betrug im Jahre 1909 die Mitgliederzahl der „Rolnik" über 5000 Genossen, die zum weitaus größten Teil Bauern waren. Die Rolnik besaßen in diesem Jahre 373608,49 M. Anteile und 80512 M. Reservefonds, der Warenumsatz betrug 81292 t Getreide, 17240,75 t Futtermittel, 55045 t Chilesalpeter, 42072,3 t Kohle usw. Außerhalb des „Związek Spółek" stehen noch 23 andere polnische Genossenschaften.

Mit dem Genossenschaftswesen der Provinz Posen ist die Frage des ländlichen Kredits eng verbunden. Vor allem sind die genossenschaftlichen Kreditanstalten für die Bauern von Bedeutung, da der unerfahrene Mann hier viel mehr Sicherheit hat, sein Geschäft richtig abzuschließen, als bei einem Privatunternehmen. Die landwirtschaftlichen Vereine trachten danach, den Bauern die Vorzüge der Ge-

[1] Dziembowski l. c. S. 151.
[2] Dziembowski l. c. S. 156—159.

nossenschaften und der gemeinnützigen Anstalten klar zu legen. Auch haben die Mißstände, denen die Bauern in den achtziger Jahren anheim fielen[1], manchen Kleingrundbesitzer zur Vorsicht bei finanziellen Handhabungen bewogen.

Sowohl hinsichtlich des Boden-, wie auch des Personalkredits kann man mit Recht behaupten, daß die Bauern sich heutzutage in einer ziemlich günstigen Lage befinden.

Es ist stets und vor allem in den letzten Zeiten ein Bestreben der landwirtschaftlichen Vereine gewesen, die Hypotheken der bäuerlichen Wirtschaften zu regeln. Es stellte sich nämlich oft heraus, daß ein Bauer, der sonst auch ziemlich vorsichtig war, in dieser Hinsicht großen Leichtsinn und große Nachlässigkeit zeigte. Anstatt größerer lasteten auf dem Hofe eine Unmenge kleiner Eintragungen, und längst ausgeglichene Hypotheken warteten noch immer auf eine Löschung im Grundbuch.

Als die bedeutendste Bodenkreditanstalt ist die „Posener Landschaft" zu nennen. Sie wurde als „Neuer Kreditverein für die Provinz Posen" im Jahre 1857 gegründet[2], hatte anfangs für den Bauernbesitz aber keine Bedeutung, da ihr Mindesttaxwert 15000 M. betrug, also die Bauernstellen nicht mehr umfaßte. Erst durch den dritten Nachtrag vom 8. April 1879 zum Statut dieses Kreditvereins wurde der Mindesttaxwert auf 6000 M. herabgesetzt.

Die auf Grund dieses Nachtrags bewilligten Darlehen sollten nicht wie bei Darlehen größerer Besitzungen in halbjährigen, sondern in vierteljährigen Raten verzinst werden, die in den letzten acht Tagen der Monate März, Juni, September und Dezember fällig waren. Auch sollten sie dann schon kündbar sein, wenn die Zinsen ohne Stundung, länger als drei Monate rückständig blieben. Zum Schutze der geschäftsunerfahrenen Kleingrundbesitzer gegen Übervorteilungen wurde bestimmt, daß die Direktion befugt sei, bei Gütern im Taxwerte von 6000—15000 M. ausschließlich, die für dieselben ausgefertigten Pfandbriefe, mit Einwilligung der Besitzer, für deren Rechnung zu verwerten und ihnen den Barertrag nach Abzug der Kosten auszuhändigen.

Die segensreiche Wirkung dieses Nachtrages wurde sofort er-

---

[1] Vgl. Kapitel 5 des I. Teils.

[2] Als Vorläufer der Posener Landschaft ist der durch die Allerhöchste Kabinettsorder vom 15. Dezember 1821 ins Leben gerufene „Landschaftliche Kreditverein im Großherzogtum Posen" anzusehen. Er war aber ohne Bedeutung für den Bauernbesitz, da ihm nur adlige Güter mit einem Taxwert von mindestens 15000 Talern angehören konnten.

1857 wurde nach langem Vorbereiten ein Institut mit erweitertem Wirkungskreis gegründet, der „Neue Kreditverein für die Provinz Posen", der im Jahre 1887 den Namen „Posener Landschaft" erhielt. Vgl. Kreditordnung für den landschaftlichen Kreditverein im Großherzogtum Posen. Posen 1830. Festschrift zur Feier des 50jährigen Bestehens der Posener Landschaft. Posen 1907. Jahresberichte der Posener Landschaft. 1890—96. Nathusius, Die bäuerlichen Verhältnisse, l. c. S. 15.

sichtlich: zahlreiche Beitrittsanmeldungen strömten von seiten der Kleingrundbesitzer zu. (Vgl. Tabelle 45.)

Aber auch dieser Nachtrag war nur für einen Teil der Bauern von Bedeutung, da nur ein Teil der Bauernstellen den Wert von 6000 M. erreichte. Es wurde das Bedürfnis immer dringender, auch kleineren Stellen das landwirtschaftliche Darlehen zugänglich zu machen.

So wurde denn im Jahre 1884 durch den 4. Nachtrag zum Statut vom 13. Mai 1857 die bisher mit 6000 M. abschließende Beleihungsgrenze auf 4000 M. herabgesetzt. Um den Darlehen eine größere Sicherheit zu bieten, wurde bestimmt, daß die Besitzer von Grundstücken mit einem Taxwerte von weniger als 15000 M. in der Wahl der Feuer- und Hagelversicherungsgesellschaft an die von der Landschaftsdirektion vorgeschlagenen Gesellschaften gebunden sei. Diese Bestimmung erwies sich in der Praxis als undurchführbar und wurde im Jahre 1884 wieder beseitigt.

Die neuen Satzungen vom 4. August 1896 bestimmen als Mindesttaxwert den Betrag von 3000 M. In dieser Wertgrenze sind nach den in der Provinz Posen vorliegenden Verhältnissen alle Grunstücke enthalten, die als selbständige Ackernahrungen anzusehen sind.

Die Bauernstellen, wie überhaupt alle Güter, deren Taxwert weniger als 3000 M. ausmacht, können nur bis zur Hälfte ihres Taxwerts beliehen werden. Um verhältnismäßig großen Unkosten bei der örtlichen Abschätzung der kleinen Wirtschaften vorzubeugen, wurde der 60fache Grundsteuerreinertrag als Taxwert zugrunde gelegt.

Die Verzinsung ist äußerst günstig, sie beträgt $3^1/_2$—$4^0/_0$. Mit dem steigenden Kulturzustande erkennt der Bauer die großen Vorteile der landwirtschaftlichen Darlehen, so daß die steigende Zahl der von der „Landschaft" beliehenen Bauerngüter keineswegs auf die steigende Verschuldung des Bauernbesitzes, sondern vielmehr auf ein größeres Verständnis der Bauern für Geschäftsangelegenheiten schließen läßt.

Die Gesamtsumme der von der „Landschaft" und einigen Bodenkreditbanken erteilten Darlehen betrug im Jahre 1902 $32{,}7^0/_0$ der gesamten Verschuldung des Bodenbesitzes in der Provinz Posen. Diese Zahl wird nur durch die Beleihung in Ostpreußen übertroffen, wo sie $33{,}5^0/_0$ der Verschuldung ausmacht. Im Königreich Preußen beträgt diese Durchschnittszahl $21{,}4^0/_0$.[1]

Von einer näheren Beschreibung der übrigen Bodenkreditbanken, die den Posener Bauern Darlehen gewähren, ist wegen des Mangels an genauen Angaben und wegen ihrer verhältnismäßig geringen Bedeutung für die Verschuldung des Bauernbesitzes abzusehen.[2]

---

[1] Szembek l. c. S. 36.
Jahresbericht der Landwirtschaftskammer für die Provinz Posen 1906.
von Altrock, Die ländliche Verschuldung in der Provinz Posen. Posen 1906.

[2] Es sei hierbei einer Institution Erwähnung getan, die in neuester Zeit gegründet wurde und viel Aufsehen macht. Es ist die seit 1904 bestehende, mit der Ansiedlungs-Kommission zusammenwirkende deutsche Mittelstandskasse in Posen.

Über die Höhe der ländlichen Verschuldung gibt Tabelle 46, die von Altrock im Jahre 1906 aufgestellt worden ist, genaue Angaben. Daraus ist zu ersehen, daß im allgemeinen die kleinen Bauernstellen, mit einem gesamten Grundsteuerreinertrage von 60—90 M., die also eine Größe von etwa 6—10 ha haben, wenig belastet sind. Mit dem wachsenden Umfang des Gutes steigt die Verschuldung; jedoch kann man behaupten, daß die Verschuldung der bäuerlichen Wirtschaften, gegenüber derjenigen bei Großbetrieben, äußerst günstig ist. Als Beispiel sei nur angeführt, daß bei den größten Bauerngütern, deren Grundsteuerreinertrag 150—300 M. beträgt, die Anzahl der über 75% verschuldeten Güter 6% ausmacht, wogegen sich die entsprechende Zahl bei der Größenklasse von 1500—3000 M. Grundsteuerreinertrag auf 41,1% beläuft.

Der Personalkredit des Bauern ruhte in den achtziger Jahren ausschließlich in den Händen der kleinstädtischen Händler. Die ungünstigen Zustände, die dadurch entstanden, sind in Kapitel 5 (I) geschildert worden. Abhilfe wurde durch die Gründung der Kreis- und Stadtsparkassen und der Vereinskassen (Genossenschaften) geschaffen; die Vorzüge dieser Kassen für den Personalkredit gegenüber dem früheren Monopol der kleinen Geschäftsleute sind allgemein bekannt.

Dr. Seidel[1] sucht ein annäherndes Bild des Personalkredits des Posener Kleingrundbesitzers dadurch zu geben, daß er die Summe aller von diesbezüglichen Kassen gewährten Darlehen mit der Anzahl der Kleingrundbesitzer selbst vergleicht. Hierbei sind als Kleingrundbesitz alle Stellen bis rund 37 ha bezeichnet.

Die Tabelle 47 gibt die Anzahl der an Kleingrundbesitzer gewährten Darlehen an. Es ergibt sich daraus, daß die Zahl der Darlehensnehmer im Regierungsbezirke Posen 20032, im Regierungsbezirke Bromberg 8451 betrug. Mithin haben gegen Ende der neunziger Jahre in der Provinz Posen von 87459 Kleingrundbesitzern nur 28489 von dem günstigen Personalkredit, den diese Kassen gewähren, Gebrauch gemacht.

Diese ungünstige Sachlage wird jedoch von Jahr zu Jahr mehr ausgeglichen; der Bauer erkennt allmählich die großen Vorteile, die ihm von diesen Kreditkassen zuteil werden und macht sich dieselben zunutze.

Es würde hier zu weit führen, auf die Tätigkeit der einzelnen Anstalten einzugehen, die den Bauern Personalkredit gewähren. Die

---

Sie bezweckt die Befestigung des Deutschtums in den Bauernstellen. Die Mittelstandskasse, bei der der Staat, die Provinzialgenossenschafts- sowie die Posener Landesgenossenschafts-Kasse mit je 400000 Mark und die Landbank in Berlin mit 300000 Mark beteiligt sind, übernimmt die Privat-Hypotheken der Bauernstellen und ersetzt sie durch unkündbare Tilgungsdarlehen. Die Verpflichtung des Gutsbesitzers, sein Land nicht an einen Polen zu verkaufen, ist die Voraussetzung dieser Schuldenregulierung. (v. Altrock l. c.)

[1] Seidel, Der Personalkredit des ländlichen Kleingrundbesitzes in der Provinz Posen. (Schr. d. Ver. f. Soz. Pol. Bd. LIV.)

diesbezüglichen Angaben über Privatbanken sind nur spärlich vorhanden. Die genossenschaftlichen Kreditkassen aber arbeiten nach einheitlichen Programmen, die, wie schon erwähnt, entweder dem Schultzeschen oder dem Raiffeisenschen Muster nachgebildet sind.

Fünftes Kapitel.

Die Technik der bäuerlichen Landwirtschaft in der Provinz Posen.

Der Bauernbesitz der Provinz Posen, dem das 19. Jahrhundert die Grundlagen zu einem gesunden Dasein gebracht hat, befindet sich zurzeit in einer durchaus günstigen Lage. Obgleich seine äußeren und inneren Verhältnisse von denen des Bauernbesitzes der übrigen deutschen Landesteile verschieden waren, haben doch die vielen einschlägigen Gesetze, die sozialen und ökonomischen Einrichtungen, sowie die individuelle Leistungsfähigkeit des Posener Bauern selbst bewirkt, daß der Unterschied zwischen den vorbildlichen westlichen Bauernbesitzungen und dem Posener Rustikalbesitz immer mehr ausgeglichen wird.

Gekennzeichnet wird der hohe Kulturzustand des heutigen Posener Bauern durch die Technik des Betriebes der Landwirtschaft; sie entspricht im großen und ganzen vollkommen den in dieser Hinsicht geltenden Anforderungen der Neuzeit. Um ein genaues Bild der bäuerlichen Landwirtschaft zu geben, muß man ihre einzelnen Zweige gesondert betrachten. Die Kreditverhältnisse[1], die Meliorierung des Bodens, die Nutzviehhaltung, alles dies sind weite Gebiete, die ihrer Entwickelung nach verschieden sind, zusammen jedoch ein genaues Bild des Zustandes der heutigen bäuerlichen Landwirtschaft in Posen ergeben.

Die Fruchtbarkeit des Bodens hängt unmittelbar mit seinen Feuchtigkeitsverhältnissen zusammen. Die Erträge der bäuerlichen Grundstücke hoben sich zugleich mit der Regelung der Feuchtigkeit des Bodens. Die primitive Form der Entwässerung des Ackers ist in Kapitel 2 (I) geschildert worden. Für eine rationelle Melioration, wie Drainierung, Ent- und Bewässerung durch Grabensysteme usw. hatte der alleinstehende Bauer weder Mittel noch Verständnis. So blieb denn der Boden wenig fruchtbar, bis man erkannte, daß eine gemeinschaftliche Meliorierung, die von vielen Besitzern zugleich ausgeführt würde, das einzige Mittel sei, um die Kultur des Bauernlandes in dieser Hinsicht zu heben.

Die Geschichte solcher Meliorationsverbände reicht in die Zeit der polnischen Regierung zurück, wie es beispielsweise bei dem Obrabruch der Fall ist[2], dem größten und ältesten aller Meliorationsverbände in ganz Deutschland.

---

[1] Sie sind bereits in dem vorigen Kapitel erörtert worden.

[2] Angaben des Kanal-Inspektors der Obra-Meliorations-Sozietät. — Statuten und Berichte der Obra-Meliorations-Sozietät.

Der Obrabruch, der einen Flächeninhalt von 29355 ha besitzt, erstreckt

Durch die großen Meliorationsverbände wurden sowohl die Grundstücke der Rittergüter, als auch die bäuerlichen Ländereien entwässert. Der Staat gewährte Darlehen, die durch sich amortisierende Renten getilgt werden und denen die Vorrechte der öffentlichen Abgaben zustehen. Der bäuerliche Besitz, der an der Obra-Meliorations-Societät beteiligt ist, beträgt rund 7500 ha. Für die Bauern jener Gegend war denn die Melioration ihrer Grundstücke, die früher zum Teil gar nicht betreten werden konnten und bis zu dreiviertel aus Wiesen bestehen, geradezu eine Lebensfrage.

Außer der Obra-Meliorations-Societät bestehen verschiedene andere, allerdings an Ausdehnung bedeutend geringere Verbände, die die Brüche der Flüsse entwässern. Sie sind in Tabelle 48 angeführt und mit den Buchstaben E (Entwässerung) und B (Bewässerung) gekennzeichnet.

Was die Drainierung des bäuerlichen Bodens anbetrifft, so ist zu bemerken, daß eine solche erst mit dem Erlaß des Wassergenossenschaftsgesetzes vom 1. April 1873 beginnt. Dieses Gesetz, das durch den Erlaß vom 1. August 1883 erweitert wurde, unterscheidet freie und öffentliche Wassergenossenschaften. Für die Landwirtschaft haben nur diese letzteren eine Bedeutung. Bei der Gründung einer öffentlichen Wassergenossenschaft muß nachgewiesen werden, daß ein gemeinsames Interesse vorliegt. Es sind zur Gründung mindestens zwei Genossen erforderlich, die bei der geplanten Meliorierung interessiert sind; die Genossen können sowohl physische als auch juristische Personen sein. Falls der Besitzer eines Grundstückes,

---

sich über die Kreise Posen, Kosten, Schmiegel, Wollstein, Bomst und Gostyn. Die Vorgeschichte des Obra-Meliorationsverbandes reicht in die Zeit der polnischen Regierung zurück; die Entwässerung begann damit, daß einige Mühlen an der Obra zur Trockenlegung des umliegenden Landes beseitigt wurden. Bis 1806 waren 6 Kanäle mit einer Gesamtlänge von 160 km hergestellt. Die Kosten betrugen 128000 Taler; ein Drittel dieses Betrages wurde von der Staatskasse und zwei Drittel von den Interessenten bezahlt. Durch die Unruhen von 1806—15 kam die Melioration ins Stocken, und so kam es, daß bis 1833 nur noch weitere 45 km Kanäle gegraben wurden. Da aber diese Kanäle ohne einen einheitlichen Plan gezogen waren, und deshalb sich Übelstände herausstellten, so wurden auf Antrieb des schon erwähnten Barons von Chłapowski alle Interessenten des Obrabruches durch die Regierung zu einer Sozietät vereinigt und deren Verfassung durch ein Statut laut allerhöchster Kabinettsordre vom 16. August 1842 bestimmt. Diese Sozietät hatte bis 1863 die Melioration des Bruches nach dem Projekt Hennig-Szczepanowski ausgeführt. Die Gesamtlänge der Kanäle betrug 261,7 km, die Gesamtkosten 688035 Taler. Die Kosten wurden durch Staatsdarlehn gedeckt; zum Teil gaben auch reiche Grundbesitzer, z. B. Graf Raczyński, darlehnsweise beträchtliche Summen zu diesem Zwecke her. In einigen Entwässerungsverbänden werden, nachdem die Entwässerung vollzogen ist, Folgeleistungen ausgeführt: Es werden die Wiesen mit kleinen Bewässerungsgräben versehen und die Wasserverhältnisse bis auf das genaueste geregelt. Diese Meliorationen haben stets nur bei Großgrundbesitzern Eingang gefunden, aber in neuester Zeit ist es gelungen, in dem Kania-Meliorationsverbande 6 Gemeinden oberhalb der Stadt Gostyn zu solchen Folgeleistungen zu bewegen. Hierbei tragen die Bauern 60% und der Staat 40% der Kosten. Diese Einrichtung steht bis jetzt einzig in ihrer Art da.

(Nach persönlichen Angaben des Kanal-Inspektors der Obra-Meliorations-Sozietät zu Posen.)

das mitten in dem Gebiet der geplanten Melioration liegt, sich weigert, der Genossenschaft beizutreten, kann er dazu gezwungen werden:

1. Wenn das Unternehmen die Hebung der Landeskultur bezweckt.
2. Wenn der erwähnte Zweck durch den Nichtbeitritt eines Anliegers unmöglich gemacht wird.
3. Wenn der größte Teil der in Frage kommenden Fläche ohne Rücksicht auf die Anzahl der Besitzer die Melioration verlangt.

Die Gründung einer Genossenschaft kann auf Antrag der Grundbesitzer oder der Regierung erfolgen. Ein diesbezüglicher Antrag wird dem Regierungspräsidenten eingesandt, wobei ihm beigelegt sein müssen:

1. Die erforderlichen Pläne.
2. Der Kostenanschlag.
3. Die Beschreibung des Bodens, der melioriert werden soll.
4. Ein Nachweis des Vorhandenseins des für die Vorarbeiten erforderlichen Geldes.

Falls der Antragsteller nicht in der Lage oder nicht gewillt ist, diese Angaben dem Antrag beizulegen, ernennt der Regierungspräsident zu diesem Zwecke einen Kommissar, meistens den Landrat des betreffenden Kreises.[1]

Besteht die zu gründende Genossenschaft aus Bauern, so werden die Vorarbeiten nicht von den Antragstellern, sondern auf Fürsprache des Landrats von der Regierung darlehnsweise bestritten. Die Kosten der Vorarbeiten, die durch ein Reskript des Landwirtschaftsministers vom 25. Februar 1895 stark eingeschränkt sind, betragen pro ha durchschnittlich 1 M.

Falls die Melioration ohne Widerspruch und ohne besondere Schwierigkeiten durchgeführt werden kann, arbeitet die Regierung die Statuten für die neue Genossenschaft aus und schickt sie dem Landwirtschaftsminister zur Bestätigung ein. Ist jedoch das zwangsweise Hinzuziehen einiger Besitzer erforderlich, so müssen die Statuten vom Könige bestätigt werden. Allerdings trachtet die Regierung darnach, einen erzwungenen Beitritt möglichst zu vermeiden.

Sind die Statuten einmal bestätigt, so beginnt man sofort mit der Meliorierung. Es wird aus der Zahl der Mitglieder ein Vorstand gewählt, der aus dem Vorsitzenden und 2, 4 oder 6 Beisitzern besteht. Die Wahl des Vorsitzenden muß durch die entsprechende Aufsichtsbehörde bestätigt werden.

Der Vorstand arbeitet den Kostenanschlag aus, schließt mit einer entsprechenden Firma einen Vertrag ab und beschafft das erforderliche Darlehen, das durch eine Rente getilgt wird. Der Staat tritt hierbei als Bürge auf, so daß die betreffende Kreditanstalt volle Sicherheit für die dargeliehenen Kapitalien hat, der Zinsfuß ist dementsprechend niedrig. Andererseits ist der Staat bei seiner Vermitt-

[1] Motty, O spółkach wodnych. (Über die Wassergenossenschaften.) Jahrbücher des Cetr. Tow. Gosp. w W. X. Pozn. Bd. I. S. 30ff.

lung ebenfalls dadurch gedeckt, daß die Jahresbeiträge der Genossen die Vorrechte staatlicher Abgaben genießen, also unbedingt bezahlt werden müssen.

Der Staat will die Sicherheit haben, daß das für die Melioration gewährte Darlehen der Landwirtschaft wirklichen Vorteil bringen wird. So werden denn, bevor die Genossenschaft zur Drainierung oder Entwässerung schreitet, die ausführlichen Pläne dem Landrat zur Begutachtung zugesandt, der sie dann dem königlichen Meliorationsbauamte zur Revision einschickt.

Das Meliorationsbauamt prüft ebenfalls die ausgeführten Meliorationsarbeiten, und erst auf seine Begutachtung hin wird ein Darlehen durch staatliche Vermittlung gewährt. Alle Genossenschaften, die die Regulierung der Feuchtigkeit des Bodens bezwecken, unterstehen demnach dieser Behörde. Es bestehen in der Provinz Posen drei solcher Meliorationsbauämter, in Posen, in Bromberg und in Czarnikau. Die Lagerbücher dieser Ämter enthalten die Angaben über jede Genossenschaft; leider ist aber aus ihnen nicht genau zu ersehen, wieviel bäuerliches Land den Verbänden angehört. Es sei jedoch bemerkt, daß an den Drainagegenossenschaften zumeist Bauern beteiligt sind, da die Großgrundbesitzer auf eigene Hand ihr Land drainieren, während den Bauern eine Entwässerung ihres Bodens meistenteils nur auf genossenschaftlichem Wege möglich ist. So kommen denn Genossenschaften mit ausschließlichem Großgrundbesitz fast gar nicht vor. Die weitaus meisten umfassen sowohl Groß- als auch Kleingrundbesitz. So entfallen auf 264 dem Meliorationsbauamt zu Posen unterstellten Drainagegenossenschaften 156 auf rein bäuerliche Grundstücke, während 107 Genossenschaften sowohl Groß- als auch Kleingrundbesitz umfassen.

Die Tabelle 48 gibt die in der Provinz Posen den Meliorationsbauämtern unterstellten Genossenschaften und Verbände an. Wenn man berücksichtigt, daß die den Meliorationsbauämtern unterstellten 397 Genossenschaften zusammen ein Areal von 241 563 ha repräsentieren, so kann man mit Recht behaupten, daß die Entwässerungsverhältnisse des Posener Bauernbesitzes sich günstig gestalten.

Die Viehhaltung in den bäuerlichen Betrieben gestaltet sich folgendermaßen:

Die Zahl der Pferde in den spannlosen Wirtschaften ist gering; erst eine Stelle, deren Flächeninhalt ca. 5—10 ha beträgt, hat durchschnittlich 1 Pferd pro Wirtschaft. Ein Bauernhof von 10 bis 20 ha besitzt etwa 2—3 Pferde, eine Stelle von 20—50 ha etwa 5 Pferde, bei der Größenklasse von 50—100 ha Areal rechnet man auf jedes Gut 9 Pferde.[1]

Die Bauern halten zumeist Stuten, und die Fohlen werden dann im Alter von 3—4 Monaten öfters an Großgrundbesitzer verkauft. Die Preise, die für solche Fohlen bezahlt werden, betragen je nach

[1] Vgl. Tabelle 49.

deren Eigenschaften 80—240 M. Das Pferd wird daher nicht nur als Arbeits-, sondern vornehmlich als Nutztier angesehen.

Von größter Wichtigkeit für die Beschaffenheit der bäuerlichen Pferde ist die Frage der Deckhengste. Die Bauern selbst besitzen keine Hengste; sie benutzen diejenigen der benachbarten Rittergüter und der Stationen der königlichen Gestüte; besonders haben sich diese hervorragende Verdienste erworben.

Im Jahre 1880 wurde das Gestüt zu Zirke mit Trakehnerhengsten ausgestattet; 1885 wurde in Gnesen ein anderes Gestüt mit 29 Stationen und 142 Beschälern gegründet. Ebenso hat die Körordnung einen äußerst günstigen Einfluß auf das bäuerliche Pferdematerial ausgeübt. Bei der Körung von Privathengsten werden als warmblütige Pferde Vollblut und Halbblut (Oldenburg, Hannover, Holstein, Brandenburg und Ostpreußen), als Kaltblüter die Ardenner, Clydesdaler und Belgier bezeichnet.

Der Bedarf an kaltblütigen Pferden ist besonders in den Rübenbau treibenden Gegenden groß, jedoch meistens nur bei Großgrundbesitzern. Die Bauern halten fast ausschließlich warmblütige Pferde.

Eine geregelte Rindviehhaltung beginnt bei Betrieben kleineren Umfanges als bei der Pferdehaltung. Jeder Besitzer, dessen Stelle 1—3 ha beträgt, hält 1 Stück Rind; auf das Halten von Bullen jedoch läßt sich der Kleinbauer nicht ein. Die Ochsen sind als Zugtiere bei den Posener Bauern wenig beliebt. Bei der Größenklasse von 4—5 ha entfallen auf jede Wirtschaft 2 Kühe, bei 10—20 ha Fläche 4 Kühe, bei 20—50 ha 6—7 Kühe und bei 50—100 ha 12 Kühe. Mit der Größenklasse von 5—10 ha beginnt eine stärkere Rindviehhaltung überhaupt.[1] Auch läßt sich hier vielfach das Mästen von Rindern feststellen; die in immer größerer Anzahl ins Leben tretenden Viehabsatzgenossenschaften sind hierfür von größter Bedeutung.

Für die Verbesserung des bäuerlichen Rindviehes ist die 1891 erlassene Bullenkörordnung von größter Bedeutung. Im Jahre 1892 erfolgte eine Neuordnung der Verwendung der vom Staate zur Förderung der Rindviehzucht gewährten Mittel. Die Provinz Posen wurde in zwei Teile geteilt, in den Höhenbezirk für Züchtung von schlesischem Rotvieh, von Simmentalern, Vogtländern und Bayreuthern, und den Niederungsbezirk für Holländer, Ostfriesen und Oldenburger. Im Jahre 1893 betrug die Zahl der angekauften Bullen 251, die Summe der gewährten Prämien 44000 M. Die Tabelle 50 zeigt die in den Jahren 1892—1900 in der Provinz Posen gegründeten Bullenstationen.

Die Erfolge der Posener Rindviehzucht traten in der Wanderausstellung der Deutschen Landwirtschafts-Gesellschaft, die in Posen 1900 stattgefunden hat, deutlich zutage. Auch das bäuerliche Vieh hatte hier einen Erfolg aufzuweisen und wurde durch Preise ausgezeichnet.

Die Schweinezucht, die für den Bauern eine ertragreiche Einnahmequelle bietet, ist besonders stark entwickelt. Bei einem Parzellengute von weniger als 2 ha beträgt die Zahl der Schweine

---

[1] Vgl. Tabelle 49.

durchschnittlich 2 Stück. Bei einer Größe von 4—5 ha besitzt jede Wirtschaft 4 Schweine, bei 10—20 ha 8—9 Schweine, bei 20—50 ha 13 Schweine und bei 50—100 ha rund 20 Schweine.[1]

Die Schweinezucht begann in den 70er Jahren sich zu heben, als Yorkshires zur Reinzucht und zur Kreuzung mit der Landrasse in Posen eingeführt wurden. In neuester Zeit sind Eberstationen errichtet worden, die von der Landwirtschaftskammer unterstützt werden. Mit der bei den Bauern sehr ausgedehnten Schweinehaltung ist stets eine große Gefahr, das Auftreten der Schweineseuchen, verbunden. Glücklicherweise haben die Bauern schon heutzutage die segensreiche Wirkung der Impfung zum größten Teile erkannt, so daß Schadenfälle in dieser Hinsicht seltener werden.

Die Schafe haben für den Bauernbesitz der Provinz Posen wenig Bedeutung. Mit dem Sinken der Wollpreise in den achtziger Jahren verminderte sich die Zahl der Schafe überhaupt, besonders aber der Wollschafe, bedeutend. Die Schafhaltung bei den Bauern hat heute nur im Regierungsbezirke Bromberg eine gewisse Bedeutung, wo die Großbauern durchschnittlich 5—15 Schafe besitzen.[2]

Die Ziegen sind von großer Bedeutung für den Parzellenbesitz, der nicht imstande ist, zur Befriedigung des Milchbedarfs eine Kuh zu halten. Für die übrigen bäuerlichen Stellen hat die Haltung von Ziegen wenig Bedeutung.

Federvieh halten die Bauern in beträchtlicher Menge. Die spannlosen Besitzer halten 5—16 Hühner, bis 8 Gänse und bis 4 Enten, die Vollbauern 25—45 Hühner, 14—17 Gänse und 4—18 Enten. In den großbäuerlichen Betrieben sind die entsprechenden Zahlen: 60 Hühner, 14—17 Gänse und 8—30 Enten. Es fällt auf, daß die Haltung von Enten im Regierungsbezirk Posen wenig umfangreich, dagegen im Regierungsbezirk Bromberg bedeutend stärker ist.

Der gegenwärtige Zustand der bäuerlichen Gebäude in der Provinz Posen deutet auf einen hohen Grad der Kultur dieser Volksschicht hin. Selbstverständlich hängt die Ausstattung der Häuser unmittelbar mit der Vermögenslage ihrer Besitzer zusammen. So trifft man auch heute noch in armen sandigen Gegenden bäuerliche Gebäude, die sich in beklagenswertem Zustande befinden, jedoch werden diese von Jahr zu Jahr eine größere Seltenheit.

Im großen und ganzen besteht ein Bauernhof aus Wohnhaus, Scheune und Stall, deren Größe sich nach dem Umfange der Besitzung richtet. Lehmbauten werden immer seltener; dagegen ist die Strohbedachung noch ziemlich verbreitet.[3] Die Scheunen sind sehr oft aus Holz gebaut und mit Pappdach versehen.

Seit den letzten 25 Jahren hat die massive Bauart bei den Bauten im großen Umfange Eingang gefunden. Dies hängt einerseits mit dem günstigeren Vermögens- und Kulturzustande der Bauern, andererseits

[1] Vgl. Tabelle 49.
[2] Vgl. Tabelle 49.
[3] Dies trifft nur zu für Wirtschaftsgebäude, da Wohnhäuser unter weicher Bedachung nicht mehr gebaut werden dürfen, also allmählich verschwinden.

aber auch mit der Parzellierung des Bodens und der Neuschaffung zahlreicher Bauernstellen zusammen. Die neugegründeten Ansiedlungen werden meistens mit massiven Gebäuden versehen, wofür die Parzellierungsbanken, wie z. B. die Ansiedlungskommission, angelegentlich Sorge tragen. Auch sind die meisten bäuerlichen Gebäude gegen Feuer versichert; dieser große Fortschritt ist dadurch erleichtert worden, daß die Beiträge bei massiven Bauten bedeutend niedriger sind, als bei den alten Lehm- und Fachwerkbauten.

Die Zahl der von Bauern benutzten Maschinen ist ziemlich bedeutend. Diejenigen Bauern, die nicht die Mittel zur Beschaffung der erforderlichen Maschinen besitzen, leihen dieselben von den reicheren Nachbarn oder von besonderen Unternehmern. (Siehe Tabelle 51.) Vielfach werden Drill- und andere Maschinen von mehreren Bauern auf gemeinschaftliche Kosten erworben.

Bei dem kleinbäuerlichen Besitz finden die mit Göpel betriebenen Dreschmaschinen und Hand-Milchzentrifugen ausgedehnte Anwendung. Die Mittel- und Großbauern besitzen außerdem Drillmaschinen, Schrotmühlen, Mäh- und Kartoffelerntemaschinen.[1] Diese haben einen besonders hohen Wert, da ihre Handhabung und das Auflesen der durch sie ausgegrabenen Kartoffeln in einer kleinen Wirtschaft, wo also das Tempo des Ausgrabens im allgemeinen langsamer ist, viel besser durchzuführen ist, als in Großbetrieben. Außerdem besitzt jede Wirtschaft eine Häckselmaschine.

Was die Ackergeräte, also Pflüge, Eggen und Walzen anbetrifft, so ist hervorzuheben, daß sie denen auf den Rittergütern immer mehr an Qualität gleichkommen. Der Bauer hat die Erfolge einer sorgfältigen Bodenbearbeitung erkannt, und scheut sich nicht, auch beträchtliche Geldsummen zur Beschaffung tadelloser Ackergeräte anzulegen.

Die Tatsache, daß der Bauer die Vorzüge der Maschinen und Geräte erkannte, hat einen großen Einfluß auf die Entwickelung der diesbezüglichen Industrie ausgeübt. Es gibt in der Provinz Posen eine große Anzahl von kleinen Fabriken landwirtschaftlicher Maschinen, die ihre Erzeugnisse zum weitaus größten Teile an Bauern liefern.

Mit der Hebung des Bauernstandes veränderte sich die Bodennutzung. Die Fortschritte auf dem Gebiete der Landwirtschaft in den Großbetrieben und das steigende Vertrauen des Bauern zum Rittergutsbesitzer haben zur Folge, daß die Wirtschaftsweise in den Bauernstellen sich immer mehr der gutsherrlichen Art nähert. Der extensive Getreidebau weicht einer intensiven rationellen Ackerwirtschaft. Dies kommt um so mehr zur Geltung, je größer die Wirtschaft ist. Es sei bemerkt, daß erst bei einer Größe von ca. 15 ha an von einem selbständigen Besitz die Rede sein kann. Bei kleineren Wirtschaften ist im allgemeinen der Bauer auch auf Gelderwerb außerhalb seines Betriebes angewiesen. Dies geschieht entweder dadurch, daß er seine Kinder auf dem benachbarten Gute arbeiten

[1] Vgl. Tabelle 51.

läßt oder selbst Arbeit sucht. Übersteigt nun die Besitzung 60 ha, so ist nicht nur die Arbeit der ganzen Familie in Anspruch genommen, sondern es wird auch der Bauer auf das Mieten von Gesinde angewiesen.

Die Parzellenbetriebe, bei denen eigentlich von einem feldmäßigen Anbau nicht die Rede sein kann, bauen meist Kartoffeln, ebenso wie die Dominialarbeiter in ihren Gärten hauptsächlich Hackfrüchte, aber keine Halmfrüchte anbauen. Bei den spannfähigen Nahrungen ist der Roggen die Hauptfrucht; die Tabelle 52 zeigt, daß der weitaus größte Teil des bäuerlichen Ackerlandes mit Roggen bestellt wird. Was die Sorte des Roggens anbelangt, so steht fest, daß der Unterschied zwischen Dominial- und bäuerlicher Ware immer mehr ausgeglichen wird. Zwar kommt die nicht veredelte Landsorte noch häufig vor, deren Wert noch dadurch beeinträchtigt wird, daß viele Bauern das Reinigen des Getreides nachlässig betreiben; jedoch steht es fest, daß seit dem Inslebentreten der landwirtschaftlichen Vereine die Bauern die Bedeutung eines fehlerfreien Saatgutes erkannt haben. Das gemeinsame Beziehen von frischem Saatgut ist heutzutage allgemein verbreitet.

Von den neuen Sorten werden hauptsächlich Petkuser und Champagner Roggen angebaut. Der Petkuser gedeiht vorwiegend auf besseren, der Champagner Roggen auf leichten Böden. Die Folgen eines rationellen Roggenbaues, der in den letzten Jahren Eingang gefunden hat, machen sich am besten dadurch bemerkbar, daß während im Jahre 1889 der durchschnittliche Ernteertrag an Roggen pro ha im Regierungsbezirk Posen 710 und im Regierungsbezirk Bromberg 750 kg betrug, derselbe im Jahre 1904 auf 1650 bzw. 1660 kg gesteigert ist.[1]

Der Weizen, Winter- sowohl wie Sommerweizen, wird in den Bauerngütern in geringem Umfange gebaut, was mit den gegenüber dem Roggen bedeutend größeren Ansprüchen des Weizens zusammenhängt.

Gerste und Hafer werden als Sommergetreide angebaut. Aus Tabelle 52 ist zu ersehen, daß besonders im Regierungsbezirke Posen die mit Hafer bestellte Fläche fast doppelt so groß ist als die Gerstenfläche. Obgleich auch bei beiden Getreidearten der Bauer das Saatgut mit größerer Sorgfalt anzuwenden beginnt, so läßt die Pflege der Pflanzen noch viel zu wünschen übrig. Das Jäten der jungen Pflanzen hat bei den Bauern noch wenig Eingang gefunden, daher ist in dieser Hinsicht noch ein großer Fortschritt möglich.

Der Anbau von Gemenggetreide ist wenig verbreitet, und er tritt auch mit der wachsenden Intensität der Wirtschaftsweise wohl immer mehr zurück.

Der Zuckerrübenbau nimmt allmählich zu, vor allem in den Kreisen Hohensalza, Strelno und Mogilno, wo der Boden und die günstigen Absatzverhältnisse diese wichtige Einnahmequelle begünstigen. Im allgemeinen aber ist der Zuckerrübenbau beim Bauern noch wenig verbreitet.

---

[1] Zwanzig Jahre deutscher Kulturarbeit, l. c.

Der Kartoffelbau dagegen hat große Bedeutung. Für ihn war die Entwässerung des Bodens eine Vorbedingung; die heutigen Feuchtigkeitsverhältnisse des Bodens, die durchaus günstig zu nennen sind, haben zur Folge, daß der Ernteertrag der Kartoffel pro ha, der im Jahre 1889 im Regierungsbezirk Posen 5030 kg und im Regierungsbezirk Bromberg 4930 kg betrug, im Jahre 1905 16560 und 17070 kg war. Der Bauer verkauft wenig Kartoffeln, er verfüttert sie meistens, besonders an Schweine. In neuester Zeit treten die genossenschaftlichen Kartoffeltrocknungs-Fabriken in der Provinz Posen immer mehr auf. Die Bauern, die daran beteiligt sind, liefern ihre Kartoffeln an die Fabrik und entnehmen dafür die Kartoffelflocken, die im Sommer ein äußerst wertvolles Futtermittel bilden.

Die Futterpflanzen, wie Mohrrüben, Runkelrüben usw. werden in verhältnismäßig großem Umfange angebaut. Die Ursache hierfür liegt in einer starken Viehhaltung.

Eine Feldfrucht, die in den letzten Jahren vollkommen verdrängt wurde, ist der Lein; bei dem hauswirtschaftlichen System der bäuerlichen Lebensweise war er ein sehr wichtiges Produkt; jedoch verlor er mit der Zeit an Bedeutung. Man kann behaupten, daß der Lein, dem der beste Boden geboten wurde, seit 25 Jahren in Posen nicht mehr angebaut wird.

Die Frage, in welchem Mengeverhältnis zueinander diese Feldfrüchte angebaut werden, d. h. welches die bei den Bauern vorherrschende Fruchtfolge ist, läßt sich äußerst schwer beantworten. Nach der Ansicht von Männern, die in den landwirtschaftlichen Bauernvereinen tätig sind, die also einen allgemeinen Überblick über die Zustände der bäuerlichen Landwirtschaft besitzen, sind die Fruchtfolgen in den Kleinbetrieben von denen in den großen Gütern gänzlich verschieden. Der Bauer ist nicht gern bereit, ein einheitliches System in seiner Wirtschaft einzuführen. Im allgemeinen wird man aber wohl sagen können, daß eine Sechsfelderwirtschaft üblich ist, in der $^1/_3$ für Winter-, $^1/_3$ für Sommergetreide, und für Hackfrüchte und Klee je $^1/_3$ des Ackers bestimmt ist.

Der Anbau von Gründüngungspflanzen hat bei den Posener Bauern in hohem Maße Eingang gefunden. Im allgemeinen wird in Roggen vor der Hackfrucht Seradella gesät; diese wird dann allerdings meistens erst abgeweidet, bevor sie untergepflügt wird.

Es sei noch erwähnt, daß in den Kreisen Neutomischel, Bomst und Meseritz die Bauern und zum Teil auch die Großgrundbesitzer Hopfen anbauen.[1] Die Tabelle 53, die leider sehr unvollständig

[1] Als Begründer des Hopfenbaues in der Provinz Posen sind die zur Zeit der Hussitenkriege in dem südwestlich von Neutomischel gelegenen Cisker Haulande angesiedelten Böhmen anzusehen. Sie brauchten den Hopfen zur Herstellung eines von der Heimat her gewohnten Haustrunkes. Von dem Cisker Hauland aus verbreitete sich der Hopfenbau in den oben erwähnten Kreisen. Anfänglich wurde er nur von Hauländern für den eigenen Bedarf und für die Lieferung an den Gutsherrn gebaut. Mit der Zeit aber wurde die Produktion des Hopfens umfangreicher. Er wurde durch Zwischenhändler aus der Neutomischler Gegend nach Posen und

ist — eine vollständigere war nicht zu ermitteln — zeigt die Ernteerträge und Preise des Hopfens in der zweiten Hälfte des 19. Jahrhunderts. Es fällt auf, daß die Hopfenpreise in den einzelnen Jahren sehr verschieden sind, was wohl auf die wenig geregelten Handelsverhältnisse in dieser Hinsicht zurückzuführen ist.

An der brandenburgischen Grenze werden von den Bauern hie und da Korbweiden gebaut, jedoch ist dieser Produktionszweig bis jetzt noch wenig umfangreich.

Es sei hier noch hervorgehoben, daß die Düngung des Bodens in den bäuerlichen Wirtschaften in rationeller Weise vor sich geht. Der Stalldünger ist meistens in verhältnismäßig großer Menge vorhanden, und was die künstlichen Düngemittel anbelangt, so ist es ein Verdienst der landwirtschaftlichen Vereine, daß die Bauern sie in zweckentsprechender Weise anwenden.

Zum Schluß der Betrachtung der bäuerlichen Landwirtschaft sei noch folgende Frage erörtert: Erzeugt der Bauer das Getreide nur für seinen eigenen Bedarf oder ist er in der Lage, dasselbe auf den Markt zu bringen? Dazu ist zu bemerken, daß der Bauernbesitz in der Provinz Posen ein sehr wichtiger Faktor bei dem Getreidehandel ist. Bäuerliches Getreide, vor allem Roggen, ist, wenn auch nicht die allerbeste, dennoch eine auf dem Markte stets vorkommende Ware.

Eine Enquete, die in dieser Hinsicht vom Dr. Szułdrzyński-Bolechowo in den verschieden beschaffenen Kreisen Posen-Ost, Wongrowitz, Ostrowo und Czarnikau sehr genau durchgeführt wurde, ergab folgendes Resultat: Jeder Bauer, der einen Besitz von 5—18 ha innehat, verkauft durchschnittlich 636 kg Getreide pro ha. Diese Zahl hängt selbstverständlich von der Beschaffenheit des Bodens, von der Intensivität der Wirtschaftsweise u. ä. ab und schwankt zwischen 400—1200 kg pro ha. Nach der Meinung anderer beträgt die Menge des von einer spannfähigen Bauernstelle verkauften Getreides 600—800 kg pro ha.[1]

So fallen die Interessen des Groß- und Kleingrundbesitzes immer mehr zusammen. Der Getreide- und Vieherzeuger, — ganz gleich, ob groß oder klein —, hängt von denselben äußeren Bedingungen wie Marktpreisen, Handelsverträgen usw. ab. Auch die inneren Grund-

---

den benachbarten Landesteilen abgesetzt und erfreute sich im allgemeinen einer großen Beliebtheit. Es wird behauptet, daß der Anbau des Hopfens auch dadurch eine Verbesserung und Erweiterung erfahren habe, daß die Neutomischler Bauern während der napoleonischen Kriege in anderen Hopfengegenden die guten Anbaumethoden kennen gelernt haben.

Jedoch war bis 1837 der Posener Hopfenbau sehr wenig umfangreich; die jährliche Produktion soll nicht mehr als 500 Ztr. betragen haben. Erst das Eingreifen des Kommissionsrats Joseph Jakob Flatau, der seit 1837 in Neutomischel wohnte und die große Zukunft des dortigen Hopfenbaues erkannte, brachte den Anbau dieser Pflanze auf neue Bahnen. Auch hat sich der Ökonomierat Prof. Dr. Peters in dieser Hinsicht große Verdienste erworben.

Dr. Hampke, Festschrift der Handelskammer zu Posen. Posen 1901.

[1] Dr. T. Jackowski, O ważności ceł i traktatów handlowych dla rolnictwa. (Über die Bedeutung der Zölle und Handelsverträge für die Landwirtschaft.) Posen 1911. S. 6ff.

lagen der landwirtschaftlichen Produktion sind dieselben: Der Bauer wurde freiheitlich und besitzrechtlich dem Rittergutsbesitzer gleichgestellt, es wurde ihm die Möglichkeit gegeben, sich die Errungenschaften der Neuzeit in vollem Maße zunutze zu machen. Die Rolle, die bei dem „Erwachen des Bauern“ der Großgrundbesitzer gespielt hat, hatte zur Folge, daß das Mißtrauen zwischen Dorf und Gut, das seit jeher eine soziale Krankheit gewesen, mit der Zeit vollständig verschwunden ist.

Der adlige und der bäuerliche Grundbesitz der Provinz Posen arbeiten nun gemeinsam an der Hebung und Sicherstellung ihrer Landwirtschaft, und die hervorragende Bedeutung, die in agrarischer Hinsicht diesem Landesteile heute zukommt, ist der sicherste Merkstein dieses segensreichen Zusammenwirkens.

Tabelle 1.

Die Bevölkerung nach den Berufsklassen in %.[1]

Berufsklassen	Provinz Posen 1907	Provinz Posen 1895	Provinz Posen 1882	Königreich Preußen 1907	Königreich Preußen 1895	Königreich Preußen 1882	Deutsches Reich 1907	Deutsches Reich 1895	Deutsches Reich 1882
A. Landwirtschaft, Gärtnerei, Tierzucht, Forstwirtschaft, Fischerei.	54,06	59,38	64,67	28,59	36,12	43,63	28,65	35,74	42,51
B. Industrie einschl. Bergbau, Hütten- und Bauwesen.	23,37	20,68	17,21	42,76	38,73	34,42	42,75	39,12	35,51
C. Handel und Verkehr	8,70	7,38	6,94	13,17	11,39	9,99	13,41	11,53	10,02
D. Häusliche Dienste, Lohnarbeit wechselnder Art	1,21	1,91	3,07	1,48	2,09	2,53	1,29	1,71	2,07
E. Armee, Hof-, Staats-, Gemeinde-, Kirchendienst, freie Berufsarten.	5,10	5,17	4,29	5,38	5,31	4,78	5,52	5,48	5,32
F. Ohne Beruf und Berufangabe . .	7,56	5,48	3,82	8,62	6,36	4,65	8,38	6,42	4,97

Tabelle 2.

Die allgemeine Verteilung der Hauptbodenarten.[2]

	Lehm: Auf der Höhe	Lehm: In den Flußniederungen	Ton: Auf der Höhe	Ton: In den Flußniederungen	Lehm- und Tonboden	Gemischte Sand- und Lehmböden	Sandboden	Moorboden	Wasserfläche	Darunter Kalklager
	%	%	%	%	%	%	%	%	%	%
Der Staat.	15,8	2,7	7,7	2,0	(28,2)	34,4	30	5,2	2,2	(2,4)
Reg.-Bez. Bromberg	3,9	0,2	3,2	0,1	(7,4)	43,8	37	9,3	2,5	(0,03)
„ „ Posen . .	6,2	2,2	0,4	1,9	(10,7)	50,8	31,4	5,5	1,6	(0,017)
Provinz Posen . . .	5,3	1,4	1,5	1,2	(9,4)	48,0	33,6	7,0	2,0	(0,022)

[1] Statistik des Deutschen Reiches. Berufsstatistik 1907.

[2] Meitzen l. c. Bd. I S. 239.

Tabelle 3.

Die durchschnittliche Wärme in den Jahren 1851—1890 (^{0} C).

Station	Seehöhe	Januar	April	Juli	Oktober	Jahres-durchschnitt
Posen	42 m	− 1,5	7,5	18,6	8,6	8,1
Bromberg . .	65 m	− 2,1	6,8	18,3	7,9	7,5

Zusammengestellt nach J. Hann, Handbuch der Klimatologie, und Thiele, Deutsche landwirtschaftliche Klimatologie.

Tabelle 4.

Die Niederschläge in den Jahren 1901—1905 (mm).

	1901		1902		1903		1904		1905	
	Posen	Bromberg	Posen	Bromberg	Posen	Bromberg	Posen	Bromberg	Posen	Bromberg
Januar	18	20	40	51	25	32	13	18	22	23
Februar	25	33	11	16	31	38	35	50	35	34
März	50	43	49	83	12	13	16	26	29	15
April	42	28	34	17	69	77	69	46	38	46
Mai	53	7	44	44	131	93	51	46	80	56
Juni	34	42	68	46	34	51	36	47	59	107
Juli	49	44	89	97	95	63	11	44	156	147
August	48	52	74	49	62	81	30	27	60	70
September	24	24	40	36	27	11	20	10	57	45
Oktober	54	59	24	21	43	74	34	33	61	59
November	61	52	3	6	33	51	63	53	32	39
Dezember	66	55	38	43	33	21	23	38	19	33
Zusammen	524	459	514	509	595	605	401	438	648	674

Der fünfjährige Durchschnitt beträgt 536,7 mm (er unterscheidet sich wesentlich von dem fünfundvierzigjährigen, der nur 490,9 mm beträgt).

Nach Krische, Die Provinz Posen, Staßfurt 1907 S. 94.

Tabelle 5.

Die mittlere Temperatur.

(Auf Grund von 18 jährigen Beobachtungen.)

a.

Beobachtungsort	Januar	Februar	März	April	Mai	Juni
Berlin	−0,92	0,39	2,56	6,48	10,72	14,01
Stettin.	−1,43	−0,23	1,85	5,75	10,00	13,44
Breslau	−2,01	−0,77	1,72	6,05	10,53	13,83
Danzig	−1,83	−0,43	1,26	5,21	9,10	12,96
Warschau . . .	−3,35	−2,46	0,54	5,70	10,79	14,10
Posen	−2,35	−1,15	1,27	5,54	10,29	13,78
Bromberg . . .	−2,44	−1,37	0,96	5,30	9,92	13,54

Beobachtungsort	Juli	August	September	Oktober	November	Dezember
Berlin	14,03	14,53	11,39	8,03	2,63	0,46
Stettin.	14,46	14,04	11,11	7,66	2,45	0,17
Breslau	14,72	14,20	10,37	7,80	1,87	−0,90
Danzig.	14,31	13,79	10,85	7,42	2,30	0,06
Warschau . . .	15,03	14,42	10,85	6,61	1,02	−2,10
Posen	14,65	14,09	10,61	7,28	1,60	−0,92
Bromberg . . .	14,68	13,69	10,26	6,91	1,49	0,97

b.

Beobachtungsort	Winter	Frühling	Sommer	Herbst	Jahr
Berlin	−0,02	6,59	14,19	7,35	7,03
Stettin.	−0,50	5,87	13,98	7,07	6,61
Breslau	−1,23	6,10	14,25	6,68	6,45
Danzig.	−0,73	5,19	13,69	6,86	6,25
Warschau . . .	−2,70	5,69	14,52	6,16	5,92
Posen	−1,51	5,70	14,17	6,50	6,22
Bromberg . . .	−1,59	5,39	13,97	6,22	6,00

Magener, Das Klima von Posen. Posen 1868 S. 41.

Tabelle 6. **Der Umfang der Hauptnutzungen des Bodens in den Jahren 1878, 1883, 1893 und 1900 in ha.**

Jahr	Reg.-Bez.	Acker- und Gerstenbau	Wiesen	Reiche Weiden	Geringere Weiden und Hutungen	Weinberge und Weingärten
1878	Posen . .	1 102 390,7	138 194,4	7 603,3	51 217,4	158,4
	Bromberg	678 394,9	97 429,3	10 339,5	50 392,4	—
1883	Posen . .	1 109 630,5	135 380,7	10 634,9	43 706,1	162,0
	Bromberg	681 033,8	96 659,5	9 773,7	46 388,7	—
1893	Posen . .	1 116 085,0	135 687,2	13 558,0	40 350,3	126,3
	Bromberg	690 637,0	97 509,7	12 878,7	40 738,4	—
1900	Posen . .	1 123 694,9	132 742,6	10 833,4	39 213,4	146.5
	Bromberg	701 924,8	96 729,2	10 143,9	36 064,8	—

Jahr	Reg.-Bez.	Forsten und Holzungen	Wasser-stücke	Öd- und Unland	Gewässer, Wegeland, Friedhöfe, öff. Parkanl.	Haus- und Hofräume
1878	Posen . .	352 396,0	22 392,1	7 876,4	—	16 891,4
	Bromberg	233 381,4	23 937,6	5 036,2	—	8 863,4
1883	Posen . .	350 460,7	—	19 268,1	65 545,7	15 942,4
	Bromberg	233 448,7	—	19 661,9	49 325,5	8 631,3
1893	Posen . .	345 832,1	—	17 666,4	65 364,7	16 637,9
	Bromberg	227 570,4	—	18 281,8	48 585,9	8 915,1
1900	Posen . .	346 385,7	—	17 852,2	63 954,5	17 039,8
	Promberg	226 467,9	—	17 115,0	47 103,8	9 571,4

Zusammengestellt nach Meitzen l. c. Bd. 7 (1906) S. 107—113.

Tabelle 7. **Die Ausdehnung der Waldungen in einzelnen Kreisen der Provinz Posen.**

Kreis	% der Gesamtfläche	Kreis	% der Gesamtfläche
Schwerin a/W. . .	45	Witkowo	15
Filehne	42	Kempen	14
Czarnikau	38	Schmiegel	13
Bromberg-Land . .	33	Grätz	13
Meseritz	32	Gostyn	11
Kolmar i/P. . . .	28	Pleschen	11
Samter	28	Wreschen	11
Adelnau	26	Wongrowitz . . .	11
Schildberg	25	Znin	11
Bomst	24	Strelno	11
Obornik	23	Rawitsch	10
Neutomischel . . .	22	Koschmin	9
Fraustadt	20	Schroda	9
Schrimm	19	Posen-West . . .	9
Ostrowo	18	Kosten	9
Krotoschin	18	Wirsitz	9
Schubin	18	Gnesen	5
Lissa	17	Mogilno	5
Jarotschin	16	Posen-Stadt . . .	2
Posen-Ost	15		

Tabelle 8.

Die staatlichen Chausseen der Provinz Posen.[1]

Jahr	Gesamtzahl in km	Jahr	Gesamtzahl in km
1852	902	1891	3737
1862	2094	1900	4189
1876	3656	1905	4252

Tabelle 9.

Entwickelung der Eisenbahnen in der Provinz Posen.

Eröffnungsjahr	Eröffnete Strecke	Länge in km
1848	Woldenberg—Wronke	54,6
1848	Wronke—Samter	18,1
1848	Samter—Posen	31,3
1851	Kreuz—Bromberg	145,4
1852	Bromberg—Danzig	158,6
1856	Breslau—Posen	165,3
1857	Frankfurt a/O.—Kreuz	134,9
1857	Lissa-Blockhausplateau bei Glogau	42,9
1861	Bromberg—Thorn	49,9
1870	Posen—Frankfurt a/O.	174,0
1870	Bentschen—Guben	98,7
1871	Schneidemühl—Flatow	32,0
1872	Westenberg—Kempen	20,5
1872	Posen—Bromberg	151,9
1873	Hohensalza—Thorn	34,5
1875	Gnesen—Jarotschin	65,5
1879	Posen—Neustettin	166,3
1882	Hohensalza—Montwy	6,3
1885	Bromberg—Fordon	11,8
1887	Posen—Wreschen	48,7
1887	Gnesen—Nakel	75,0
1888	Wreschen—Stralkowo	18,5
1888	Rogasen—Wongrowitz	18,5
1889	Montwy—Kruschwitz	9,8
1889	Montwy—Montwyfluß	1,1
1889	Wongrowitz—Hohensalza	77,7
1894	Nakel—Konitz	74,9
1895	Bromberg—Znin	43,2
1896	Kreuz—Rogasen	74,0
1897	Goray—Czarnikau	5,6
1905	Glowno—Janowitz	60,8
1908	Golantsch—Kolmar i/P.	32,2
1908	Schocken—Golantsch	37,0
1908	Kruschwitz—Strelno	26,7
1908	Golantsch—Schubin	31,5

Zusammengestellt nach Stürmer, Die Geschichte der Eisenbahnen. Bromberg 1872 und Born, Die Entwicklung der kgl. Preuß. Eisenbahn (Archiv für Eisenbahnwesen, Bd. IV—VI).

[1] T. Jackowski, Materyały do historyi rolnictwa W. Ks. Poznańskiego od roku 1861—1911 (Beiträge zur Geschichte der Landwirtschaft im Großherzogtum Posen während der Jahre 1861—1911.) Posen 1911 S. 6.

Tabelle **10.**

Güterverkehr der Station Posen.[1]

In den Jahren 1863—1900 in Tonnen (à 1000 kg).

Im Jahre	Versand	Empfang	Zusammen	Bemerkungen
1863	31 028	63 968	94 996	
1864	41 702	68 417	110 119	
1865	34 525	83 021	117 546	
1866	48 655	75 620	124 275	
1867	48 442	87 087	135 529	
1868	56 574	30 383	146 957	
1869	46 073	37 357	143 430	
1870	41 864	109 779	151 643	In diesem Jahre wurde die Märkisch—Posener Eisenbahn eröffnet.
1871	59 896	142 890	202 786	In diesem Jahre wurde die Strecke Posen—Bromberg—Thorn eröffnet.
1872	68 872	186 644	255 516	
1873	118 663	230 768	349 431	
1874	153 625	248 901	402 526	
1875	120 604	257 620	378 224	In diesem Jahre wurde die Posen—Kreuzburger Bahn eröffnet.
1876	186 753	262 401	449 154	
1877	217 687	302 310	519 997	
1878	194 930	359 047	553 977	
1879	183 715	234 945	418 660	Es fehlen für dieses Jahr die Ziffern für die Kreuzburg—Posener und Posen—Thorn—Bromberger Eisenbahn.
1880	239 495	410 952	650 447	
1881	211 259	374 488	585 747	
1882	210 384	408 261	618 645	
1883	119 935	238 986	358 921	Es waren nur die Ergebnisse der Eisenbahndirektion Breslau zu beschaffen.
1884	107 941	266 267	374 208	
1885	104 410	253 565	357 975	
1886	179 984	305 228	485 212	
1887	176 559	387 309	563 863	
1888	205 779	435 424	641 203	
1889	201 804	436 747	638 551	
1890	191 749	389 073	580 822	
1891	203 560	411 629	615 189	
1892	214 197	382 432	596 629	
1893	217 785	399 193	616 978	
1894	243 215	242 304	685 519	
1895	250 308	481 554	731 862	
1896	270 802	484 080	754 882	
1897	301 753	520 161	821 314	
1898	304 031	566 012	870 043	
1889	310 014	506 081	816 035	
1900	263 781	602 735	866 516	

[1] Dr. Hampke, Festschrift der Handelskammer zu Posen aus Anlaß ihres 50 jährigen Bestehens 1851—1901 Anl. II.

Tabelle 11. Überblick über eine Reihe von Kron-, Kirchen- und Privatgütern in den Jahren 1536 und 1581.[1]

a) Krongüter.

Es befanden sich auf 52 Krongütern:

Im Jahre 1536

1428 Höfe, 810 Hufen,
116 hortulani und pauperi,
Zahl der Bauernhöfe pro Dorf durchschnittlich 27—28
Zahl der Bauernhufen pro Dorf durchschnittlich 15—6.
Durchschnittliche Größe eines Bauernhofs 0,56 Hufe.
Zahl der hortulani und pauperi pro Dorf durchschnittlich 2.

Im Jahre 1581

1266 Höfe, 588 Hufen,
572 hortulani, 282 pauperi,
Zahl der Bauernhöfe pro Dorf durchschnittlich 24—25.
Gesamtabnahme der Bauernhöfe pro Dorf durchschnittlich um 11,4 %.
Zahl der Bauernhufen pro Dorf durchschnittlich 10—11.
Gesamtabnahme der Bauernhufen um 30,4 %.
Durchschnittliche Größe eines Bauernhofes 0,45 Hufe, Gesamtabnahme 20 %.
Zahl der hortulani und pauperi pro Dorf durchschnittlich ca. 18. Gesamtzunahme 736 %.

b) Kirchengüter.

Es befanden sich auf 44 kirchlichen Gütern:

Im Jahre 1536

697 Höfe, 367 Hufen, 32 lanei deserti, 55 hortulani und pauperi,
Zahl der Bauernhöfe pro Dorf durchschnittlich 16.
Zahl der Bauernhufen pro Dorf durchschnittlich 8 1/2.
Durchschnittliche Größe eines Bauernhofes 0,53 Hufen.
Zahl der hortulani und pauperi pro Dorf durchschnittlich 1.

Im Jahre 1581.

573 Höfe, 192 Hufen, 7 lanei deserti,
310 hortulani, 128 pauperi,
Zahl der Bauernhöfe pro Dorf durchschnittlich 13.
Gesamtabnahme der Bauernhöfe 17,8 %.
Zahl der Bauernhufen pro Dorf durchschnittlich 4 1/2.
Gesamtabnahme der Bauernhufen 47,7 %.
Durchschnittliche Größe eines Bauernhofs 0,34 Hufe, Gesamtabnahme 36 %.
Hortulani und pauperi pro Dorf 3, Gesamtzunahme 796 %.

c) Privatgüter.

Es befinden sich auf 252 Privatgütern:

Im Jahre 1536

3612 Bauernhöfe, 2692 Hufen,
289 lanei deserti, 314 hortulani, 1 pauper.
Zahl der Bauernhöfe pro Dorf durchschnittlich ca. 14.
Zahl der Bauernhufen pro Dorf durchschnittlich ca. 10,7.
Durchschnittliche Größe der Bauernhöfe 0,75.
Zahl der hortulani und pauperi pro Dorf durchschnittlich ca. 1.

Im Jahre 1581

3004 Bauernhöfe, 1164 Hufen, 4 lanei deserti, 1741 hortulani und 688 pauperi.
Neu gegründet 160 Höfe, 35 Hufen, 160 hortulani, 25 pauperi.
Zahl der Bauernhöfe pro Dorf durchschnittlich ca. 12. Gesamtabnahme 12,4 %.
Zahl der Bauernhufen pro Dorf durchschnittlich ca. 4,7. Gesamtabnahme 55,5 %.
Durchschnittliche Größe eines Bauernhofes 0,38 Hufe. Gesamtabnahme 50 %.
Zahl der hortulani und pauperi pro Dorf ca. 10. Gesamtzunahme 825 %.

---

[1] Szołdrski l. c. S. 15.

Tabelle 12.[1]

No. ....

Classifications-Anschlag

des .... Dorfes ....

Im .... Dekanat .... Kirchspiel ....

Dieses enthält .... Scheff. Aussaat und .... Huben .... Morgen.

Von .... Fuder Heu über den Hubenstand ....

Summa .... Huben .... Morgen.

Aussaat nach Berl. Maass			Kör-ner Er-trag	davon gehören					Cam-mer-Taxe	Thut an Gelde		
				zur Saat	zur Wirt-schaft	zur Arrende						
						Korn	Thut					
Schef.	Mez.		Korn	Korn	Korn		Schef.	Mez.	Gr.	Rthlr.	Gr.	Pf.
		Weizen										
		Roggen										
		Gerste										
		Erbsen										
		Lein und Hanf	à 1 Rthlr. 30 Gr. pr. Scheffel Aussaat.									
		Hierse und Rübsen	à 2 Rthlr. pr. Scheffel Aussaat.									
		Hafer und Buchweizen										
		Summa der Aussaat										
		Garten Einfall zu:										
Wohnungsmiete bar:												

für Einlieger in herrschftl. Häusern à 2 Rthlr.
...... Rthlr. ...... Gr. ...... Pf.

„ „ „ Bauer-Häusern ...... „ ...... „ ...... „

Summa ...... „ ...... „ ...... „

davon 1/4 zur Unterhaltung:

Zweispännige Fuder Heu à ...... Rthlr. ...... Gr. ...... Pf.

Kühe à ...... „ ...... „ ...... „

Jungvieh à ...... „ ...... „ ...... „

Schafe pro Hundert à ...... „ ...... „ ...... „

Schweine und sonder Vieh à ...... „ ...... „ ...... „

Summa der Einnahme

Davon ab dem Geistlichen die umstehend nachgewiesenen Compositen, Feldzehnten oder Messalien.

Bleibt zur Dividende:

[1] Staatsarchiv Posen: Classificationsanschläge. W. P. Z. XII.

Tabelle

Historische

vom Zustande und von

des .... Dorfs ....

Nr. der Feuer-stellen	Namen und Qualität der Ein-sassen	Besitzen an Land nach Magdeb. Maass			Haben an Aussaat									Garten-Einfall	Heu-schlag		Haben an Vieh								Bienen-Stöcke		Seelen-Zahl						
					Weitzen	Roggen	Gerste	Erbsen	Leinsaat	Hiersen	Hanf	Haaber	Grücken		4	2	Pferde	Ochsen	Kühe	Fohlen	Jung-Vieh	Schafe	Zuchtschweine	Ziegen	Waldbienen	Gartenbienen	Wirte		Wirtinnen	Kinder		Dienst-boten	
															spännig												unter	ueber					
		Huf.	Mg.	Rut.	Sch.	Sch.	Sch.	Sch.	Sch.	Sch.	Sch.	Sch.	Sch.		Fuder		St.	St.	St.	St.	St.	St.	St.	St.			60 Jahr			männlich	weiblich	männlich	weiblich

[1] Staats-Archiv zu Posen: Classifications-Anschläge und Dismembrations-Akten. W.P.Z. Kammerdeputationsbezirk Bromberg. XII.

13.[1]

Tabelle

dessen Praestationen

.... Vorwerks .... etc.

Praestanda, welche sie dem Dominio zu leisten haben																			Denen Kirchen-Bedienten					Außerdem zahlen sie an die Landes-Casse									Subsiduum caritativum			Anmerkungen
baare						Naturalien							Gespinnst	Dienste					Messalien	Feld-Zehnten	Compositen-Gelder			Rauchgeld oder Dymowe			Schlachtgeld oder Skorowe			Offiara, 20 ster Groschen genannt, zum Kronenschatzamt						
						Getreide						Victualien	Stücke	mit Gespann	mit Hand	unbestimmte	Fuhren																			
Rhtlr.	Gr.	Pf.	Rhtlr.	Gr.	Pf.	Weitzen	Roggen	Gerste	Haaber	Erbsen	Grücken						Anzahl	Meilen weit			Rhtlr.	Gr.	Pf.	Rhtlr.	Gr.	Pf.	Rhtlr.	Gr.	Pf.	Rhtlr.	Gr.	Pf.	Rhtlr.	Gr.	Pf.	

Tabelle 14.

Die geerntete Strohmenge, die einem Scheffel Getreide entspricht.[1]

Bei Weizen	Roggen	Gerste	Hafer	Erbsen
Tonb. 1. Tr. = 190 Pfd.	Tonb. 3. Tr. = 200 Pfd.	Tonb. 2. Tr. = 110 Pfd.	Tonboden = 100 Pfd.	Tonboden 300 Pfd.
Lehmb. 1. „ = 180 „	Lehmb. 1. „ = 190 „	„ 4.–6. „ = 100 „	Lehmb. 2.–4. Tr. = 80 „	Lehmboden 260 „
„ 3. „ = 160 „	„ 3.–5. „ = 180 „	Lehmb. 2. „ = 100 „	sandiger Lehmb. 2.–4. „ = 80 „	sandiger Lehmboden 240 „
	sandiger Lehmb. 1. „ sandiger Lehmb. 3.–5. „ } = 180 „	„ 4.–6. „ = 95 „	„ 2. „ = 80 „	
	lehmiger Sandb. 1. „ = 180 „	sandiger Lehmb. 2. „ = 95 „	Sandb. 4.–6. „ = 70 „	
	lehmiger Sandb. 3. „ = 170 „	sandiger Lehmb. 4.–6. „ = 90 „	feuchter Lehm 2. „ = 90 „	
	lehmiger Sandb. 5. „ = 160 „		Sand 4.–6. „ = 85 „	
	feuchter, lehmiger Sandb. 1. „ = 130 „			
	feuchter, lehmiger Sandb. 3.–5. „ = 180 „			
	Sand = 140 „			

[1] Creditordnung und Taxgrundsätze für den landwirtschaftlichen Creditverein des Großherzogtums Posen. 2. Aufl. Posen 1830. S. 206 (Anhang I, Specialtaxgrundsätze vom Jahre 1825).

Tabelle 15.

Der Nährstoffgehalt der verschiedenen Strohsorten und Gräser.[1]

Der Nährstoffgehalt einer gewissen Menge	Gerstenstroh	– 100
„ „ derselben „	Roggenstroh	– 24
„ „ „ „ „	Weizenstroh	– 30
„ „ „ „ „	Haferstroh	– 80
„ „ „ „ „	Buchweizen bei frischer Verfütterung	– 120
„ „ „ „ „	Erbsenstroh	– 140
„ „ „ „ „	Wicken, Linsen und Bohnen	– 150

Es verhält sich der Nährstoffgehalt des Gerstenstrohs zum Nährstoffgehalt der Gräser:

Von guten Wiesen und Angern	wie	$1:1^3/_4-2$
„ Ödland	„	$1:1^1/_4-1^1/_2$
In Eichen- und Birkenwäldern auf gutem Boden	„	$1:1^1/_2-1^3/_4$
„ geschlossenen Buchenwäldern	„	1:1
„ ungeschlossenen Buchenwäldern	„	$1:1^1/_2$
„ Kiefernwäldern	„	$1:{}^3/_4-1$
„ Erlenbüschen an höher gelegenen Plätzen	„	$1:1^1/_2-2$
„ „ „ tiefer „ „	„	1:1
„ Torfbrüchen	„	$1:1^1/_4-1^3/_4$

Heidekraut ist dem Roggenstroh gleich zu schätzen.

[1] Creditordnung und Taxgrundsätze etc. l. c. S. 207 und 210.

Tabelle 16.[1]

Jahreseinnahmen einer Bauernstelle von ca. 60 Morgen.

Aussaat		Getreideart	Körnerertrag	Es gehören					Kammertaxe	Tut an Geld		
				Zur Saat	Zur Wirtschaft	Zum Verkauf						
Scheffel	Metzen		Korn	Korn	Korn	Korn	Scheffel	Metzen	Gr.	Rthlr.	Gr.	Pf.
17	—	Roggen	3	1	1	1	17	—	16	11	8	—
4	—	Gerste	3	1	1	1	4	—	12	2	12	—
—	9	Erbsen	3	1	1	1	—	9	16	—	9	7
—	6	Lein und Hanf	à 1 Rthlr. 30 Gr. pro Scheffel Aussaat							—	9	10
—	1	Hirse und Rübsen	à 2 ,, ,, ,, ,,							—	2	5
12	—	Hafer und Buchweizen	3	1	1	1	12	—	8	3	22	5
1	—	Garteneinfall	3	1	1	1	1	—	16	—	19	2
		2 Kühe bringen jährlich eine Einnahme von								4	—	—
		1 Stück Jungvieh								—	8	—
		2 Schafe								—	8	—
		6 Schweine								1	—	—
									zusammen	25	3	5

[1] Kgl. Staatsarchiv zu Posen. Acta informationis. Classifications-Anschläge. Kammerdeput.-Bezirk Bromberg und Südpreußen XII.

Tabelle 17.[1]

Normalreduktionssätze für die Größe einer spannfähigen Nahrung in Posen.

(Deklaration vom 10. VII. 1836.)

Kreise	Die normalmäßigen 25 Mg. Gerstenland II. Klasse werden ausgeglichen beim				
	Weizenboden I. Kl.	Weizenboden II. Kl.	Gerstenboden I. Kl.	Haferboden	Roggenboden
	durch Morgen				
1. Gnesen	15	18	21	30	45
2. Mogilno	15	18	21	30	50
3. Szubin (Schubin) . . .	15	18	21	35	45
4. Chodziesen (Kolmar) .	15	18	21	35	45
5. Czarnikau	15	18	21	35	45
6. Wongrowitz	15	18	21	35	45
7. Wreschen	18	20	22	30	40
8. Obornik	15	18	21	35	45
9. Kroeben	15	18	21	35	50
10. Krotoschin	15	18	21	35	50
11. Adelnau	15	18	21	35	50
12. Schildberg	15	18	21	40	65
13. Meseritz	15	18	21	40	64
14. Pleschen	15	18	21	40	64
15. Bomst	15	18	21	40	64
16. Posen	15	18	21	40	64
17. Inowrazlaw (Hohensalza, erst 1841 festgesetzt).	15	18	21	30	45

[1] Dönniges, Die Landeskulturgesetzgebung Preußens, Berlin 1842, S. 323.

Tabelle 18.

Normalsätze für den Wert der einzelnen Diensttage
(laut Gesetz vom 3. IV. 1823).[1]

Bei Handdiensten wird die Arbeit pro Arbeitstag angeschlagen:

A. wenn im Sommer und Winter gearbeitet wird,

a) für einen erwachsenen Mann auf . . . . $1^1/_2$—2 Metzen[2] Roggen
b) für eine erwachsene Frau oder einen Mittelknecht auf 1,12—1,15 „ „
c) für einen Jungen auf . . . . 0,75—1 „ „

B. wenn bloß von Hälfte Juni bis Ende September gearbeitet wird,

a) für einen erwachsenen Mann auf . . . . 2,25—3 Metzen Roggen
b) für eine erwachsene Frau oder einen Mittelknecht auf 1,69—2,25 „ „
c) für einen Jungen auf . . . . 1,12—1,50 „ „

C. wenn die Arbeit bloß bis zur Ernte (Juli, August) geleistet wird,

a) für einen erwachsenen Mann auf . . . . 2,62—3,5 Metzen Roggen
b) für eine erwachsene Frau oder einen Mittelknecht auf 1,69—2,62 „ „
c) für einen Jungen auf . . . . 0,98—1,31 „ „

D. wenn die Dienste bloß im Winter geleistet werden,

a) für einen erwachsenen Mann auf . . . . 0,75—1 Metze Roggen
b) für eine erwachsene Frau oder einen Mittelknecht auf 0,56—0,75 „ „
c) für einen Jungen auf . . . . 0,37—0,50 „ „

Die Gespanndienste wurden angeschlagen:

1. ein Tag zu pflügen auf 1,5—2 Metzen Roggen,
2. ein Tag zu pflügen, wenn der Leistende dazu nur für die Saatzeiten verpflichtet ist, auf 2,25—3 Metzen Roggen.
3. ein Tag Dünger fahren mit 2 Pferden auf 2,25—3 Metzen Roggen,
4. ein Tag Dünger fahren mit 4 Pferden auf 3—4 Metzen Roggen,
5. ein Tag Getreide fahren auf 2,25—3 Metzen Roggen.
6. Alle übrigen Gespanndiensttage mit 2 Pferden sind auf 1,50—2 Metzen Roggen taxiert.
7. In Fällen, wo der Verpflichtete keine weiteren Gespanntage zu leisten hat, als im Sommer einige Tage Dünger zu fahren, wird ein Diensttag:
   a) mit 2 Pferden auf 3—4 Metzen Roggen,
   b) mit 4 Pferden auf 3,75—5 Metzen Roggen angeschlagen.
8. Die eben angeführten Sätze gelten auch, wenn der Pflichtige bloß zum Einfahren von Getreide verpflichtet ist.
9. Spanndienste mit Ochsen werden, ausgenommen das Pflügen, $^3/_4$mal so hoch als die mit Pferden und
10. Spanndienste mit Kühen, wo die Dienstleute dazu ausdrücklich verpflichtet sind, $^2/_3$mal so hoch als Gespann mit Pferden angenommen.

---

[1] Creditordnung und Taxgrundsätze für den landwirtschaftlichen Creditverein. l. c. S. 219ff.

[2] 1 Metze = $^1/_{16}$ Scheffel = $3^1/_2$ Liter.

Tabelle 19a.

Zusammenstellung der bis Ende 1865 von den Auseinandersetzungsbehörden in der Provinz Posen ausgeführten Regulierungen, Ablösungen und Gemeinheitsteilungen.[1]

Regulierungen und Ablösungen										Gemeinheitsteilungen		
			Bei den Regulierungen und Ablösungen wurden							Bei den Regulierungen und Gemeinheitsteilungen sind separiert bzw. von allen Holz-, Streu- und Hutungs-Servituten befreit		
			An Diensten aufgehoben		Folgende Entschädigungen festgestellt:							
Zahl der regulierten Eigentümer	Fläche ihrer Grundstücke	Zahl der übrigen Dienst- und Abgabepflichtigen, welche abgelöst haben	Spann-Diensttage	Hand-Diensttage	Kapital Taler	Geldrente Taler	Roggenrente Scheffel	Land Morgen		Zahl der Besitzer	Fläche ihrer Grundst. Morgen	Vermessen sind bis Ende 1865 Morgen
26 471	1 457 818	88 918	2 044 694	4 507 799	235 270	1 108 372	13 969	215 852		98 271	10 042 331	8 485 255

[1] Meitzen l. c. Bd. I S. 434.

Tabelle

Provinz Posen	Durch die freie Teilbarkeit des Grundes und Bodens sind von 1816 bzw. 1823 bis Ende 1859 spannfähige bäuerliche Nahrungen									Außerdem sind spannfähige bäuerliche Nahrungen eingegangen durch Konsolidation mit			
	eingegangen			neu entstanden			Mithin hat sich die Zahl der spannfähigen Nahrungen			anderen spannfähig. bäuerlichen Nahrungen		nicht bäuerlichen Besitzungen	
	Zahl	Flächeninhalt Morgen	Prozent der Gesamtzahl	Zahl	Flächeninhalt Morgen	Prozent der Gesamtzahl	vermehrt	vermindert	Prozent	Zahl	Flächeninhalt Morgen	Zahl	Flächeninhalt Morgen
1	2	3	4	5	6	7	8	9	10	11	12	13	14
Rbz. Bromberg . .	646	52054	4,52	1065	70737	7,45	500	81	2,93	499	43225	727	60667
							mehr 419						
Kreise:													
Bromberg	61	5571	5,55	127	9461	9,48	66	—	4,92	107	11484	73	5262
Kolmar	62	6352	4,76	56	4275	4,30	—	6	0,46	28	2758	49	4195
Czarnikau	174	14460	8,14	99	10172	4,63	—	75	3,51	12	1163	10	2688
Gnesen	74	4529	3,98	119	7247	6,41	45	—	2,42	81	5240	131	9825
Inowrazlaw	79	5626	4,52	92	4533	5,26	13	—	0,74	38	2793	135	10376
Mogilno	33	3005	2,41	81	5461	5,91	48	—	3,50	70	6030	93	8210
Schubin	60	4193	4,95	70	3717	5,77	10	—	0,82	35	3051	75	7202
Wirsitz	45	4424	2,50	244	10246	13,56	199	—	11,06	62	5730	62	4840
Wongrowitz	58	3894	3,79	177	15625	11,56	119	—	7,77	66	4976	99	8069
Rgbz. Posen. . . .	1941	91083	5,70	3713	167102	10,91	1829	57	5,20	528	28449	645	37311
							mehr 1772						
Kreise:													
Adelnau	304	12749	14,28	247	8222	11,60	—	57	2,67	24	1028	14	677
Birnbaum	27	1943	1,86	128	10593	8,82	101	—	6,96	35	2310	77	5166
Bomst	140	8762	5,62	302	12047	12,12	162	—	6,50	6	335	25	1666
Buk	194	10345	8,60	217	7650	9,62	23	—	1,01	15	586	69	3024
Fraustadt	60	3164	2,81	200	7659	9,39	140	—	6,57	10	226	7	591
Kosten	62	2658	2,64	334	18962	14,24	272	—	11,59	28	1165	19	671
Kröben	192	7076	8,38	335	12394	14,64	143	—	6,25	19	544	5	172
Krotoschin	178	6361	7,97	491	18345	22,00	313	—	14,02	14	647	14	732
Meseritz	48	4602	2,40	156	10397	7,81	108	—	5,41	15	1597	21	1609
Obornik	22	1501	1,48	116	13430	7,85	94	—	6,36	67	4389	65	4558
Pleschen	157	4606	6,49	255	6610	10,55	98	—	4,05	53	1609	66	3113
Posen	76	4615	3,76	144	7312	7,14	68	—	3,37	67	4838	92	5163
Samter	50	2799	3,73	134	5766	10,01	84	—	6,27	22	1233	48	3563
Schildberg	229	9857	9,91	254	12164	10,99	25	—	1,08	6	207	7	529
Schrimm	70	3266	3,48	192	7012	9,55	122	—	6,06	42	1747	28	1484
Schroda	30	1459	1,59	94	3398	4,99	64	—	3,40	38	1881	43	2424
Wreschen	102	5315	8,11	114	4541	9,06	12	—	0,95	67	4667	45	2169
Provinz Posen . Sa.:	2587	143137	5,37	4778	237839	9,92	2191	—	4,55	1027	71674	1372	97978

[1] **Meitzen**, Der Boden usw. Bd. IV, S. 312.

19 b.[1]

Demnach sind durch den gesamten freien Verkehr spannfähige bäuerliche Nahrungen: eingegangen	neu entstanden	Die Zahl der spannfähigen bäuerl. Nahrung. hat sich: vermehrt	vermindert	Prozent	Der Fläche nach haben die Besitzer spannfähiger bäuerl. Nahrungen von 1816 bzw. 1823 bis Ende 1859 im freien Verkehre mit spannlosen Kleinstellen: mehr abgetreten als gewonnen (Morgen)	mehr gewonnen als abgetreten (Morgen)	Prozent	mit nichtbäuerlichen Besitzungen: mehr abgetreten als gewonnen (Morgen)	mehr gewonnen als abgetreten (Morgen)	Prozent	Ende des Jahres 1859 sind bäuerliche Nahrungen gezählt worden: spannfähige: Zahl	spannfähige: Flächeninhalt Morgen	nicht spannfähige: Zahl	nicht spannfähige: Flächeninhalt Morgen	es verhalten sich der Zahl nach die nicht spannfähigen zu den spannfähigen Höfen wie	Die Gesamtfläche der nicht spannfähigen Stellen beträgt von der spannfähigen den . . . Teil
15	16	17	18	19	20	21	22	23	24	25	26	27	28	29	30	31
372	1065	75	882	5,64	48254	—	3,60	39634	3685	2,68	13366	1320310	13915	128512	7:6	10,27
		weniger 807						weniger 35949								
241	127	—	114	8,51	7089	—	4,37	4697	—	2,90	1227	160579	3094	20831	5:2	7,70
139	56	—	83	6,37	5045	—	4,05	5139	—	4,12	1243	137709	796	8154	2:3	16,88
196	99	—	97	4,54	16449	—	6,84	—	435	0,18	2044	228607	3165	33437	8:5	6,83
286	119	—	167	9,00	2900	—	2,12	8058	—	5,89	1688	131877	666	7944	3:8	16,60
252	92	—	160	9,15	5017	—	3,49	9070	—	6,32	1587	131537	2072	19863	5:4	6,60
196	81	—	115	8,39	1819	—	1,47	4747	—	3,86	1254	132578	650	5517	1:2	24,03
170	70	—	100	8,25	4079	—	3,49	6624	—	5,68	1114	106002	1823	20570	9:5	5,15
169	244	75	—	4,16	2415	—	1,56	1299	—	0,84	1724	151454	1129	6394	5:8	23,68
223	177	—	46	3,00	3441	—	2,50	—	3250	2,36	1485	139967	520	5802	1:3	24,12
314	3713	1033	434	1,76	81499	—	4,83	20991	32749	0,55	34642	2054266	20169	171282	5:8	11,99
		mehr 599						mehr 11 758								
342	247	—	95	4,46	13067	—	12,45	648	—	0,41	2033	92965	1534	19196	7:10	4,84
139	128	—	11	0,75	968	—	0,69	—	2401	1,71	1439	146093	628	1606	3:7	90,96
171	304	131	—	5,26	7774	—	5,14	—	1604	1,06	2624	150196	2494	19521	1:1	7,69
278	217	—	61	2,70	11001	—	8.96	2338	—	1,90	2195	108156	1877	15943	6:7	6,78
77	200	123	—	5,77	2301	—	1,58	—	1574	1,08	2264	137904	1586	8569	8:11	16,09
109	334	225	—	9,59	2777	—	2,08	—	8435	6,34	2570	138900	1185	5143	1:2	27.00
216	335	119	—	5,20	5377	—	5,06	—	2990	2,81	2406	101397	1730	13814	2:3	7,34
206	491	285	—	12,77	7154	—	6,10	—	3134	2,67	2520	105423	1156	9850	1:2	10,70
84	156	72	—	3,60	1462	—	0.72	—	1773	0,88	2071	198950	1247	8989	3:5	22,13
154	116	—	38	2,57	1360	—	1,04	—	6572	5,02	1440	141015	719	3343	1:2	42,18
276	255	—	21	0,50	3803	—	4,06	3067	—	3,28	2395	86774	562	4687	1:4	18,51
235	144	—	91	4,51	3529	—	2,44	5100	—	3,53	1925	136525	1274	8543	2:3	15,98
120	134	14	—	1,04	2890	—	2,96	3706	—	3,80	1352	89358	630	3427	3:7	26,07
242	254	12	—	0,51	9143	—	7,76	—	4266	1,13	2323	111147	1973	32735	3:4	3,38
140	192	52	—	2,58	2964	—	2,47	1359	—	1,13	2064	119776	807	5022	2:5	23,85
111	94	—	17	0.90	1176	—	0,96	2389	—	1,95	1863	118157	302	3002	1:6	39,35
214	114	—	100	7,95	4753	—	6,08	2384	—	3,05	1158	71490	465	7892	5:6	9,05
986	4778	—	208	0,43	129753	—	3,75	24191	—	0,69	48088	3374536	34084	299794	2:3	11,50

Tabelle 20.

Die von dem landwirtschaftlichen Kreditverein für das Großherzogtum Posen im Jahre 1824 zugrunde gelegten Erträge und Aussaaten.[1]

I. Tonboden (40—60% Ton).

		Maximum.		Minimum.		
		1. bei dreijähriger Düngung.				
Weizen		9 Scheffel[2]	— Metzen	7 Scheffel	15 Metzen	p. Magd. Mg.
Gerste		9 „	— „	7 „	15 „	„ „ „ „
		2. bei sechsjähriger Düngung.				
Weizen	in 1. Tracht	8 Scheffel	— Metzen	7 Scheffel	—	„ „ „ „
Roggen	in 3. „	6 „	13 „	5 „	15	„ „ „ „
Gerste	„ 2. „	8 „	— „	7 „	—	„ „ „ „
Gerste	„ 4. „	6 „	6 „	5 „	9	„ „ „ „
		3. bei neunjähriger Düngung.				
Weizen	in 1. Tracht	7 Scheffel	— Metzen	6 Scheffel	3	„ „ „ „
Roggen	„ 3. „	5 „	15 „	5 „	3	„ „ „ „
Roggen	„ 5. „	4 „	14 „	4 „	4	„ „ „ „
Gerste	„ 2. „	7 „	— „	6 „	2	„ „ „ „
Gerste	„ 4. „	5 „	10 „	4 „	15	„ „ „ „
Hafer	„ 6. „	6 „	10 „	5 „	13	„ „ „ „
		4. bei zwölfjähriger Düngung.				
Weizen	in 1. Tracht	7 Scheffel	— Metzen	6 Scheffel	2	„ „ „ „
Roggen	„ 3. „	5 „	15 „	5 „	3	„ „ „ „
Roggen	„ 5. „	4 „	14 „	4 „	4	„ „ „ „
Roggen	„ 7. „	4 „	8 „	3 „	15	„ „ „ „
Gerste	„ 2. „	7 „	— „	6 „	2	„ „ „ „
Gerste	„ 4. „	5 „	10 „	4 „	15	„ „ „ „
Hafer	„ 6. „	6 „	8 „	5 „	11	„ „ „ „
Hafer	„ 8. „	6 „	2 „	5 „	6	„ „ „ „

Die Aussaat wird angenommen

bei Weizen und Gerste	pro Morgen	1 Scheffel	4—6 Metzen
„ Roggen	„ „	1 „	2 „
„ Hafer	„ „	1 „	8 „

II. Lehmboden (35—40% abschlämmbare Teile).

		Maximum.		Minimum.		
		1. bei dreijähriger Düngung.				
Weizen und Roggen		7 Scheffel	— Metzen	6 Scheffel	2 Metzen	p. Magd. Mg.
Gerste		7 „	8 „	6 „	9 „	„ „ „ „
		2. bei sechsjähriger Düngung.				
Weizen	in 1. Tracht	6 Scheffel	— Metzen	5 Scheffel	4	„ „ „ „
Gerste	„ 2. „	6 „	— „	5 „	4	„ „ „ „
Roggen	„ 3. „	5 „	2 „	4 „	8	„ „ „ „
Hafer	„ 4. „	6 „	15 „	6 „	1	„ „ „ „
		3. bei neunjähriger Düngung.				
Roggen	in 1. Tracht	5 Scheffel	— Metzen	4 Scheffel	6	„ „ „ „
Roggen	„ 3. „	4 „	— „	3 „	8	„ „ „ „
Roggen	„ 5. „	3 „	5 „	2 „	14	„ „ „ „
Gerste	„ 2. „	5 „	— „	4 „	6	„ „ „ „
Hafer	„ 4. „	5 „	12 „	5 „	—	„ „ „ „
Hafer	„ 6. „	4 „	12 „	4 „	2	„ „ „ „

[1] Creditordnung und Taxgrundsätze l. c. S. 198ff.

[2] Es sei hier berücksichtigt, daß, wie auf S. 21 hervorgehoben wurde, der Scheffel kein einheitliches Gewichtsmaß bedeutet, daß also bei dieser Tabelle die Erträge des Hafers z. B. dadurch recht groß erscheinen, daß ihre Scheffel sehr wenig wogen und deshalb ihre Zahl pro Morgen größer ist.

4. bei zwölfjähriger Düngung.

		Maximum.		Minimum.	
Roggen	in 1. Tracht	5 Scheffel	— Metzen	4 Scheffel	6 Metzen p. Magd. Mg.
Roggen	„ 3. „	4 „	— „	3 „	8 „ „ „ „
Roggen	„ 5. „	3 „	5 „	2 „	14 „ „ „ „
Roggen	„ 7. „	3 „	— „	2 „	10 „ „ „ „
Gerste	„ 2. „	5 „	— „	4 „	6 „ „ „ „
Hafer	„ 4. „	5 „	12 „	5 „	— „ „ „ „
Hafer	„ 6. „	4 „	12 „	4 „	2 „ „ „ „
Hafer	„ 8. „	4 „	4 „	3 „	12 „ „ „ „

Aussaat bei Hafer 1 Scheffel 6 Metzen, sonst wie bei Kl. I.

III. Sandiger Lehmboden (25—35 % abschlämmbare Teile).

1. bei dreijähriger Düngung.

Roggen und Gerste		6 Scheffel	— Metzen	5 Scheffel	4 Metzen p. Magd. Mg.

2. bei sechsjähriger Düngung.

Roggen	in 1. Tracht	5 Scheffel	— Metzen	4 Scheffel	6 „ „ „ „
Roggen	„ 3. „	4 „	— „	3 „	8 „ „ „ „
Gerste	„ 2. „	5 „	— „	4 „	6 „ „ „ „
Hafer	„ 4. „	5 „	12 „	5 „	— „ „ „ „

3. bei neunjähriger Düngung.

Roggen	in 1. Tracht	4 Scheffel	8 Metzen	3 Scheffel	15 „ „ „ „
Roggen	„ 3. „	3 „	10 „	3 „	3 „ „ „ „
Roggen	„ 5. „	2 „	15 „	2 „	9 „ „ „ „
Gerste	„ 2. „	4 „	8 „	3 „	15 „ „ „ „
Hafer	„ 4. „	5 „	3 „	4 „	9 „ „ „ „
Hafer	„ 6. „	4 „	4 „	3 „	12 „ „ „ „

4. bei zwölfjähriger Düngung.

Roggen	in 1. Tracht	4 Scheffel	8 Metzen	3 Scheffel	15 „ „ „ „
Roggen	„ 3. „	3 „	10 „	3 „	3 „ „ „ „
Roggen	„ 5. „	2 „	15 „	2 „	9 „ „ „ „
Roggen	„ 7. „	2 „	11 „	2 „	9 „ „ „ „
Gerste	„ 2. „	4 „	8 „	3 „	15 „ „ „ „
Hafer	„ 4. „	5 „	3 „	4 „	9 „ „ „ „
Hafer	„ 6. „	4 „	4 „	3 „	12 „ „ „ „
Hafer	„ 8. „	3 „	14 „	3 „	6 „ „ „ „

Aussaat: Roggen 1 Scheffel
Gerste 1 „ 2 Metzen
Hafer bei sechsjähriger Düngung 1 Scheffel 4 Metzen
Hafer bei neun- und zwölfjähriger Düngung 1 Scheffel 2 Metzen.

IV. Lehmiger Sandboden.

1. bei dreijähriger Düngung.

Roggen und Hafer		5 Scheffel	— Metzen	4 Scheffel	6 Metzen p. Magd. Mg.

2. bei sechsjähriger Düngung.

Roggen	in 1. Tracht	4 Scheffel	8 Metzen	3 Scheffel	15 „ „ „ „
Roggen	„ 3. „	3 „	10 „	3 „	3 „ „ „ „
Hafer	„ 2. „	5 „	— „	4 „	6 „ „ „ „
Hafer	„ 4. „	4 „	— „	3 „	8 „ „ „ „

3. bei neunjähriger Düngung.

Roggen	in 1. Tracht	4 Scheffel	— Metzen	3 Scheffel	8 „ „ „ „
Roggen	„ 3. „	3 „	3 „	2 „	13 „ „ „ „
Roggen	„ 5. „	2 „	10 „	2 „	5 „ „ „ „
Hafer	„ 2. „	4 „	— „	3 „	8 „ „ „ „
Hafer	„ 4. „	3 „	3 „	2 „	13 „ „ „ „
Hafer	„ 6. „	2 „	10 „	2 „	5 „ „ „ „

4. bei zwölfjähriger Düngung.

		Maximum.		Minimum.		
Roggen	in 1. Tracht	4 Scheffel	— Metzen	3 Scheffel	8 Metzen	p. Magd. Mg.
Roggen	,, 3. ,,	3 ,,	3 ,,	2 ,,	13 ,,	,, ,, ,,
Roggen	,, 5. ,,	2 ,,	10 ,,	2 ,,	5 ,,	,, ,, ,,
Roggen	,, 7. ,,	2 ,,	6 ,,	2 ,,	1 ,,	,, ,, ,,
Hafer	,, 2. ,,	4 ,,	— ,,	3 ,,	8 ,,	,, ,, ,,
Hafer	,, 4. ,,	3 ,,	3 ,,	2 ,,	13 ,,	,, ,, ,,
Hafer	,, 6. ,,	2 ,,	10 ,,	2 ,,	5 ,,	,, ,, ,,
Hafer	,, 8. ,,	2 ,,	6 ,,	2 ,,	1 ,,	,, ,, ,,

Aussaat bei dreijähriger Düngung:

Roggen		1 Scheffel	— Metzen
Hafer		1 ,,	4 ,,

Aussaat bei sechsjähriger Düngung:

Roggen		1 Scheffel	— Metzen
Hafer	in 2. Tracht	1 ,,	4 ,,
Hafer	in 4. Tracht	1 ,,	2 ,,

Aussaat bei neun- und zwölfjähriger Düngung:

Roggen	in 1. Tracht	1 Scheffel	— Metzen
Roggen	,, 3. ,,	1 ,,	— ,,
Roggen	,, 5. ,,	— ,,	12 ,,
Roggen	,, 7. ,,	— ,,	12 ,,
Hafer	,, 2. ,,	1 ,,	4 ,,
Hafer in 4., 6., 8.	,,	1 ,,	2 ,,

V. Dreijähriger Roggenboden.

Roggen 2 Scheffel 8 Metzen 2 Scheffel 3 Metzen p. Mg.
Aussaat 10—12 Metzen.

VI. Kalkboden.

1. bei dreijähriger Düngung.

Roggen		3 Scheffel	— Metzen	2 Scheffel	10 Metzen	p. Magd. Mg.
Hafer		5 ,,	— ,,	4 ,,	6 ,,	,, ,, ,,

2. bei sechsjähriger Düngung.

Roggen	in 1. Tracht	2 Scheffel	10 Metzen	2 Scheffel	5 ,,	,, ,, ,,
Roggen	,, 3. ,,	2 ,,	2 ,,	1 ,,	14 ,,	,, ,, ,,
Hafer	,, 2. ,,	4 ,,	8 ,,	3 ,,	15 ,,	,, ,, ,,
Hafer	,, 4. ,,	4 ,,	— ,,	3 ,,	8 ,,	,, ,, ,,

3. bei neunjähriger Düngung.

Roggen	in 1. Tracht	2 Scheffel	8 Metzen	2 Scheffel	3 ,,	,, ,, ,,
Roggen	,, 3. ,,	2 ,,	— ,,	1 ,,	12 ,,	,, ,, ,,
Roggen	,, 5. ,,	1 ,,	10 ,,	1 ,,	7 ,,	,, ,, ,,
Hafer	,, 2. ,,	4 ,,	— ,,	3 ,,	8 ,,	,, ,, ,,
Hafer	,, 4. ,,	3 ,,	4 ,,	2 ,,	13 ,,	,, ,, ,,
Roggen	,, 6. ,,	2 ,,	10 ,,	2 ,,	5 ,,	,, ,, ,,

4. bei zwölfjähriger Düngung.

Roggen	in 1. Tracht	2 Scheffel	8 Metzen	2 Scheffel	3 ,,	,, ,, ,,
Roggen	,, 3. ,,	2 ,,	— ,,	1 ,,	12 ,,	,, ,, ,,
Roggen	,, 5. ,,	1 ,,	10 ,,	1 ,,	7 ,,	,, ,, ,,
Roggen	,, 7. ,,	1 ,,	8 ,,	1 ,,	5 ,,	,, ,, ,,
Hafer	,, 2. ,,	4 ,,	— ,,	3 ,,	8 ,,	,, ,, ,,
Hafer	,, 4. ,,	3 ,,	4 ,,	2 ,,	13 ,,	,, ,, ,,
Hafer	,, 6. ,,	2 ,,	10 ,,	2 ,,	5 ,,	,, ,, ,,
Hafer	,, 8. ,,	2 ,,	6 ,,	2 ,,	1 ,,	,, ,, ,,

Aussaat:

Bei drei- und sechsjähriger Düngung	Roggen —	Scheffel	14 Metzen
	Hafer 1	,,	4 ,,
Bei neun- und zwölfjähriger Düngung	Roggen —	,,	14 ,,
	Hafer 2	,,	2 ,,

(Bei diesen Berechnungen ist eine Dreifelderwirtschaft vorausgesetzt.)

Tabelle 21.

Die Jahresdurchschnittspreise der wichtigsten landwirtschaftlichen Produkte in der Provinz und Stadt Posen in den Jahren 1816—90[1] (per 100 kg in Mark).

	Weizen		Roggen		Gerste		Hafer		Kartoffeln	
	Prov.	Stadt	Prov.	Stadt	Prov.	Stadt	Prov.	Stadt	Prov.	Stadt
	Posen		Posen		Posen		Posen		Posen	
1816	188	177	118	109	87	121	104	105	30,5	49
1817	231	228	148	147	105	95	113	111	36	31
1818	187	185	124	132	104	99	111	120	35	35
1819	144	142	101	107	88	84	94	67	26	26
1820	124	89	76	70	70	63	80	69	23	21
1821	130	116	70	61	57	43	60	50	23	19
1822	129	117	87	77	68	57	76	68	22,5	22
1823	124	121	96	91	85	77	89	86	34	36
1824	86	88	45	45	41	36	46	43	18	17
1825	77	84	41	45	39	39	44	43	14	15
1826	86	86	64	64	57	54	63	61	21	23
1827	105	101	93	86	80	76	84	76	25	26
1828	121	117	94	87	80	75	84	79	23	30
1829	143	146	79	81	66	59	73	74	19	22,5
1830	133	132	87	84	71	69	81	75	24	27
1831	186	187	133	139	106	100	117	114	33	41,5
1832	130	145	105	107	94	87	100	90	26	27
1833	105	107	71	76	58	49	70	64	16	18
1834	104	99	73	75	62	51	77	66	21	20
1835	111	103	81	83	77	66	85	74	30	28
1836	95	90	58	59	59	52	64	59	23	23
1837	106	105	68	70	59	54	67	61	22,5	23
1838	142	149	98	97	77	69	90	88	24	23
1839	161	156	91	81	79	64	84	76	20	20
1840	156	157	94	89	82	69	101	93	24	25
1841	150	143	93	91	78	66	89	96	23	25
1842	167	160	97	98	80	73	90	85	26	26
1843	127	122	101	102	90	87	95	93	31	35
1844	124	117	80	82	70	66	72	69	21	21
1845	140	128	108	102	95	88	103	98	27	28
1846	198	187	165	154	145	134	140	134	38,5	36
1847	250	234	210	197	182	181	156	158	56	56
1848	137	129	93	78	84	84	83	78	31	29
1849	145	146	73	71	62	67	69	64	20	22
1850	133	130	82	81	69	74	78	74	23	28

[1] Brodnicki l. c. S. 26ff.

Fortsetzung von Tabelle 21.

	Weizen		Roggen		Gerste		Hafer		Kartoffeln	
	Prov.	Stadt	Prov.	Stadt	Prov.	Stadt	Prov.	Stadt	Prov.	Stadt
	Posen		Posen		Posen		Posen		Posen	
1851	143	137	112	113	97	95	111	103	30,5	33
1852	163	155	149	143	127	127	129	131	41	41
1853	190	190	156	157	137	146	142	145	36,5	36
1854	243	231	196	186	168	155	166	155	55	53
1855	284	263	223	205	181	158	173	159	68	66
1856	277	236	207	198	175	162	175	165	60,5	63
1857	194	178	114	115	116	121	120	118	31	32
1858	180	166	115	110	114	118	135	125	32	33
1859	175	147	123	120	119	124	129	179	32	32
1860	188	190	139	136	127	136	115	110	34	31
1861	197	194	136	132	121	120	109	102	35	33
1862	195	188	135	136	111	112	110	109	28	29
1863	169	163	119	117	104	104	112	107	29	27,5
1864	143	137	96	95	95	95	106	100	31	27
1865	149	145	113	114	99	98	110	105	27	24,5
1866	184	166	133	132	119	124	120	116	28	24
1867	243	233	189	187	159	167	159	159	43	41
1868	237	228	184	181	164	172	166	162	39	38
1869	185	174	148	146	144	149	147	139	31	28
1870	191	181	140	136	128	131	128	119	34	34
1871	217	207	154	150	137	140	138	134	42	41
1872	234	228	162	162	138	143	134	139	42	43,5
1873	254	246	182	179	160	162	152	155	45	42,5
1874	230	226	186	181	184	190	188	187	55	50,5
1875	186	178	156	154	148	142	170	167	43	37
1876	197	188	162	157	146	142	168	164	32,5	29
1877	218	211	160	158	149	146	145	147	37	41
1878	190	182	125	124	135	137	123	128	33,5	33
1879	186	184	133	132	128	128	124	132	40	40
1880	212	210	184	184	152	150	151	160	45	40
1881	213	210	191	189	153	151	152	159	44	40
1882	199	194	146	145	136	135	132	141	35	35
1883	178	165	138	136	130	125	126	132	49	42
1884	174	169	138	136	137	136	140	139	42	33
1885	155	155	129	129	128	126	134	139	33	29
1886	150	150	122	123	118	117	123	128	27	22
1887	157	156	112	113	106	106	99	105	31,5	29
1888	166	165	121	120	112	112	114	118	40	38
1889	176	177	147	147	136	133	142	144	36	34
1890	187	183	164	161	154	147	151	149	38,5	35,5
1816—20	175	164	114	113	91	92	100	100	30	32
1821—30	113	111	75	72	64	58	70	66	22	24
1831—40	131	130	87	87	75	66	86	79	24	25
1841—50	157	149	110	106	96	92	97	94	30	30,5
1851—60	204	189	154	149	136	134	140	139	32	42
1861—70	189	182	139	138	125	127	127	122	32,5	30,5
1871—80	212	206	160	158	148	148	194	151	41,5	40
1881—90	175	172	141	140	131	129	131	135	38	34

Tabelle 22.

Der Viehbestand in der Provinz Posen 1816—1867.[1]

Jahr	Pferde				Rindvieh					Schafe				Ziegenböcke und Ziegen	Schweine	Esel und Maultiere
	Füllen	unter 10 Jahren	über 10 Jahre	Summa	Stiere	Ochsen	Kühe	Jungvieh	Summa	ganz veredelt	halb veredelt	Landschafe	Summa			
1816	8657	66082		74739	3276	84710	119621	65112	272729	32146	127219	636749	796114	521	127092	—
1822	13646	78066		91712	4159	93378	139589	75905	313031	66085	316134	724114	1106333	1166	150896	—
1831	16719	57448	41552	115719	4401	99693	183213	98154	385461	192412	776265	697543	1606220	2665	180900	—
1840	28431	75338	44472	148041	4686	108972	248785	144819	507262	498692	1410710	546009	2465411	4303	287563	590
1849	27899	85159	44883	157941	5416	96236	262006	144211	501869	699156	1444373	335249	2529278	13628	233010	851
1858	34849	80820	47214	162883	6458	89752	272218	149138	517566	738026	1193405	291460	2222891	15812	232913	952
1867	39496	155787		195283	7048	64054	308418	120311	499831	1962613	—	959611	2922424	39011	345688	1189

[1] Meitzen l. c. Bd. IV. S. 214.

Tabelle 23.

Die Ankaufsstatistik der Ansiedlungskommission 1886—1906 (in abgerundeten Zahlen).[1]

			1886	1887	1888	1889	1890	1891	1892	1893	1894	1895	1896
Gesamtgröße der angekauften Güter	Rgbz. Posen	ha	1800	3 900	5200	3500	1600	5800	1500	4000	4500	2300	1600
	,, Bromberg	,,	5500	7 100	3700	700	4700	900	2500	2650	800	2600	1400
	Provinz Posen	,,	7300	11 000	8900	4200	6300	6700	4100	6650	5300	4900	3000
Gesamt-Grundsteuerreinertrag der angekauften Güter	Rgbz. Posen	Mark in Tausenden	20	55	37	32	18	55	8	38,5	48,5	23	19
	,, Bromberg		45	36	32	5	41	36	23	23	4	20	11
	Provinz Posen		65	91	69	38	53	61	31	61,5	52,5	43	30
Gesamtkaufpreis der angekauften Güter	Rgbz. Posen	Mark in Millionen	1,1	2,5	2,9	2,3	1,3	4,2	0,5	2,6	2,7	1,1	1,1
	,, Bromberg		3,3	4,4	2,3	0,5	3,3	0,7	1,8	1,7	1,4	1,6	0,9
	Provinz Posen		4,4	6,9	5,2	2,8	4,6	4,9	2,3	4,3	4,1	2,7	2,0
Durchschnittspreis für 1 ha der angekauften Güter	Rgbz. Posen	Mark	640	650	560	650	820	710	430	640	590	490	710
	,, Bromberg	,,	570	610	580	670	670	750	750	580	510	580	620
Durchschnittspreis für 1 M. Grundsteuerreinertrag d. angekauften Güter	Rgbz. Posen	,,	55	72	82,5	70	68	76,5	72	68	55	52	62
	,, Bromberg	,,	71	77	67,5	83	75	100	77	65	72	73	78
Durchschnittsgröße der angekauften Güter	Rgbz. Posen	ha	550	540	640	830	460	420	1330	640	730	725	750
	,, Bromberg	,,	490	510	520	325	780	880	585	650	680	430	460

Fortsetzung von Tabelle 23.

			1897	1898	1899	1900	1901	1902	1903	1904	1905	1906
Gesamtgröße der angekauften Güter	Rgbz. Posen	ha	1100	3400	2 100	8 500	4500	6 300	15 700	8 800	10 900	4 300
	„ Bromberg	„	2450	4900	1 120	3 800	4100	5 600	13 800	9 400	12 200	15 300
	Provinz Posen	„	3550	8300	13 600	12 300	8600	11 900	29 500	18 200	23 100	19 600
Gesamt-Grundsteuerreinertrag der angekauften Güter	Rgbz. Posen	Mark in Tausenden	12,5	34	24	71	43	54	144	69	100	37
	„ Bromberg		22	47	113	47	43	43	146	96	116	153
	Provinz Posen		34,5	81	137	118	86	98	290	165	216	190
Gesamtkaufpreis der angekauften Güter	Rgbz. Posen	Mark in Millionen	0,7	2,7	1,8	6,3	4,0	6,5	15,6	9,7	14,6	5,4
	„ Bromberg		1,9	3,9	9,1	3,6	3,4	3,9	13,9	10,4	13,4	25,5
	Provinz Posen		2,6	6,6	10,9	9,9	7,4	10,4	29,5	20,1	28,0	30,9
Durchschnittspreis für 1 ha der angekauften Güter	Rgbz. Posen	Mark	790	835	940	750	880	1040	1000	1120	1330	1270
	„ Bromberg	„	790	760	770	900	830	720	1020	1090	1100	1460
Durchschnittspreis für 1 M. Grundsteuerreinertrag d. angekauften Güter	Rgbz. Posen	„	67	86	79	93	97	122	119	143,5	176,5	145
	„ Bromberg	„	87	78	80	72	78	93	955	108	114	147
Durchschnittsgröße der angekauften Güter	Rgbz. Posen	ha	325	650	390	640	880	520	740	530	460	340
	„ Bromberg	„	465	490	775	430	420	780	460	430	410	370

[1] Außerdem kaufte die Ansiedlungskommission in den Jahren 1886—1906 im Regierungsbezirk Posen 166 Bauernwirtschaften mit einer Gesamtgröße von 6690 ha und im Regierungsbezirk Bromberg 182 Bauernwirtschaften mit 10416 ha Gesamtgröße. (Zwanzig Jahre deutscher Kulturarbeit l. c. S. 3600ff.)

Tabelle 24.

Die Besiedelung der Ansiedlungskommission in verschiedenen Kreisen.[1]

	Kreis	Gesamtfläche des Kreises ha	Von der Kreisfläche hatte die Ansiedlungskommission gekauft: bis Ende 1890		1895		1900		1905	
			ha	%	ha	%	ha	%	ha	%
stark besiedelt	Gnesen	56164	4249	7,6	6981	12,4	9251	16,5	16410	29,2
stark besiedelt	Znin	74127	4711	6,4	9633	13,0	12423	16,8	16305	20,0
stark besiedelt	Wreschen	56108	2981	5,3	5130	9,1	6125	10,9	10654	19,0
stark besiedelt	Mogilno	73328	3473	4,7	3473	4,7	5806	7,9	12006	16,4
stark besiedelt	Wongrowitz	103691	3748	3,6	4452	4,3	13494	13,0	19445	18,8
schwach besiedelt	Rawitsch	49540	836	1,7	837	1,7	1423	2,9	3240	6,5
schwach besiedelt	Gostyn	60026	—	—	—	—	660	1,1	2408	4,0
schwach besiedelt	Krotoschin	50137	—	—	—	—	841	1,7	2531	5,0
schwach besiedelt	Kosten	60690	—	—	756	1,3	1021	1,7	2587	4,3
schwach besiedelt	Grätz	42676	24	0,1	24	0,1	24	0,1	361	0,6
Regierungsbezirk	Posen	1750889	15794	0,9	33378	1,9	55375	4,8	100300	5,7
„	Bromberg	1144885	21901	1,9	31084	2,7	49963	3,9	107045	9,4

[1] Zwanzig Jahre deutscher Kulturarbeit l. c. S. 3640ff.

Tabelle 25.

Die Verteilung der Größenklassen der Ansiedlerstellen.[1]

		0—1 ha	1—2 ha	2—3 ha	3—5 ha	5—10 ha	10—15 ha	15—20 ha	20—25 ha	25—50 ha	50—120 ha	über 120 ha
1886–1900	Prozent der Gesamtzahl	3,4	3,6	4,1	5,1	17,6	23,6	20,9	10,7	9,4	1,4	0,2
	„ „ Fläche	0,12	0,34	0,66	1,33	8,91	19,56	23,67	15,76	19,81	6,49	3,55
	Durchschnittsgröße in ha	1,02		3,32		7,75	14,73		26,90		68,89	213,57
1901–1906 (exkl.)	Prozent der Gesamtzahl	4,0	4,2	3,2	3,6	14,9	32,0	27,7	6,9	3,1	0,3	0,1
	„ „ Fläche	0,18	0,44	0,61	1,11	9,00	36,30	35,53	11,42	7,26	1,8	1,57
	Durchschnittsgröße in ha	0,99		3,34		7,99	14,80		24,68		69,01	317,41
1906	Prozent der Gesamtzahl	6,6	3,2	3,0	2,0	10,5	30,9	34,7	5,9	2,7	0,1	0,4
	„ „ Fläche	0,29	0,28	0,53	0,53	6,11	28,32	40,63	9,18	5,72	0,54	7,89
	Durchschnittsgröße in ha	0,84		3,08		8,39	15,14		24,89		68,14	283,82
1907	Prozent der Gesamtzahl	3,4	5,8	3,3	2,7	11,4	33,5	29,2	6,4	2,5	0,5	1,3
	„ „ Fläche	0,15	0,49	0,49	0,61	5,49	26,00	29,25	8,42	4,55	2,01	22,54
	Durchschnittsgröße in ha	1,16		3,05		8,02	14,78		24,52		71,32	290,57

[1] Zwanzig Jahre deutscher Kulturarbeit l. c. S. 3660 ff.

Tabelle 26.

Durchschnittszahlen für die der Kommission von den Ansiedlern gezahlten Renten.

	1886	1887	1888	1889	1890	1891	1892
Rente für 1 ha = M.	15,0	13,5	15,0	17,5	16,5	19,95	16,5
Rente für 1 M. Grundsteuerreinertrag	1,8	1,675	1,6	1,985	2,0	20,95	1,875

	1893	1894	1895	1896	1897	1898	1899
Rente für 1 ha = M.	16,25	16,0	17,0	18,25	21,25	22,0	24,25
Rente für 1 M. Grundsteuerreinertrag	1,9	2,125	1,85	2,05	2,3	2,25	2,2

	1900	1901	1902	1903	1904	1905
Rente für 1 ha = M.	20,0	22,5	25,0	28,0	28,75	30,25
Rente für 1 M. Grundsteuerreinertrag	2,3	2,275	2,45	2,75	2,75	3,1[1]

Tabelle 27.

Der Ursprung der von der Ansiedlungskommission in den Jahren 1886—1906 angesiedelten Bauern.[2]

Landesteil	Lieferte $^0/_0$ der gesamten Ansiedlerzahl
Provinz Posen	13,9
„ Westpreußen	10,5
„ Ostpreußen	0,6
„ Brandenburg	6,5
„ Pommern	6,1
„ Schlesien	3,2
„ Sachsen	8,3
„ Schleswig-Holstein	0,3
„ Hannover	4,7
„ Westfalen	9,6
„ Hessen-Nassau	0,9
„ Rheinprovinz	1,0
die übrigen Teile Deutschlands . . .	14,0
das Ausland (besonders Rußland) . .	20,4

[1] Diese Ziffern beziehen sich auf das gesamte Ansiedlungsgebiet. Vergl. Zwanzig Jahre deutscher Kulturarbeit l. c. S. 3600ff.
[2] Vergl. Zwanzig Jahre deutscher Kulturarbeit l. c. S. 3644.

Tabelle 28.

Die von der Rentenbank ausgelegten Rentengüter.[1]

Jahr	Regierungs-bezirk	Zahl der ausgelegten Rentengüter							Gesamtgröße der Rentengüter
		a unter $2^1/_2$ ha	b $2^1/_2$—5 ha	c 5—$7^1/_2$ ha	d $7^1/_2$—10 ha	e 10—25 ha	f über 25 ha	Summa a—f	
1894	Bromberg	5	22	38	20	154	49	288	5176
	Posen	4	42	40	22	33	10	151	1150
1895	Bromberg	4	17	12	22	59	15	129	1737
	Posen	5	20	26	17	23	4	95	702
1896	Bromberg	5	19	28	14	49	9	124	1296
	Posen	3	4	11	6	16	6	46	538
1897	Bromberg	2	21	34	30	34	9	130	1258
	Posen	—	4	1	—	3	1	9	113
1898	Bromberg	—	2	2	6	7	1	18	202
	Posen	1	2	1	3	4	2	13	170
1899	Bromberg	—	3	—	1	1	—	5	37
	Posen	—	—	—	—	—	—	—	—
1900	Bromberg	—	—	—	—	—	—	—	—
	Posen	—	—	—	—	—	—	—	—
1901	Bromberg	—	—	—	—	7	1	8	161
	Posen	—	3	3	3	19	9	37	322
1902	Bromberg	—	—	—	—	1	—	1	21
	Posen	—	—	—	—	—	—	—	—
1903	Bromberg	—	—	—	—	—	—	—	—
	Posen	—	—	—	—	—	—	—	—
1904	Bromberg	—	—	—	—	—	—	—	—
	Posen	—	—	—	—	—	—	—	—
1905	Bromberg	—	1	—	—	2	—	3	31
	Posen	—	—	—	—	—	—	—	—
1906	Bromberg	—	—	—	—	2	2	4	167
	Posen	7	—	—	—	2	1	10	58
1907	Bromberg	—	2	12	2	3	2	21	153
	Posen	136	6	—	—	2	1	145	156
1908	Bromberg	10	—	1	—	—	—	11	14
	Posen	188	6	2	—	2	—	198	168
1909	Bromberg	23	—	—	—	—	2	25	245
	Posen	152	8	4	—	1	1	166	184

[1] Nach Zusammenstellungen der Resultate über die nach dem Gesetz vom 7. Juli 1891 durch die Generalkommissionen erfolgten Rentengutsgründungen. (Herausgegeben vom Ministerium für Landwirtschaft, Forsten und Domänen.)

Tabelle 29.

Die in den einzelnen Jahren von der „Bank Ziemski“ aufgeteilten Flächen.[1]

Im Jahr	1888	1889	1890	1891	1892	1893	1894	1895	1896	1897	1898	1899	1900	1901	1902	1903	1904	1905
Hektar	412	1174	2001	2094	2492	1710	1215	1064	2492	—	—	—	2297	932	919	—	1429	957

[1] Bernhard l. c. S. 555ff.

Tabelle 30a.

Die landwirtschaftliche Besitzverteilung im Jahre 1882.[1]

	Anzahl der Betriebe in der Größenklasse von				Landwirtschaftliche Fläche der Betriebe in den Größenklassen von			
	unter 1 ha	1—10 ha	10—100 ha	100 ha und darüber	unter 1 ha	1—10 ha	10—100 ha	100 ha und darüber
Rgbz. Posen	48 482	36 910	19 814	1519	16 794	159 889	393 941	675 027
„ Bromberg . .	30 963	16 638	10 254	1205	10 814	62 418	270 225	458 882
Provinz Posen . . .	79 445	53 548	30 068	2724	27 606	222 307	664 166	1 133 909

[1] Statistik des Deutschen Reiches; Landwirtschaftliche Betriebszählung, 1882.

Tabelle 30b.

Die landwirtschaftliche Besitzverteilung in den Jahren 1895 und 1907.[1]

Regierungs-bezirk	Jahr	Anzahl der Betriebe in den Größenklassen von					Gesamtfläche der landwirtschaftlichen Betriebe in den Größenklassen				
		unter 1 ha	1—10 ha	10—50 ha	50—100 ha	100 ha und darüber	unter 1 ha	1—10 ha	10—50 ha	50—100 ha	100 ha und darüber
Posen	1895	67 781	42 605	20 560	679	1 455	24 563,6	194 477	426 953	63 831	870 336
				21 239					490 784		
	1907	59 804	48 092	22 557	559	1 331	21 373,9	235 746	504 237	62 953	746 455
				23 116					567 130		
Bromberg	1895	40 816	19 222	10 751	990	1 170	15 275,3	87 382	274 395	86 569	559 274
				11 741					360 964		
	1907	35 125	21 202	14 341	967	974	13 045,1	116 131	344 572	82 056	428 909
				15 308					426 628		
Provinz Posen	1895	108 597	61 827	31 311	1669	2 605	39 838,9	281 859	701 348	150 400	1 429 610
				32 980					851 748		
	1907	94 929	69 294	36 898	1526	2 305	34 419	351 877	848 809	145 009	1 175 364
				38 424					993 818		

[1] Zusammengestellt nach den landwirtschaftlichen Betriebszählungen von 1895 und 1907.

Tabelle

Die Entwicklung der Bodenpreise von

Größenklasse

Zeit	Güter der Kreise mit vorwiegend											
	leichtem Boden				mittlerem Boden				schwerem Boden			
	Zahl	Areal ha	Preise Mark	Altenteil	Zahl	Areal ha	Preise Mark	Altenteil	Zahl	Areal ha	Preise Mark	Altenteil
Kaufpreise 1821—40	—	—	—	—	—	—	—	—	2	27,6	3125	1
1840—50	5	102,51	16200	—	5	88,98	12990	—	10	190,2	33855	—
1850—60	11	220,2	63706	—	32	451,3	110862	1	20	326,8	73146	6
1860—70	56	811,2	398453	2	84	1361,5	520136	5	72	1081,3	444214	9
1870—75	41	631,2	315045	—	68	1131,2	552536	2	84	1339,4	696240	7
1875—80	58	846,3	439192	1	99	1691,6	928081	3	100	1620,9	921696	6
1880—85	99	1731,6	1014744	7	142	2515,8	1508314	7	127	2170,1	1628463	4
1885—90	71	1395,7	883316	1	140	2541,7	1642269	5	115	2005,4	1369568	3
1890—94	64	1315,5	961683	3	106	1987,1	1490044	3	97	1645,6	1328499	2
Erbfallpreise 1811—30	—	—	—	—	1	29,7	6842	—	—	—	—	—
1830—40	1	25,8	2246	—	3	69,0	8508	—	1	15,3	1053	—
1840—50	13	259,7	29461	2	15	313,9	32806	2	12	197,6	65592	3
1850—60	45	932,2	178293	8	58	1158,3	199617	8	51	943,2	178802	14
1860—70	76	1549,4	448732	13	126	2374,0	644217	21	106	1952,5	558078	34
1870—75	47	944,9	343566	7	65	1225,5	396781	10	66	1952,9	495198	19
1875—80	48	904,3	298933	8	54	1096,1	441241	8	53	991,3	467920	7
1880—85	51	1057,2	519425	12	63	1270,2	626950	6	58	1021,9	475139	11
1885—90	46	1031,0	567085	10	62	1262,1	733826	6	54	1019,7	714879	7
1890—94	48	977,2	612440	6	54	1944,4	738407	3	41	765,4	537964	4
Subhasta-Preise 1851—60	2	19,9	1380	—	—	—	—	—	4	61,3	10837	—
1860—70	1	8,9	6222	—	3	77,9	19875	—	4	41,3	19221	1
1870—75	4	52,7	19668	—	7	155,2	74955	—	4	59,1	35330	1
1875—80	7	155,7	86754	—	12	226,2	100690	—	8	128,5	47760	—
1880—85	2	31,1	23351	—	10	179,3	79351	—	13	154,2	117076	1
1885—90	3	51,4	35955	—	12	203,4	116490	—	5	94,6	50805	—
1890—94	1	12,5	9600	—	7	139,2	75859	1	7	141,7	82540	—

[1] Sarrazin l. c. S. 23ff.

31a.

Bauerngütern in den Jahren 1821—1894.[1]

0—30 ha.

Überhaupt				Preis pro ha in Mark				Steigerung (1861—1870 = 100)			
Zahl	Areal ha	Preise Mark	Altenteil	Leichter Boden	Mittlerer Boden	Schwerer Boden	Überhaupt	Leichter Boden	Mittlerer Boden	Schwerer Boden	Überhaupt
2	27,6	3125	1	—	—	113,1	113,1	—	—	25	25
20	381,7	63045	—	158,0	145,9	177,9	165,2	31,5	36	40	38
63	998,3	247714	7	289,3	254,9	297,2	276,2	58	64	67	63
213	3253,9	1362803	16	501,1	396,7	444,1	438,5	100	106	100	100
193	3101,9	1563821	9	499,1	495,5	540,7	515,8	99,5	125	121	117
257	4158,9	2285969	10	523,6	555,7	716,7	560,0	104,5	140	161	127
367	6417,4	3851521	18	602,2	610,3	629,6	611,4	120	153	141	139
326	5942,9	3895153	9	635,7	653,9	688,9	661,5	127	164	155	150
267	4048,3	3780226	8	740,1	755,9	812,1	770,4	148	190	182	175
1	29,7	6842	—	—	—	—	230,6	—	—	—	70
5	110,1	11807	—	88,1	123,3	(68,7)	107,2	22	40	(19)	32
40	771,2	127259	7	140,4	128,1	392,6	201,3	36	41	110	61
154	3033,8	556712	30	225,6	199,9	248,9	223,1	58	65	70	68
308	5875,9	1651027	68	387,7	306,7	355,5	327,3	100	100	100	100
178	3439,2	1235545	36	393,2	356,4	450,2	401,1	101	116	126	122
155	2991,7	1208094	23	365,9	431,7	500,3	434,6	94	140	140	132
172	3349,3	1621514	29	536,7	512,5	508,0	518,8	138	167	142	158
162	3312,8	2015790	23	588,8	600,5	730,0	636,3	151	195	205	194
143	2787,0	1888810	13	651,3	718,5	723,7	696,4	168	234	203	201
6	81,22	12217	—	69,17	—	176,9	150,4				
8	128,0	45318	1	?	255,3	562,9	285,3				
15	267,0	129953	1	373,3	482,9	665,0	501,6				
27	510,3	235204	—	557,1	445,2	371,7	460,9				
25	364,6	219778	1	751,8	442,6	785,2	613,8				
20	349,4	203250	—	699,9	572,7	536,9	581,7				
15	293,6	178099	1	859,5	563,5	653,6	620,9				

Tabelle

Die Entwicklung der Bodenpreise von

Größenklasse

Zeit	Güter der Kreise mit vorwiegend											
	leichtem Boden				mittlerem Boden				schwerem Boden			
	Zahl	Areal ha	Preise Mark	Altenteil	Zahl	Areal ha	Preise Mark	Altenteil	Zahl	Areal ha	Preise Mark	Altenteil
Kaufpreise												
1820—30	—	—	—	—	2	89,3	2201	—	—	—	—	—
1830—40	2	92,3	14925	—	—	—	—	—	1	36,2	4200	—
1840—50	4	154,1	35250	—	3	127,4	9854	—	6	208,1	59200	1
1850—60	12	468,9	133801	1	5	212,1	70165	—	13	504,6	170250	1
1860—70	13	517,1	177903	—	29	1147,9	42663	1	21	848,4	339771	3
1870—75	11	426,5	201000	—	14	558,5	250666	1	14	559,6	255585	2
1875—80	15	576,6	288150	2	91	1212,7	664878	2	22	847,9	406840	2
1880—85	31	1227,6	738586	3	33	1276,6	720829	3	15	553,8	320562	—
1885—90	37	1367,2	806489	—	43	1589,3	1079929	1	21	806.5	585972	—
1890—94	27	949,1	628174	—	33	1260,8	890773	—	21	785,7	549395	3
Erbfallpreise												
1830—40	—	—	—	—	2	80,9	100003	—	2	80,8	4979	—
1840—50	6	257,3	20603	—	5	202,3	13045	—	7	269,5	40999	—
1850—60	14	491,2	99740	1	32	1180,8	221320	10	14	523,2	84763	1
1860—70	33	1245,4	253512	6	54	2050,3	528567	11	27	978,2	262108	7
1870—75	11	430,0	135800	2	19	733,9	230624	4	16	642,9	288902	1
1875—80	16	617,6	213484	7	34	1307,1	524143	17	13	488,5	234100	1
1880—85	17	632,1	235325	4	45	1687,9	926008	4	11	389,4	174238	1
1885—90	18	660,8	337512	3	41	1505,3	772511	6	21	789,4	401666	3
1890—94	15	545,7	306046	3	29	1087,8	640857	3	15	556,7	283913	2
Subhasta-Preise												
1860—70	4	149,9	43671	—	4	137,3	37431	—	1	47,4	26265	—
1870—75	2	80,9	26771	—	2	80,1	22000	—	3	231,2	13000	—
1875—80	2	86,0	32506	—	4	150,1	65475	—	5	192,0	76100	—
1880—85	3	110,21	47205	—	3	104,5	45590	—	3	123,1	69000	—
1885—90	—	—	—	—	6	245,1	130520	—	1	33,3	15610	—
1890—94	—	—	—	—	1	41,0	13200	—	3	109,1	27575	—

31 b.

Bauerngütern in den Jahren 1821—1894.

30—50 ha.

Überhaupt				Preise pro ha in Mark				Steigerung (1860—1870 = 100)			
Zahl	Areal ha	Preise Mark	Altenteil	Leichter Boden	Mittlerer Boden	Schwerer Boden	Überhaupt	Leichter Boden	Mittlerer Boden	Schwerer Boden	Überhaupt
2	89,3	2201	—	—	24,6	—	24,6	—	6	—	6
3	328,5	10115	—	161,7	—	115,9	148,8	47	—	27	38
12	489,6	104304	1	228,8	77,3	313,9	225,3	67	20	74	58
30	1185,5	374216	2	298,2	330,8	349,3	325,8	87	87	83	84
63	2513,4	943251	4	342,3	376,9	421,7	384,3	100	100	100	100
39	1544,6	707251	3	471,3	459,5	478,2	469,5	138	122	113	122
68	2637,2	1359868	6	520,6	558,2	494,2	529,3	152	148	117	137
79	3057,0	1779977	6	616,3	578,8	578,8	593,9	180	153	137	154
101	3762,9	2472390	1	589,9	683,3	726,5	658,6	172	181	172	171
31	3005,7	2068342	3	631,8	706,5	712,9	694,1	193	187	169	180
4	161,7	14982	—	—	—	61,7	92,7	—	42	20	33
18	729,1	74647	—	80,1	123,7	152,1	102,4	34	22	50	36
60	2195,9	405732	12	214,8	64,5	277,6	217,5	96	82	89	78
114	4271,9	1044188	24	234,8	238,2	310,9	278,4	100	100	100	100
46	1806,9	655326	7	343,7	289,9	758,7	385,9	147	119	147	138
63	2413,3	971727	25	413,7	347,1	491,5	464,8	177	162	158	167
73	2700,4	1336641	9	411,9	562,9	462,8	513,3	176	194	148	184
80	2955,4	1511689	12	538,2	538,0	531,7	535,8	231	196	171	192
59	2190,2	1230816	8	593,6	605,7	531,6	563,9	254	207	170	209
9	335,2	107367	—	291,2	271,6	553,8	320,3				
7	292,2	91557	—	328,3	274,6	327,8	313,4				
11	428,1	174078	—	377,9	436,1	396,3	406,6				
9	337,8	161795	—	428,3	436,1	560,4	479,1				
7	278,5	136230	—	—	532,5	468,3	524,8				
4	150,1	50775	—	—	565,4	252,7	338,2				

Tabelle 32.

Die Bodenpreise in Posen und Westpreußen in den Jahren 1882—1906.[1]

Zeitraum	Im allgemeinen Grundstücksverkehr bei einer Größe von ha					
	5—20			20—100		
	Preis Mark	+ oder — Mark	+ oder — %	Preis Mark	+ oder — Mark	+ oder — %
1882—1884	958	—	—	900	—	—
1885—1887	906	— 52	— 5,4	858	— 42	— 4,6
1888—1890	924	+ 18	+ 2,0	798	— 60	— 7
1891—1893	974	+ 50	+ 5,4	803	+ 5	+ 0,6
1894—1897	1060	+ 86	+ 8,8	847	+ 44	+ 5,5
1898—1900	1120	+ 60	+ 5,6	907	+ 60	+ 7,1
1901—1903	1249	+ 129	+ 11,5	1046	+ 139	+ 15,3
1904—1906	1359	+ 110	+ 8,8	1110	+ 64	+ 6,1

Zeitraum	Beim Landerwerb der Ansiedlungskommission bei einer Größe von ha					
	5—20			20—100		
	Preis Mark	+ oder — Mark	+ oder — %	Preis Mark	+ oder — Mark	+ oder — %
1886—1887	732	—	—	625	—	—
1888—1890	964	+ 232	+ 31,7	722	+ 97	+ 15,4
1891—1893	—	—	—	—	—	—
1894—1897	—	—	—	—	—	—
1898—1900	—	—	—	1163	+ 441	+ 61,0
1901—1903	1081	+ 117	+ 12,1	1348	+ 185	+ 15,9
1904—1906	1543	+ 462	+ 42.7	1448	+ 100	+ 5,4

[1] Zwanzig Jahre deutscher Kulturarbeit l. c. S. 3608.

Tabelle 33.

Die Arten der Vererbung des ländlichen Grundbesitzes in der Provinz Posen.[1]

Landes-gerichtsbezirk	Zahl der Fälle, in denen der Besitzübergang erfolgt ist auf Grund des Intestat-erbrechts	eines Testaments	eines Über-lassungsvertrages	Anzahl der Amtsgerichte
Ostrowo . . .	447	79	566	8
Lissa	83	29	128	2
Posen	334	79	757	9
Meseritz . . .	180	22	383	5
Schneidemühl	231	21	289	6
Gnesen . . .	402	43	491	5
Bromberg . .	649	111	661	7
In der Provinz	2326 oder 39%	384 oder 6%	3275 oder 55%	

[1] Großmann, Die Vererbung des bäuerlichen Besitzes, l. c. S. 40ff.

Tabelle 34.

Altenteile — Ausgedinge.

Typus I.[1]

1. Freie Wohnung: 2 Stuben, nebst den darüber befindlichen Bodenräumen.
2. Ein kleiner Stall.
3. In vierteljährlichen Raten im voraus, jährlich:
   a) 6 Ztr. gesunden guten Roggen.
   b) 1 „ gesunde gute Gerste.
   c) 1 „ gesunden guten Weizen.
   d) 1 „ gesunde gute Kocherbsen.
   e) 1 „ gesunden guten Buchweizen.
   f) 30 „ gesunde gute ausgelesene Eßkartoffeln nebst Lagerräumen für dieselben.
4. Eine „Eiserne Kuh"[2] bei freiem Sommer- und Winterfutter und unter dem Hirten des jedesmaligen Besitzers. Das Kalb gehört den Überlassern. Der Übernehmer hat ihnen während der Trächtigkeit der Kuh täglich 1 Liter süße Milch und wöchentlich 1 Pfund Butter zu liefern.
5. Zu jedem Neujahr ein fettes Schwein von 150 Pfund Gewicht.
6. Zu jedem Martini 2 fette Gänse von je 12 Pfund Gewicht.
7. Jährlich 5 Raummeter Birkenklobenholz, das auf jedesmaliges Verlangen des Ausgedingers frei angefahren und zerkleinert werden muß.
8. Vierteljährlich 6 Pfund Kochsalz.
9. Jährlich 30 Mark, auf Verlangen auszuzahlen.
10. Stroh für die Betten nach Bedarf.
11. Freie Pflege und Arznei in Krankheitsfällen.
12. Die erforderlichen Mühlen- und Arztfuhren, sowie monatlich eine Kirchenfuhre.
13. 6 Hackfurchen Kartoffelland, 30 Ruten lang, gut zubereitet und eingedüngt und mit Frühkartoffeln bepflanzt.
14. Die Benutzung eines kleinen Gartens.
15. Die Mitbenutzung des vorhandenen Brunnens, des Backofens usw., sowie das Recht freier Bewegung auf dem ganzen Grundstücke.
16. Das Recht, zwei Hühner und zwei Ferkel zu halten, für letzteres Gelaß und Streustroh.
17. Standesgemäßes Begräbnis. Im Falle des Todes eines Ausgedingers hat der Überlebende das ganze Ausgedinge weiter zu fordern.

Typus II.[3]

1. Freie Wohnung oder bar 45 Mark.
2. Heizung oder bar 30 Mark.
3. Unterhalt oder bar 1 Mark täglich.
4. Wäsche.
5. Kleidung.
6. Wasserentnahme.
7. Fuhre nach Arzt und Kirche.
8. Halten von Hühnern.
9. Täglich mehrere Liter Milch oder Halten einer Kuh mit Zuzucht.
10. Standesgemäßes Begräbnis.

---

[1] Akten des Ritterguts Pomarzanowice (Kreis Posen-Ost). Die Wirtschaft, auf die sich dieses Ausgedinge bezieht, war 60 Morgen groß.

[2] Üblicher Ausdruck für dauernd zu haltende Kuh.

[3] Großmann l. c. S. 40ff.

Tabelle 35.

Die Lokalvereine des landwirtschaftlichen Hauptvereins der Kreise Kosten, Schmiegel, Fraustadt, Lissa, Rawitsch und Gostyn.[1]

Gründungsjahr	Sitz des Lokalvereins	Mitgliederzahl im Jahre 1905
1876	Fraustadt	145
1879	Lissa	42
1880	Rawitsch	165
1881	Schmiegel	54
1884	Bojanowo	59
1886	Schlichtingsheim	99
1890	Kriewen	30
1890	Jutroschin	—
1894	Feuerstein	38
1894	Kursdorf	104
1896	Punitz	69
1898	Kosten	60
1904	Miaskowo	36

Tabelle 36.

Die landwirtschaftlichen Vereine des Regierungsbezirks Bromberg vor der Gründung des landwirtschaftlichen Zentralvereins für den Netzedistrikt im Jahre 1852.[2]

Name des Vereins	Gründungsjahr
Bromberger landwirtschaftl. Verein	1845
„ Verschönerungs- „	1832
Chodziesener landwirtschaftl. „	1845
Czarnikauer „ „	1851
Flatower „ „	1846
Inowrazlawer „ „	1844
Schlochauer „ „	1851
Wirsitzer „ „	1844
Wongrowitzer „ „	1852

Tabelle 37.

Die Zweig- und Kreisvereine des landwirtschaftlichen Hauptvereins für den Rgbz. Posen im Jahre 1867.[3]

Sitz des Vereins	Gründungsjahr
Birnbaum	1843
Krotoschin	1851
Meseritz	1829
Obornik	1851
Posen	1838
Bomst	1851
Wreschen	—

Tabelle 38.

Die Entwicklung des landwirtschaftlichen Provinzialvereins zu Posen.[4]

Jahr	Anzahl der Zweigvereine	Anzahl der Mitglieder
1878	38	2100
1880	43	2505
1882	58	3059
1884	68	3796
1886	71	3850
1888	82	4323
1890	85	5622

[1] Zusammengestellt nach Peters l. c. S. 6.

[2] Jahresbericht des landwirtschaftlichen Provinzialvereins, Jahrg. 1876.

[3] Vergl. Brodnicki l. c. S. 83—84.

[4] Zusammengestellt nach den Jahresberichten des landwirtschaftlichen Provinzialvereins für Posen, Jahrg. 1878 u. ff.

Tabelle 39a.

Die landwirtschaftlichen und „zweckverwandten" Vereine, die an die Posener Landwirtschaftskammer angeschlossen sind.[1]

Jahr	Zahl		Mitgliederzahl
1897	110	Landwirtschaftliche Vereine	7416
1898	115	„ „	7830
1899	118	„ „	8000
1900	122	„ „	8309
1897	69	Zweckverwandte Vereine	2186
1898	63	„ „	2170
1899	63	„ „	2200
1900	63	„ „	2200

Tabelle 39b.

Die Namen und Mitgliederzahlen der einzelnen „zweckverwandten" Vereine.[2]

Hopfenbau-Verein zu Neutomischel	zählt 92	Mitglieder
Gartenbauverein in Lissa i. P.	„ 78	„
Verein zur Förderung des Obstbaues im Kreise Strelno	„ 120	„
Garten- und Obstbauverein zu Bromberg	„ 60	„
Garten- und Obstbauverein für Stadt und Kreis Hohensalza	„ 60	„
Obst-Gartenbau- und Bienenzüchterverein Krotoschin	„ 52	„
Verband der Kaltblutzüchter für die Provinz Posen	„ 325	„
Simmenthaler Herdbuchgesellschaft für die Provinz Posen in Posen	„ 10	„
Oldenburger Herdbuchgesellschaft für die Provinz Posen in Posen	„ 18	„
Holländer Herdbuchgesellschaft für die Provinz Posen in Posen	„ 15	„
Netzthaler Herdbuchverein Filehne	„ 65	„
Herdbuchgesellschaft in Schwerin a. d. W.	„ 89	„
Milchkontrollverein Storchnest	„ 11	„
„ Czempin	„ 11	„
„ Schroda	„ 12	„
„ Kosten	„ 11	„
„ Krotoschin	„ 10	„
Verband der Geflügelzüchter und Vogelschutzvereine der Provinz Posen mit folgenden Geflügelzuchtvereinen:		
a) Ornithologischer Verein zu Posen	„ 100	„
b) Verein f. Geflügelzucht u. Vogelschutz zu Bromberg	„ 66	„
c) Verein f. Geflügelschutz u. Vogelschutz zu Gnesen	„ 48	„
d) Verein für Nutzgeflügelzucht in Fraustadt	„ 68	„
e) Geflügel- und Kaninchenzuchtverein zu Lissa	„ 95	„
f) Geflügel- und Vogelschutzverein zu Rawitsch	„ 32	„
g) Nutzgeflügelzucht- und Tierschutzverein zu Krotoschin	„ 40	„
h) Verein für Geflügelzucht und Vogelschutz in Bojanowo	„ 52	„
i) Geflügelzucht- und Tierschutzverein für Czarnikau und Umgegend	„ 45	„
k) Geflügelzuchtverein in Schneidemühl	„ 30	„
l) Bienenwirtschaftlicher Provinzialverein für die Provinz Posen	„ 1682	„

[1] Jahresberichte der Posener Landwirtschaftskammer 1897—1900.
[2] Jahresberichte der Posener Landwirtschaftskammer 1898—1909.

Tabelle 40.

Die Entwicklung des polnischen landwirtschaftlichen Zentralvereins nach der Mitgliederzahl der Filialvereine.[1]

Name des Filialvereins	1865	1875	1885	1898	1905	1910	
Tow. roln. Gostyńskie (Ver. zu Gostyn)	160	121	123	100	90	80	Mtgl.
Tow. roln. Inowrocławsko-Strzelińskie (Ver. Hohensalza-Strelno)	71	54	65	85	72	94	„
Tow. roln. Kępińsko-Ostrzeszowskie (Ver. Kempen-Schildberg)	25	44	43	25	29	38	„
Tow. roln. Kłecko-Kiszkowskie (Ver. Kletzko-Welnau)	—	—	—	46	52	25	„
Tow. roln. Koźmińskie (Ver. Koschmin)	—	27	12	18	—	—	„
Tow. roln. Mogileńskie (Ver. Mogilno)	61	56	37	52	37	27	„
Tow. roln. Pleszewsko-Odolanowskie (Ver. Pleschen-Adelnau)	101	130	73	44	48	68	„
Tow. roln. Poznańsko-Szamotulskie (Ver. Posen-Samter)	126	75	81	101	106	137	„
Tow. roln. Powiatów Natnoteckich (Ver. der Netzekreise)	—	—	—	—	—	40	„
Tow.roln.Sredzko-Gnieźnieńsko Wrzesińskie (Ver. Schroda-Gnesen-Wreschen)	110	81	110	70	85	85	„
Tow. roln. Wągrowieckie (Ver. Wongrowitz)	65	56	53	44	38	36	„
Tow. roln. Znińsko-Szubińskie (Ver. Znin-Schubin)	—	55	75	41	61	41	„
Tow. roln. Grodzisko-Nowotomysko-Babimojskie (Ver. Grätz-Neutomischel-Bomst)	—	—	—	—	31	37	„
Tow. roln. Sremskie (Ver. Schrimm)	—	—	—	—	—	38	„
Tow. roln. Bydgowskie (Ver. Bromberg)	—	—	—	—	—	24	„
Der Zentral-Verein Centralne Tow. Gospodarcze w W. Ks. Poznańskiem	719	699	672	626	649	750	„

[1] Zusammengestellt nach Szołdrski l. c. S. 165 und den Jahresberichten des polnischen landwirtschaftlichen Zentralvereins 1899—1910.

Tabelle 41.[1]

Die Anzahl der polnischen Bauernvereine in den Jahren 1874—1911.

Jahr	1873	1874	1875	1876	1877	1878	1879	1880	1881	1882
Anzahl der Vereine	7	45	58	74	105	120	128	130	131	136

Jahr	1883	1884	1885	1886	1887	1888	1889	1890	1891	1892
Anzahl der Vereine	141	141	147	150	154	154	153	159	159	157

Jahr	1893	1894	1895	1896	1897	1898	1899	1900	1901	1902
Anzahl der Vereine	165	172	185	192	197	201	204	216	231	243

Jahr	1903	1904	1905	1906	1907	1908	1909	1910	1911
Anzahl der Vereine	264	277	288	302	318	335	351	356	373

Tabelle 42.

Die Genossenschaftsverbände im Jahre 1899.[2]

Verbände bezw. Zentralen	Kredit-	Bezug-	Molkerei-	sonstige	Summa
	Genossenschaften				
Verband der landw. Gen. f. d. Prov. Posen	204	10	36	24	274
Verband der Erwerbs- u. Wirtschaftsgen. f. d. Prov. Posen	75	1	—	7	83
Verband Schultze-Delitzsch	37	—	—	—	37
Neuwieder Verband (Raiffeisen)	97	5	4	—	106
Bund der Landwirte	1	2	1	30	34
Handwerker Central-Genossenschaft	17	—	—	—	17
Pleschener Verband	9	—	—	—	9
Zentral-Revisionsverband landw. Genossenschaften zu Berlin	1	—	—	—	1
Summe der Genossenschaftsverbände	441	18	41	61	561
keinem Verbande angeschlossen	11	—	15	13	39
Summe der Genossenschaften	452	18	56	74	600

[1] Zusammengestellt nach den Jahresberichten der „Kółka włościańskie“. 1874 bis 1911.

[2] Bericht der Landwirtschaftskammer 1899. S. 15.

Tabelle 43.

Die Entwicklung des Verbandes der landwirtschaftlichen Genossenschaften für die Provinz Posen.[1]

Jahr	Dem Verbande gehören an: Zentral-	Molkerei-	Absatz-	Kredit-	Verschiedene	Im Laufe des Jahres: Zugang	Abgang	Es bestanden mithin
	Genossenschaften							
1894	—	19	—	—	—	—	—	19
1895	2	24	3	98	—	108	—	127
1896	2	29	3	148	—	55	—	182
1897	2	32	6	203	12	74	12	243
1898	2	35	9	204	25	34	2	274
1899	—	36	10	204	24	—	—	274
1900	—	41	—	246	—	—	—	334

[1] Zusammengestellt nach den Berichten der Landwirtschaftskammer und denen des Verbandes der landwirtschaftlichen Genossenschaften der Provinz Posen (vgl. Szołdrski l. c. S. 170).

Tabelle 44.

Die Entwicklung der Bank Związku Spółek Zarobkowych zu Posen.[1]

Jahr	Anlagekapital	Reservefonds	Fremde Kapitalien	Wechsel und Anleihen	Effekten	Diskonto	Verwaltungskosten	Dividende
	Mark	Mark	Mark	Mark	Mark	Mark	Mark	%
1886	40000	557	92607	262674	39910	12269	1687	5
1891	500000	50080	1918066	3392849	1005789	237219	20649	6
1896	500000	154175	3358186	4085695	1707276	314080	31248	6
1901	1000000	262712	5650021	6227717	3088115	509181	47429	6
1906	3000000	522643	24427350	21429417	3839186	1731739	113982	6
1911	6000000	1500232	36251582	34623949	8778256	2462676	245306	6

[1] Jahresberichte der Bank Związku Spółek Zarobkowych 1886—1911.

Tabelle 45.

Die von der neuen Posener Landschaft bepfandbrieften Bauerngüter.[1]

Jahr	Die mit einem Taxwert unter 15000 Mark beliehenen kleinen Güter				Auf Güter unter 15000 Mark Taxwert kommen von der Gesamt-		
	Zahl	Fläche ha	Beleihungs-summe	Beleihung pro ha Mark	Zahl %	Fläche %	Beleihung %
1879	29	801	156500	195,2	1,6	0,09	0,07
1880	348	8337	1624300	194,8	16,1	0,9	0,7
1881	666	15685	3113000	198,5	24,4	1,6	1,3
1882	990	23014	4608600	200,2	31,8	2,3	1,8
1883	1221	28449	5696400	200,2	35,0	2,8	2,2
1884	1482	34269	6933100	202,3	38,4	3,3	2,7
1885	1758	39604	8132300	205,3	41,5	3,8	3,0
1886	1995	44704	9156700	204,8	43,7	4,2	3,3
1887	2262	50626	10401700	205,4	46,3	4,8	3,8
1888	2453	54433	11245500	206,5	46,8	4,9	3,9
1889	2679	59433	12185900	205,0	48,5	5,4	4,3
1890	2794	62911	12921100	205,3	48,8	5,8	4,6
1891	2950	65017	13339100	205,1	50,8	6,0	4,8
1892	3072	67669	13886600	205,2	51,2	6,2	5,0
1893	3195	70367	14445700	205,2	52,0	6,4	5,2
1894	3294	72277	14769200	204,3	52,3	6,6	5,3
1895	3266	72339	14753500	203,9	52,3	6,7	5,3
1896	3461	75369	15477700	205,3	53,0	6,9	5,6

[1] Sarrazin l. c. S. 64.

Tabelle 46.[1]

Die Verschuldung der Landgüter in der Provinz Posen nach den einzelnen Größenklassen.

Güter mit einem Grundsteuerreinertrag von Mark	Auf 100 Besitzungen sind									
	schuldenfrei	verschuldet zu ...% des Wertes der Besitzungen								
		bis zu 25%	26—50%	51—75%	76–100%	über 100%	50% und mehr	75% und mehr	75% und mehr	
	In der Provinz Posen								Im Regierungsbezirk Posen	Im Regierungsbezirk Bromberg
60—90	14,0	39,4	27,5	13,2	4,4	1,4	19,0	5,8	4,8	8,7
90—150	6,7	40,1	33,4	14,5	4,5	0,8	19,9	5,4	4,2	8,6
150—300	2,3	35,6	37,1	19,0	4,9	1,1	25,1	6,0	5,2	7,6
300—750	1,7	26,6	37,2	24,8	8,4	1,3	34,5	9,7	10,7	9,0
750—1500	0,7	11,9	30,9	34,7	18,5	3,3	56,5	21,8	29,0	18,7
1500—3000	0,3	3,6	14,2	40,8	35,6	3,6	81,9	41,1	38,5	43,2
3000 und mehr	0,9	8,5	24,7	39,3	22,7	3,8	65,9	26,6	19,5	35,3
Durchschnitt	6,0	35,2	33,3	18,1	6,1	1,3	25,5	7,4	5,9	10,2

[1] Altrock l. c. S. 8.

Tabelle 47.[1]

Der Personalkredit der Kreis-, städtischen und Vereinskassen in der Provinz Posen.

	Gesamtsumme der überhaupt ausgeliehenen Beträge (einschl. Personalkredit)	Gesamtzahl aller Schuldner	Von den Zahlenangaben in Spalte 1 und 2 entfallen auf den ländlichen Kleingrundbesitz		Von den Angaben in Spalte 3 und 4 entfallen auf den Personalkredit	
			Schuldner	Darlehnssumme	Schuldner	Darlehnssumme
	1.	2.	3.	4.	5.	6.
	Mark			Mark		Mark
A. Reg.-Bez. Posen.						
20 Kreissparkassen	9326047	7565	5265	4542560	1475	631777
38 städt. u. sonstige Kassen	11199453	12982	5548	4494682	2069	971528
35 Vereins- usw. Kassen unter deutscher Verwaltung .	6399400	12162	7156	2923316	7146	2837050
43 Vereins- usw. Kassen unter polnischer Verwaltung	11202211	15590	10181	7006080	9342	5968080
Summa Reg.-Bez. Posen	38127111	48299	28510	18966638	20032	10408435
B. Reg.-Bez. Bromberg.						
12 Kreissparkassen	22012265	8841	6002	9937964	1647	1589971
4 städt. u. ähnliche Kassen	815170	476	97	81115	76	43100
16 deutsche Vereinskassen	9476083	7757	3388	2352810	3386	2350760
20 polnische Vereinskassen	3967738	5642	3427	2364792	3342	2153515
Summa Reg.-Bez. Bromberg	32271256	22716	12914	14736681	8451	6137346
Provinz Posen.						
32 Kreissparkassen	31338312	16406	11267	14480524	3122	2221748
42 städt. u. ähnliche Kassen	12014623	13458	5645	4575797	2145	1014628
51 Vereinskassen unter deutscher Verwaltung . . .	11875483	19919	10904	5276126	10532	5187810
63 Vereinskassen unter polnischer Verwaltung . . .	15169948	21232	13608	9370872	12684	8121595
Summa 188 Kasseneinrichtungen in der Provinz Posen	70389367	71015	41424	33703319	28483	16545781

[1] Seidel l. c. S. 391f.

Tabelle 48.

Die Meliorations- und Drainage-Genossenschaften und -Verbände in der Provinz Posen.[1]

Name	Kreis	Zweck [2]	Areal ha	Kosten Mark
Obra-Meliorations-Soc.	Schrimm usw.	E.	29355	2064285
Regul. der z. Bartsch führend. Landgräben	Gostyn, Lissa usw.	E.	10827	—
Altkloster Verband	Fraustadt, Bomst, Schmiegel	E.	309	53020
Samica-Bach	Lissa, Kosten, Schmiegel	E.	355	9699
Obrzycko-Fluß	Bomst usw.	E.	5265	448491
Faule Obra	Meseritz usw.	E.	4639	152238
Rogasen	Obornik u. Wongrowitz	E.	307	45274
Kionczyn	Samter u. Posen-West	E.	460	31500
Strykowoer See	Posen-West, Grätz	E.	760	16884
Mel. d. Grundst. an den Lubiner Seen	Kosten	E.	139	2688
Samica-Tal	Posen-West	E.	473	20315
Mel. a. Zbenchyer See	Kosten, Schrimm	E.	671	4083
Kryry-Bruch	Kosten	E.	173	5340
Mel. des oberh. des Gaworek-Kruges gelegenen Obra-Bruchs	Schrimm, Jarotschin, Gostyn	E.	1836	105000
Radomer Bruch	Obornik	E.	659	6700
Untere Massel	Rawitsch	E.	1106	21375
Mel. d. Nied. oberh. der Mühle zu Ludom	Birnbaum	E.	93	40650
Bielewoer Bruch	Kosten, Schrimm	E.	244	6000
Mel. d. Nied. oberh. d. Mühle zu Rycin	Birnbaum	E.	141	40020
Mel. d. Nied. zwischen Konin, Koninko usw.	Samter	E.	295	9216
Bagna Bruch	Obornik	E.	440	95000
Schrodaer u. Miloslawer Fließ	Schroda, Wreschen	E.	2236	214644
Okronglo-Bruch	Kosten	E.	48	3116
Ostroga-Bruch bei Scharfenort	Samter	E.	592	68400
Gorka-Duchowna	Schmiegel, Lissa	E.	2656	6300
Mel. d. Grundst. am Lagowo-Jerkaer Graben	Kosten	E.	375	16523
Szymanowo-Grzybno	Schrimm	E. & B.	251	46084
Biechowoer See	Wreschen	E.	2093	73009
Bewässerung d. im Kreis Kosten a. d. Mogilnitza gelegenen Grundstücke	Schmiegel, Kosten	B.	217	23000
Obere Massel	Rawitsch, Gostyn	E. & B.	1323	64366
Bartsch oberh. Poplonek-Mühle	Ostrowo, Adelnau	E.	1775	—
Faule Bartsch	Ostrowo, Schildberg	E.	1612	80000

[1] Nach persönlichen Angaben der Königl. Meliorations-Bauämter zu Posen und Bromberg.

[2] E = Entwässerung, B = Bewässerung, D = Drainage, Dch = Deiche.

Name	Kreis	Zweck	Areal ha	Kosten Mark
Oberpritschen-Driebitz	Fraustadt	E.	905	80000
Reichenau, Schwetzkau und Kroeben	Lissa	E.	678	87621
Lindenfelde	Schroda	E.	2562	318200
Gramsdorf	Obornik	E.	148	12000
Kielczewo	Kosten	E.	337	31500
Seefelde-Rogasen	Obornik	E.	311	24853
Luszkowo-Jerka	Kosten	E.	118	5000
Gute Hoffnung	Pleschen	E.	812	123500
Entkrautung der Obra	Meseritz	E.	654	2220
Ladenberg-Ellerode	Koschmin	D.	526	99600
Uscikowo-Slawienko	Obornik	E.	107	2036
Ochla	Koschmin	D.	2658	425276
Lindenhöhe	Samter	E.	123	21145
Schkudla	Pleschen	E.	769	117800
Lipowiec	Koschmin	D.	2625	414970
Groß-Starolenka	Posen-West	E.	108	15442
Pogorzela	Koschmin, Gostyn	D.	3385	623303
Smilowo	Samter	E.	368	81000
Rawitsch	Rawitsch	D.	280	44500
Herstopowo	Lissa	E.	120	15400
Trojanowo	Obornik	E.	294	89339
Zduny	Krotoschin	D.	260	42998
Lindenort	Rawitsch	D.	499	73129
Baschkowo	Krotoschin	D.	264	39000
Samter	Samter	E.	449	59475
Wykowo	Krotoschin	D.	308	44754
Groß-Strzelce	Gostyn	D.	112	16038
Scheringen	Schroda	E.	308	75000
Popowo	Samter	E.	47	18270
Lussowo	Posen-West	E.	99	17890
Klein Gay	Samter	E.	357	82500
Buschewo	Samter	E.	7	1793
Kania-Tal	Gostyn	E. & B.	870	56975
Raschkowo	Adelnau	D.	1279	216290
Leukerhauland	Grätz	D.	134	38890
Großdorf bei Buk	Grätz	D.	265	38014
Rostenpniewo	Rawitsch	D.	83	10700
Neugut	Schmiegel	E.	186	30466
Druszin	Grätz	D.	91	13452
Popowo	Obornik	E.	139	19329
Mrowino	Posen-West	E.	72	12549
Friedrichsdorf	Jarotschin	D.	162	20880
Donatowo	Kosten	D.	799	132800
Jankowo-Jerka	Posen-Ost	E.	398	63135
Belencin-Pierzyn	Bomst, Meseritz	E.	1020	93979
Dubin	Rawitsch	D.	182	40000
Jorka-Friedensort	Obornik	E.	367	37287
Dobieczyn	Grätz	D.	509	95367
Konarzewo-Salnia	Krotoschin	D.	502	80555
Szemborowo	Wreschen, Witkowo	D.	1419	183910
Schmiegel-Kuschen	Schmiegel	E.	41	5546
Pentkowo	Schroda	E.	547	75343
Kl. Gultowy	Wreschen	D.	3228	616434
Opalenitza	Grätz	D.	332	66000

Name	Kreis	Zweck	Areal ha	Kosten Mark
Olszewo	Schroda	E.	696	113 379
Krzeslice	Posen-Ost	E.	791	127 503
Wielonek	Samter	E.	83	12 500
Dembicz	Schroda	E.	1536	276 000
Königsfeld	Koschmin	D.	600	103 099
Niemarzyn	Rawitsch	D.	126	19 088
Granowo	Grätz	D.	470	99 562
Wittenburg	Koschmin	D.	337	68 458
Biskupitz geistl.	Posen-Ost	E.	130	31 706
Kurnik	Schrimm	D.	596	100 000
Buchenhain	Obornik	D.	100	16 148
Stemdorf	Obornik	E.	78	14 337
Splawie-Karmin	Schmiegel	E.	104	21 295
Zerkwitz	Jarotschin	D.	532	85 383
Jerzykowo	Posen Ost	E.	162	29 000
Roschkowo	Rawitsch	D.	283	43 834
Oblaczkowo	Wreschen	D.	497	87 900
Gluski	Pleschen	E.	714	125 000
Radlau	Samter	E.	72	29 000
Wiesenfeld	Koschmin	D.	304	53 195
Chojno	Rawitsch	D.	211	46 200
Strenze	Kempen	D.	198	42 603
Buk	Grätz	D.	289	48 371
Gola	Gostyn	D.	162	28 000
Deutsch-Wilke	Lissa	D.	182	33 000
Magdalenowo	Gostyn	D.	222	39 555
Niegolewo	Grätz	D.	911	151 000
Rokossowo	Gostyn	D.	154	23 000
Zegowo	Grätz	D.	—	—
Grombkowo-Sielec	Rawitsch	D.	290	44 607
Melpin-Lubiatowo	Schrimm	E.	634	125 000
Skoraschewitze	Gostyn	D.	716	128 000
Pruschewitz	Posen-Ost	E.	193	37 252
Zalesie	Gostyn	D.	1524	261 000
Swichotschin	Meseritz	E.	107	14 000
Pogorzela-Gluchowo	Koschmin	D.	655	139 008
Rogozewo	Rawitsch	D.	157	22 740
Dorf Konarzewo	Krotoschin	D.	83	12 470
Tlukawy	Obornik	E.	126	25 374
Taniborz	Schroda	E.	53	7 244
Schwetzkau-Deutsch-Wilke	Lissa	E.	540	106 489
Kankel	Lissa	E.	125	20 000
Szurkowo	Gostyn	D.	451	70 000
Kolaczkowice	Gostyn	D.	214	28 000
Blumenau	Krotoschin	D.	281	51 000
Sobialkowo	Rawitsch	D.	436	72 000
Niederpritschen	Fraustadt	E.	132	23 000
Karpitzko	Bomst	E.	106	25 350
Katschlin	Birnbaum	D.	139	28 372
Biechowo	Wreschen	D.	399	80 419
Hochdorf	Jarotschin	D.	223	40 438
Regul. d. Zbenchy-Racoter Grabens	Kosten	E.	345	9 596

Name	Kreis	Zweck	Areal ha	Kosten Mark
Lindenau	Lissa	E.	188	33700
Guminiec	Koschmin	D.	648	124961
Wojnitz	Schmiegel	E.	29	4597
Drzewce	Gostyn	D.	72	12500
Röhrsdorf-Bargen	Fraustadt	E.	575	102000
Kurcew	Jarotschin	D.	141	30000
Sandberg	Gostyn	D.	36	6974
Klony	Schroda	E.	384	67450
Kornaty	Wreschen	D.	379	65998
Pontkau	Schroda	D.	70	13300
Sloborowice	Ostrowo	E. & B.	609	89527
Bentschen	Meseritz	E.	276	51400
Domachowo	Gostyn	D.	637	111800
Bartoschewitz	Rawitsch	D.	76	11470
Neuschilln	Meseritz	E.	49	6500
Radlin	Jarotschin	D.	660	119000
Lipie	Gostyn	D.	134	23800
Konarzewo	Posen-West	E.	2231	435000
Sendschau	Wreschen	D.	664	146595
Belencin	Lissa	E.	120	15060
Weine	Fraustadt	E.	103	12000
Klein-Gorzyce	Adelnau	D.	80	12396
Gostkowo	Rawitsch	D.	180	22908
Gostyn-Brzezie	Gostyn	D.	427	75000
Torzeniec	Kempen	D.	824	150000
Niederdorf	Jarotschin	D.	240	55500
Dolzig	Schrimm	D.	627	109000
Prinzenau	Obornik	D.	487	59138
Luboniec	Schroda	D.	396	76000
Gortatowo	Posen-Ost	E. & B.	180	92000
Packlitz v. Paradies bis Hammermühle	Meseritz	E.	164	30792
Sarbinowo	Gostyn	D.	480	95000
Radenz	Koschmin	E.	2482	233000
Wojciechowo	Jarotschin	D.	125	22050
Orle	Birnbaum	D.	930	158000
Czekanow	Ostrowo	D.	675	110000
Binkowo	Schrimm	D.	435	90200
Bestivin	Krotoschin	D.	250	46000
Jarotschin	Jarotschin	D.	287	42000
Zacharzew	Adelnau	D.	71	11700
Weizenfeld	Pleschen	D.	345	63500
Potarzyce	Jarotschin	D.	539	90000
Ocionz	Ostrowo	D.	613	114000
Scherze	Wreschen	D.	322	50878
Ottilienhof	Krotoschin	D.	130	25300
Zedlitz-Niederpritschen	Fraustadt	E.	55	10800
Plawce	Schroda	E.	124	13300
Muchocin-Marienwalde	Schwerin a. W.	Dch.	1396	226000
Marienwalde-Alt-Lauske	Schwerin a. W.	Dch.	372	70000
Czeszewo-Oschechowo	Wreschen	Dch.	127	41350
Waitze-Kl.-Krebbel	Schwerin a. W.	Dch.	121	24437
Neuhaus-Schweinert	Schwerin a. W.	Dch.	812	65110
Krinitze	Schwerin a. W.	Dch.	49	7228

Name	Kreis	Zweck	Areal ha	Kosten Mark
Szizonowo	Jarotschin	Dch.	895	66628
Neumerine	Birnbaum	Dch.	219	32000
Brückenau	Wreschen	D.	399	51185
Rabowice	Posen-Ost, Schroda	D.	612	109000
Deutschek	Schroda	D.	637	117730
Alswede	Posen-Ost	D.	333	48254
Kostschin	Schroda	D.	501	92500
Dembin	Samter	E.	491	41000
Stenschewko	Posen-Ost	D.	100	19100
Zimino	Schroda	D.	255	39000
Packlitz v. d. Kupfermühle bis Schloßmühle	Meseritz	E.	111	14780
Jagenau	Wreschen	D.	271	38935
Koszuty	Schroda	E.	1130	153700
Westl. Mogilnitza	Grätz	E.	1008	56774
Stokki	Meseritz	E.	162	43000
Schondorf	Wreschen	D.	84	9500
Warthetal	Obornik	D.	113	27000
Golejewo	Rawitsch	D.	230	44000
Podrzewie	Samter	E.	218	46500
Ostrowiec	Kempen	D.	344	62000
Wilhelmshorst	Schroda	E.	128	26200
Wilscha	Jarotschin	D.	497	85353
Chwalibogowo	Wreschen	D.	366	64000
Oberpritschen-Kursdorf	Fraustadt	E.	173	31000
Briesen	Schroda	E.	243	6000
Chlewo	Schildberg	E.	151	28600
Moskawa	Schroda	E.	150	19000
Smardze	Kempen	D.	42	10700
Deutschrode	Gostyn	D.	78	13544
Karpitzko	Bomst	E.	39	20000
Rothendorf	Pleschen	D.	275	59100
Dembsen	Posen-West	E.	166	30000
Emchen	Schrimm	D.	307	58500
Große Grabengenossenschaft	Wreschen	E.	101	10000
Konin	Samter	E.	78	16200
Morawin	Schildberg	E. & D.	809	160000
Lubosen	Samter	E.	744	161000
Brzoza	Samter	D.	557	164000
Gr.-Tworsowitz	Lissa	D.	176	32000
Oporowko	Lissa	D.	294	54000
Golina	Jarotschin	D.	120	21400
Dobczin-Großlinde	Schrimm	E.	191	19000
Schulze-Vorwerk	Rawitsch	B.	45	—
Antonin	Posen-Ost	E.	29	6000
Doruchow	Schildberg	D.	554	94000
Wilhelmsau	Lissa	D.	134	28000
Borowo	Schroda	E.	586	29500
Waldau-Steindorf	Schrimm	E.	172	26000
Cerekwice	Jarotschin	D.	236	50000
Rudnik	Grätz	D.	217	51000
Mohnsdorf	Kosten	D.	230	33476
Gembitz-Blütenau	Mogilno	E.	389,4	64020

Name	Kreis	Zweck	Areal ha	Kosten Mark
Parchanie-Bruch	Hohensalza	E.	2764	100500
Bachorze-Bruch u. Montry-Tal	Hohensalza, Strelno	E.	8280	1242000
Osiniec-Bruch	Gnesen, Witkowo	E.	273	—
Labischin-Bromberger Netzewiesen	Bromberg, Schubin, Hohensalza	E.	3459	513300
Pakosch-Labischiner Netzewiesen	Hohensalza, Mogilno, Schubin, Strelno, Znin.	E.	1535	158826
Rogowo-Zrazin	Znin	E.	395	—
Ruden	Schubin	E.	47	1800
Wielowies-Wierzchoslawitz-Kaczkowo	Hohensalza		160	36000
Rgielsko	Wongrowitz	E.	767	27913
Kontno	Mogilno	E.	287	43000
Rowo-Okonin	Filehne	E.& B.	119	5543
Wrzesnica-Tal	Witkowo, Gnesen	E.	505	82800
Welna-Tal oberh. Rogowo	Gnesen, Mogilno, Znin	E.	811	—
Powidz	Witkowo	E.	314	30000
Friedrichsgraben	Hohensalza	E.	419	12000
Kottenbruch	Filehne	E.	1260	124300
Smyrnia-Bruch	Hohensalza	E.	1057	135180
Kordos-Mühle	Witkowo	E.	39	2700
Dembina-Niederung	Gnesen	E.	1007	66300
Welna-Tal ob. Barczewo	Gnesen	E.	1058	164300
Zrazin-Janowitz	Znin	E.	66	15000
Brodden'er Blottsee	Kolmar	E.	162	25000
Wola-Kaczkowo	Znin	E.	52	12200
Welna-Tal zw. Janowitz und Straszewo	Wongrowitz, Znin	E.	557	317241
Treufeld-Laski	Mogilno, Znin	E.& B.	851	187584
Rokitka	Wirsitz, Flatow	E.& B.	439	51357
Witoldowo	Bromberg	E.	375	146600
Exin	Schubin, Znin, Wongrowitz	E.& B.	820	81026
Jankendorf	Kolmar, Obornik	E.& B.	1196	134625
Welna-Tal zw. Straszewo und Ciesla	Obornik, Wongrowitz	E.	463	408402
Lekno	Wongrowitz	E.& B.	1196	134625
Viktorsau	Wirsitz	E.	832	60000
Slembowo-Birkenfelde	Znin, Schubin	E.& B.	970	115000
Lindenwald	Bromberg, Znin, Flatow		3064	473000
Golancz	Wongrowitz, Schubin		587	48500
Prust-Klarheim	Bromberg, Schwetz		1846	241240
Kusnierz-Woycin-Trzcianek	Strelno	D.	1657	17875
Chelmce	Strelno	D.	1032	178500
Wegorzewo-Charzewo	Gnesen	D.	1867	294307
Lilienhof-Groß-Slawsk	Strelno	D.	435	64426
Königsbrunn-Hochkirch	Strelno	D.	618	86873
Markowitz	Strelno	D.	168	24200
Ludwigshorst-Cielimowo	Witkowo	D.	432	75000
Mierzewo	Witkowo	D.	1312	213000
Wiskitno (Glucza-See)	Bromberg	E.	1800	20627
Szadlowitz	Hohensalza	D.	140	55000
Witoslaw-Raygrod	Wirsitz	D.	1037	220000

Name	Kreis	Zweck	Areal ha	Kosten Mark
Krontal	Znin	D.	305	45775
Woycin	Strelno	D.	935	225000
Sierakowo	Strelno	D.	1423	282677
Kaisersaue	Wongrowitz	E.	132	20450
Lubcza	Wirsitz	E.	136	25000
Herzfelde	Wirsitz	D.	187	37400
Wroble-Piecki	Strelno	D.	523	100000
Striesen	Mogilno	D.	105	17200
Dobieszewo	Schubin, Wongrowitz	D.	866	146000
Ostwingen	Mogilno	D.	239	39936
Freitagsheim	Hohensalza	D.	671	128416
Malvenkamp	Witkowo	D.	183	32646
Klondau	Witkowo	D.	130	22353
Prust-Klarheim	Bromberg, Schwetz	D.	3124	582051
Podobowitz	Znin	D.	1431	211000
Pomarzany-Charbowo	Gnesen	D.	1850	285133
Wronowy (Frohenau)	Strelno	D.	1173	218000
Morin	Hohensalza	D.	897	199000
Neuzedlitz	Witkowo	D.	196	30241
Neitwalde	Znin	D.	139	23760
Gozdawa	Mogilno	D.	577	105750
Milawa	Mogilno	D.	235	55936
Winiary-Welnica	Gnesen	D.	144	23300
Marcinkowo Dolne	Znin	D.	514	91000
Grzybowo	Wongrowitz	D.	18	3788
Runau	Czarnikau	D.	373	80788
Ostwehr	Hohensalza	D.	298	53952
Tuczno	Hohensalza	D.	464	90868
Alyrode	Kolmar	E.	85	17126
Deutschrode	Gnesen	E.	166	29314
Eichenhagen-Freymark	Wirsitz	E.	723	10590
Libau	Gnesen	D.	312	42350
Wapno-Laskownica	Wongrowitz		30	4738
Jerzyce	Strelno	E.	1363	17093
Matildenhöh-Orle	Wirsitz	D.	816	161914
Orlinek-Wissek	Wirsitz	E.	524	39382
Rudki-Fließ bei Tremessen	Mogilno	E.	122	10755
Arkusdorf	Gnesen	D.	210	16943
Tomschütz-Laskownica	Wongrowitz	D.	491	85092
Eitelsdorf	Znin	D.	237	64745
Lindental	Strelno	D.	184	28440
Parchanie	Hohensalza	D.	549	98997
Bismarcksfelde, Jaroschau usw.	Gnesen, Wongrowitz	D.	1829	320700
Eichtal-Ludwigsruh	Hohensalza	E.	193	43790
Hohenau	Znin, Gnesen	D.	1446	194346
Neu-Teklenburg	Witkowo	D.	503	89000
Schechin	Gnesen	D.	224	40543
Nosiczyn	Strelno	D.	248	73079
Zernik	Gnesen	D.	409	79000
Smuszewo	Wongrowitz	D.	661	100000
Szelejewo	Znin	D.	687	84700
Kirchen-Popowo	Wongrowitz	D.	606	97500
Großsee	Strelno	D.	107	20857

Name	Kreis	Zweck	Areal ha	Kosten Mark
Marzenin	Witkowo	D.	178	32 200
Tarnowko	Strelno	E.	78	9 868
Walentynowo	Hohensalza	D.	520	166 342
Grylewo	Wongrowitz	D.	861	127 000
Stieglitz	Czarnikau	D.	495	100 300
Lettberg	Gnesen	D.	303	49 251
Walsee	Gnesen	D.	172	26 600
Radewitz	Hohensalza	D.	139	27 000
Goslinowo	Gnesen	D.	103	19 500
Freitagsheine	Hohensalza	E.	33	4 980
Wilhelmshöhe-Walkowitz	Kolmar	E.	777	172 340
Rudka-Bach	Wongrowitz	E.	247	14 000
Ostrowitz	Witkowo	D	121	31 500
Schlowitz-Skuberschewo	Mogilno	E.	169	23 951
Dzidno	Bromberg	E.	47	10 079
Großsee-Krummknie	Strelno	E.	23	11 192
Placzewo-Targownica	Mogilno	D.	337	123 500
Groß-Opok	Hohensalza	D.	199	42 956
Mogilno	Mogilno	E.	296	53 000
Staudau	Hohensalza	E.	3128	220 000
Adlig-Brühlsdorf	Hohensalza	E.	48	7 300
Roseau	Mogilno	E.	186	33 000
Weichseltal	Bromberg	E.	276	13 000
Raschleben	Strelno	D.	555	87 452
Strelno-Kaisershöh	Strelno	E.	208	63 000
Habsberg	Mogilno	D.	80	11 010
Osmiszewo	Hohensalza	E.	498	150 000
Wudzin-Wudzinek	Bromberg	E.	51	17 000
Tannhofen	Hohensalza	E.	105	10 800
Dembowice	Mogilno	E.	258	80 000
Ottorowo	Samter	E.	60	7 300
Sonnenthal	Rawitsch	E.	358	63 308
Friedrichsort	Rawitsch	E.	261	42 478
Senkowo	Samter	E.	187	36 700
Groß-Siekierki	Schroda	E.	1489	226 228
Krotoschin	Krotoschin	D.	406	65 000
Duschnik	Samter	E.	417	58 416
Sarbinowo	Posen-Ost	E.	348	44 753
Kröben	Gostyn	D.	575	104 041
Krerowo	Schroda	E.	173	33 400
Eichdorf	Krotoschin	D.	59	8 500
Kischewo	Obornik	E.	81	14 246
Galowo	Samter	E.	299	44 611
Schrodka	Schroda	E.	139	18 045
Wilhelmsau	Wreschen	D.	397	59 894
Schroda	Schroda	E.	746	182 688
Ratay	Posen-Ost	E.	126	25 229
Grodzisko	Gostyn	D.	26	4 205
Glücksburg	Jarotschin	D.	301	44 404
Sovenitz	Jarotschin	D.	430	64 413
Niepart	Gostyn	D.	106	18 329
Kossowo	Gostyn	D.	41	6 500
Zerniki-Herrnkirch	Znin	D.	73	15 003
Friedrichshein	Gnesen	D.	373	76 661

Tabelle 49.

Der Viehstand der landwirtschaftlichen Betriebe.[1]

Größenklassen der Betriebe	Anzahl der Betriebe	Pferde einschl. Fohlen	Rindvieh		Schafe einschl. Lämmer	Schweine einschl. Ferkel	Ziegen einschl. Lämmer	Hühner	Gänse	Enten
			Gesamtzahl	davon Kühe						
Regierungsbezirk Posen										
unter 1 ha	51609	257	32105	29866	693	108417	50991	434246	72634	40756
1—2 „	12598	712	15014	11382	233	25936	11495	106226	45340	13186
2—3 „	7419	1127	15038	10502	183	18593	4679	77180	35855	10090
3—4 „	5528	1808	14446	9668	152	16303	3166	62750	33182	7425
4—5 „	4726	2768	15117	9505	211	15628	2847	58864	33744	6333
5—10 „	17618	24010	82225	45827	1302	78570	10411	284695	178663	53620
10—20 „	16898	41435	138081	65099	5682	127110	9810	420567	227072	71896
20—50 „	5659	21294	81974	33973	10469	67499	3265	213434	87478	45073
50—100 „	559	4257	15629	6380	3007	11376	257	31322	8358	9960
Regierungsbezirk Bromberg										
unter 1 ha	31929	426	20902	19256	872	64066	27363	278046	49747	86868
1—2 „	5289	719	5121	4063	197	12722	5164	61383	13067	17263
2—3 „	3450	1120	5434	3935	163	10813	2694	48843	11078	13450
3—4 „	2497	1582	4990	3655	188	8958	1625	37439	9973	9616
4—5 „	2205	2007	5579	3774	240	9143	1388	34716	10174	9277
5—10 „	7761	10483	29846	18209	1789	43645	4387	150831	52685	41671
10—20 „	8788	20891	67022	33541	9217	74587	4405	245185	84799	79352
20—50 „	5553	24114	81430	35651	28756	70882	3544	224681	76862	90746
50—100 „	967	8172	27593	11546	15524	21341	553	58277	13411	27673

[1] Statistik des Deutschen Reichs: Landwirtschaftliche Betriebsstatistik. 1907.

Tabelle 50.

Von 1892—1900 gegründete Bullenstationen in Posen.[1]

Bullenstationen sind gegründet		Anzahl der ausgestellten Bullen			
im Kreise	Anzahl	Holländer	Olden-burger	Simmen-thaler	Schles. Rotvieh
Adelnau	44	—	—	—	44
Birnbaum	49	45	4	—	—
Bomst	29	—	—	2	27
Fraustadt	8	—	—	—	8
Gostyn	79	—	—	1	78
Grätz	28	—	—	1	27
Jarotschin	29	—	—	4	25
Kempen	31	—	—	—	31
Koschmin	35	—	—	11	24
Kosten	29	—	—	12	17
Krotoschin	18	—	—	1	17
Lissa i. P.	71	—	—	2	69
Meseritz	24	14	3	4	3
Neutomischel	30	—	2	28	—
Obornik	20	14	6	—	—
Ostrowo	24	—	—	3	21
Pleschen	13	—	—	—	13
Posen-Ost	17	11	6	—	—
Posen-West	45	26	19	—	—
Rawitsch	56	—	—	2	54
Samter	78	2	5	47	24
Schildberg	22	—	—	—	22
Schmiegel	34	—	—	—	34
Schrimm	40	—	—	7	33
Schroda	35	—	—	23	12
Bromberg	23	—	—	23	12
Czarnikau	20	16	4	2	—
Filehne	16	14	2	—	—
Gnesen	23	—	—	15	8
Hohensalza	29	20	9	—	—
Kolmar	16	14	2	—	—
Mogilno	25	11	14	1	—
Schubin	26	18	8	—	—
Strelno	36	7	29	2	—
Wirsitz und Witkowo	87	17	20	48	5
Wongrowitz, Znin	131	79	52	4	—
Wreschen	20	—	—	8	12
Provinz Posen	1366	329	189	245	602

[1] Bericht der Landwirtschaftskammer 1896—1900.

Tabelle 51.

Die landwirtschaftlichen Betriebe mit Rücksicht auf die Benutzung von landwirtschaftlichen Maschinen.[1]

Größenklassen	Anzahl der Betriebe, welche Maschinen nebenstehender Art benutzen	Breitwürfige Sämaschinen			Mähmaschinen			Drill- und Dibbelmaschinen		
		überhaupt	eigene		überhaupt	eigene		überhaupt	eigene	
		Betriebe	Betriebe	Zahl der eigenen Sämaschinen	Betriebe	Betriebe	Zahl der eigenen Mähmaschinen	Betriebe	Betriebe	Zahl der eigenen Drill- und Dibbelmaschinen
Regierungsbezirk Posen.										
1—2 ha	341	71	3	3	6	4	4	57	4	4
2—3 „	484	69	5	5	3	2	3	49	4	4
3—4 „	704	65	7	7	7	4	4	61	11	11
4—5 „	957	87	11	11	6	4	4	54	7	7
5—10 „	9 627	745	320	320	50	36	36	586	220	220
10—20 „	15 267	2746	2025	2027	816	695	701	2495	1865	1866
20—50 „	5 518	1680	1526	1538	1146	1106	1155	1554	1439	1440
50—100 „	539	236	229	238	244	242	270	245	238	241
Regierungsbezirk Bromberg.										
1—2 ha	91	16	2	2	3	2	2	16	3	3
2—3 „	156	30	1	1	8	3	3	23	1	1
3—4 „	177	26	2	2	—	—	—	12	1	1
4—5 „	308	16	5	5	2	1	1	24	7	7
5—10 „	2918	181	78	79	78	51	51	208	76	76
10—20 „	7090	998	732	733	825	643	647	1312	944	945
20—50 „	5278	1290	1175	1185	1104	1039	1065	1438	1302	1307
50—100 „	922	375	363	408	391	385	421	409	402	410

[1] Statistik des Deutschen Reiches: Landwirtschaftliche Betriebsstatistik. 1907.

Fortsetzung von Tabelle 51.

Die landwirtschaftlichen Betriebe mit Rücksicht auf die Benutzung von landwirtschaftlichen Maschinen.[1]

Größenklassen	Anzahl der Betriebe, welche Maschinen nebenstehender Art benutzen	Dampfdreschmaschinen			Andere Dreschmaschinen			Schrotmühlen			Milchzentrifugen		
		überhaupt	eigene		überhaupt	eigene		überhaupt	eigene		überhaupt	eigene	
		Betriebe	Betriebe	Zahl der eigenen Dampfdreschmaschinen	Betriebe	Betriebe	Zahl der eigenen Dreschmaschinen	Betriebe	Betriebe	Zahl der eigenen Schrotmühlen	Betriebe	Betriebe	Zahl der eigenen Milchzentrifugen
Regierungsbezirk Posen.													
1—2 ha	341	17	1	2	125	63	63	8	8	8	103	98	98
2—3 „	484	23	5	5	253	140	140	5	5	5	138	129	129
3—4 „	704	46	1	1	471	358	360	8	8	8	139	138	138
4—5 „	957	10	1	1	762	638	638	13	12	12	143	139	140
5—10 „	9 627	117	10	10	9 003	8 483	8 485	190	188	188	1377	1360	1360
10—20 „	15 267	577	20	21	14 657	14 396	14 413	628	616	616	4481	4470	4473
20—50 „	5 518	716	32	32	5 244	5 198	5 247	299	296	296	2863	2854	2864
50—100 „	539	192	30	31	473	455	493	40	40	41	290	289	293
Regierungsbezirk Bromberg.													
1—2 ha	91	26	3	3	22	13	13	2	2	2	23	23	23
2—3 „	156	25	6	7	60	39	40	1	1	1	42	42	46
3—4 „	177	19	1	1	97	76	77	1	1	1	56	49	49
4—5 „	308	17	2	2	218	193	193	1	1	1	73	72	72
5—10 „	2 918	137	16	18	2 411	2 218	2 219	38	35	35	618	611	612
10—20 „	7 090	697	19	21	6 356	6 153	6 157	135	125	125	1950	1914	1914
20—50 „	5 278	1183	26	27	4 798	4 746	4 767	125	124	124	2112	2089	2093
50—100 „	922	453	41	41	744	733	761	45	45	45	327	324	339

[1] Statistik des Deutschen Reiches: Landwirtschaftliche Betriebsstatistik. 1907.

Tabelle 52.

Das Ackerland und seine Bestellung.[1]

Größen-klassen	Zahl der Betriebe mit Ackerland	Davon Ackerland überhaupt	Von dem gesamten Ackerland wurden bestellt mit											Acker-weide	Brache, Schwarz-brache
			Sommer-weizen	Winter-weizen	Roggen	Gerste	Hafer	Menggetreide	Zuckerrüben	Kartoffeln	Futter-pflanzen	Gemüse in feldmäßigem Anbau	sonstigen Ackerfrüchten		
		ha	ha	ha	ha	ha	ha	ha	ha	ha	ha	ha	ha	ha	ha
							Regierungsbezirk Posen.								
unter 1 ha	51 609	16 580,7	4,8	16,8	3 275,6	260,4	232,8	36	28,9	11 399,3	168,5	891,5	182,2	50,9	21,8
1—2 „	12 598	15 814	19	62	7 517	643	830	133	49	5 420	392	273	312	153	71
2—3 „	7 419	15 921	21	90	7 906	689	1 166	194	43	4 350	530	186	429	208	109
3—4 „	5 528	16 704	15	133	8 232	782	1 567	268	65	3 816	639	191	543	289	168
4—5 „	4 722	18 435	21	199	9 067	845	1 925	345	67	3 792	755	207	640	346	226
5—10 „	17 598	113 304	170	1992	53 552	5 446	14 357	2783	479	18 697	5 558	1236	4587	2577	1870
10—20 „	16 890	223 679	323	8272	98 330	14 143	28 891	6711	1467	29 117	14 500	2021	9540	5536	4828
20—50 „	5 646	152 677	279	3536	61 123	7 988	13 761	5083	1287	28 091	14 675	1171	6682	4108	4893
50—100 „	557	33 644	82	992	13 669	2 092	3 022	1699	583	4 609	2 743	223	1374	1099	1457
							Regierungsbezirk Bromberg.								
unter 1 ha	31 929	11 283,4	3,3	5,6	1 023,5	158,9	39,9	24,9	28,3	8 392,1	139,9	350,9	92	14,3	9,4
1—2 „	5 156	6 131	9,0	23	2 770	352	96	89	37	2 304	157	95	110	45	44
2—3 „	3 396	6 854	7,6	16	3 530	362	152	132	49	2 005	214	66	169	63	88
3—4 „	2 351	6 933	6,6	28	3 591	350	207	166	56	1 789	251	76	199	99	114
4—5 „	2 195	7 927	5,2	34	4 175	402	274	214	59	1 851	303	89	260	133	128
5—10 „	7 745	44 996	42	381	22 923	2 421	2 382	1599	413	8 534	1 991	400	1809	996	1105
10—20 „	8 784	107 451	321	2088	48 712	7 703	8 888	5848	1741	14 416	5 958	900	4325	3296	3255
20—50 „	5 549	138 598	404	4137	57 976	10 106	10 695	8034	2871	15 761	9 019	1 053	6319	6062	6161
50—100 „	967	57 909	259	2204	22 762	4 256	4 027	3847	1540	6 327	4 239	366	2560	2877	2645

[1] Statistik des Deutschen Reiches; Landwirtschaftliche Betriebsstatistik 1907.

Tabelle 53.

Hopfen-Bau, -Ernte und -Preise im Regierungsbezirk Posen.[1]

Jahr	Anbau	Ernte		Preis pro Zentner
		vom ha	überhaupt	
	ha	100 kg		Mark
1851	—	—	—	300
1852	—	—	—	66—72
1853	—	—	—	—
1854	—	—	—	225—240
1855	—	—	—	—
1856	—	—	—	—
1857	—	—	—	—
1858	—	—	—	99—120
1859	1000	—	—	bis 135
1860	1500	—	—	135—480
1861	—	—	—	60—120
1862	—	—	—	24—120
1863	—	—	—	52—129
1864	—	—	—	—
1865	—	—	—	51
1866	—	—	—	60—225
1867	—	—	—	54—66
1868	—	—	—	30—120
1869	—	—	—	105—195
1870	—	—	—	45—120
1871	—	—	—	198—270
1872	—	—	—	60—180
1873	—	—	—	45—180
1874	—	—	—	—
1875	—	—	—	45—120
1876	—	—	—	350—510
1877	—	—	—	60—125
1878	1916,6	3,54	6782	66—130
1879	1916,6	3,39	6493	40—220
1880	1916,6	3,17	6067	40—166
1881	1916,6	2,92	5601	90—160
1882	1916,6	2,90	5566	200—480
1883	2040,6	3,00	6122	150—180
1884	2048,5	3,29	6738	100—150
1885	2069,5	3,59	7423	50—75
1886	2075,6	3,26	6767	10—75
1887	2021,4	3	6058	50—120
1888	2009,7	2,78	5594	20—150
1889	1809,8	2,98	5399	25—150
1890	1784,8	2,43	4340	140—260
1891	1711,3	2,51	4303	70—130
1892	1633,1	2,36	3856	80—165
1893	1612,6	4,54	7316	200—250
1894	1514,2	4,52	6851	50—90
1895	1574,8	4,10	6453	40—120
1896	1482,9	3,62	5364	bis 100
1897	1367,6	3,84	5255	30—120
1898	1448,3	1,19	1726	150—220
1899	1427,4	3,77	5381	bis 100
1900	1391,8	3,39	4718	bis 120

[1] Dr. Hampke, Festschrift der Handelskammer zu Posen s. o.

Literatur und Quellen.

Aal, Das Preußische Rentengut, seine Vorgeschichte und seine Gestaltung in Gesetzgebung und Praxis. (Münchener Volkswirtschaftliche Stud. 1901.)

Dr. Bär, Die Bamberger in Posen. Posen 1882.

Bernhard, Das polnische Gemeinwesen im preußischen Staat. Leipzig 1907.

Bobrowicz-N. N., Opisanie historyczno-statystyczne W. Księstwa Poznańskiego. (Historisch-statistische Beschreibung des Großherzogtums Posen.) Leipzig 1846.

Born, Die Entwicklung der kgl. preußischen Eisenbahn (Archiv für Eisenbahnwesen. Bd. IV—VI.)

B. v. Brodnicki, Beiträge zur Entwickelung der Landwirtschaft in der Prov. Posen während der Jahre 1815—1890. (Diss.) Leipzig 1893.

K. Brownsford, Przyczynek do rozwoju Kółek Rolniczych. (Beitrag zur Entwickelung der Rustikalvereine.) Posen 1907.

Derselbe, Rozwój Kółek Rolniczych w obrębie Tow. Roln. Poznańsko-Szamotulskiego. (Die Entwickelung der Rustikalvereine innerhalb des landwirtschaftl. Ver. Posen-Samter.) Posen 1911.

Derselbe, Rozwój Kółek Rolniczych w Wielkopolsce (Die Entwickelung der Rustikalvereine in Großpolen) — Księga Jubileuszowa wydana w 50 tą rocznicę założenia Centr. Tow. Gosp. (Festschrift zur Feier des 50jährigen Bestehens des landw. Centr.-Ver.). Posen 1911.

M. Długoborski, Gospodarstwa włosciańskie w okolicy Poznania. (Bäuerliche Wirtschaften in der Gegend von Posen.) Posen 1874.

Dönniges, Die Landeskulturgesetzgebung. Berlin 1842.

Festschrift zur Feier des 50jährigen Bestehens der Posener Landschaft. 1907.

Gravenitz, Der Bauer in Posen. Berlin 1819.

Dr. Grossmann, Die Vererbung des bäuerlichen Besitzes (Serings Annalen) 1898.

Guradze, Der Bauer in Posen. Halle a. S. 1898.

Dr. Hampke, Festschrift der Handelskammer zu Posen aus Anlaß ihres 50jährigen Bestehens. Posen 1901.

S. Hann, Handbuch der Klimatologie.

Dr. Hedinger, Der Getreidehandel in der Provinz Posen. Posen 1911.

M. v. Jackowski, Sprawozdanie Patronatu z czynnosci Kółek Rolniczych za rok 1897 i sprawozdanie z 25-letniej pracy. (Bericht des Patronats über die Tätigkeit der Rustikalvereine für das Jahr 1897 und die Jahre 1873 bis 1898.) Posen 1898.

Dr. T. v. Jackowski, O ważności ceł i traktatów handlowych dla rolnictwa. (Über die Bedeutung der Zölle und Handelsverträge für die Landwirtschaft.) Posen 1911.

Derselbe, Materyały do historyi rolnictwa W. Ks. Poznańskiego od roku 1861—1911. (Beiträge zur Geschichte der Landwirtschaft im Großherzogtum Posen während der Jahre 1861—1911.) Posen 1911.

Dr. Kalkstein, Ustawy o włościach rentowych. (Die Rentengutsgesetze.) Posen 1892.

Klebs, Die Landeskulturgesetzgebung, deren Ausführung und Erfolge im Großherzogtum Posen. Berlin 1860.

G. F. Knapp, Die Bauernbefreiung. Leipzig 1887.

P. Kriesche, Die Provinz Posen. Stassfurt 1907.

Krzyżtopor (Graf Potocki), O uregulowaniu stosunków agrarnych w W. Ks. Poznańskiem. (Über die Regelung der Agrarverhältnisse im Großherzogtum Posen.) Posen 1857.

K. Langie, O Kółkach włościańskich w dzielnicach polskich pod panowaniem pruskiem. (Über die Rustikalvereine in den unter preußischer Herrschaft sich befindenden poln. Landesteilen.) Krakau 1883.

A. Lipińska, Le Grand Duché de Posen de 1815—30. Paris 1911.

Łubieński-N. N, O uregulowaniu stósunków włosciańskich w W. Ks. Poznańskiem i o potrzebie zastósowania tegoż do Król. Polskiego. (Über die Regulierung der bäuerlichen Verhältnisse in Posen etc.) Leipzig 1843.

A. Meitzen, Der Boden und die landwirtschaftlichen Verhältnisse des preußischen Staates. Berlin 1868.

K. Motty, O spółkach wodnych. (Über die Wassergenossenschaften.) Jahrbücher des Centr. Tow. Gosp. w W. Ks. Pozn. Bd. I.

v. Nathusius, Bäuerliche Verhältnisse in der Provinz Posen. (Schr. d. Ver. f. S. Bd. XXIV.)

Prof. Pawiński, Źródła historyczne. (Geschichtsquellen.) Warschau 1886.

Prof. Peters, Der landwirtschaftliche Hauptverein der Kreise Kosten, Schmiegel, Fraustadt, Lissa, Rawitsch u. Gostyn. Posen 1905.

Przewodnik Rolniczo-Przemysłowy. (Landwirtschaftlich-gewerblicher Anzeiger.) 1840—1844.

Roczniki Centralnego Tow. Gosp. w W. Ks. Pozn. (Jahrbücher des landw. Centr.-Ver.) 1861, 1895—1911.

Roczniki Królewskiego Tow. Ekonomicznego Prus Południowych. (Jahrb. des kgl. Ökonom. Ver. Süd-Preußens.) 1805—1806.

Roczniki Włosciańskich Kółek Roln. w W. Ks. Pozn. (Jahrb. der Bauernvereine.) 1874—1911.

H. Sarrazin, Die Entwickelung der Preise des Grund und Bodens in der Provinz Posen (Diss.). Halle a. S. 1897.

Dr. Seidel, Personalkredit des ländl. Kleingrundbesitzes in der Prov. Posen. (Schr. d. Ver. f. S. Bd. LIV.)

Sering, Die innere Kolonisation im östl. Deutschland. (Schr. d. Ver. f. S. Bd. LVI.)

Stenger-Unruhstadt, Über die Hauländereien in Süd-Preußen. (Jahrb. d. Preuß. Monarchie.) 1798.

Struensee, Blicke auf Südpreußen. Posen 1802.

Stürmer, Geschichte der Eisenbahnen. Bromberg 1872.

Graf Szembek, Les associations économiques des paysans polonais sous la domination prussienne. Paris-Brüssel 1911.

Graf Szołdrski, Die landwirtschaftliche Entwickelung der Provinz „Großherzogtum Posen“ von 1772—1900 (Diss.). Posen 1903.

Waldhecker, Die preußischen Rentengutsgesetze nach Theorie und Praxis. Berlin 1894.

A. Thoma, Über die Verhältnisse der bäuerlichen Einsassen im Großherzogtum Posen. Berlin 1818.

Dr. Wegener, Der wirtschaftliche Kampf der Deutschen und Polen um die Provinz Posen. Posen 1903.

Akten des Landw. Provinzialvereins zu Posen.

Akten der Provinzial-Feuersocietät zu Posen.

Archiv des Domkapitels zu Posen: Lustrationstabellen.

Staatsarchiv zu Posen, Klassifikations-Anschläge, W. P. Z. Kammerdeputationbezirk Bromberg, Dorfakten C.

Bericht über die Ausführung der Meliorationen der Obra-Bruch-Gegenden 1868.

Bericht über die Ausführungen der Meliorationen der oberhalb der Altklosterschen Mühle gelegenen Bruchgrundstücke. 1870.

Jahresberichte der Bank Związku Spółek Zarobkowych. 1886—1911.

Jahresberichte der Landwirtschaftskammer zu Posen. 1898—1909.

Jahresberichte der Posener Landschaft. 1890—1896.

Jahresberichte des Posener landwirtschaftlichen Vereins. 1874—1882.

Persönliche Angaben des Kanalinspektors der Obra-Meliorations-Societät.

Persönliche Angaben des Schaudirektors des Altkloster-Meliorationsverbandes.

Persönliche Angaben der kgl. Meliorations-Bauämter zu Posen und Bromberg.

Persönliche Angaben der kgl. Spezialkommission zu Bromberg.

Sammlung der Drucksachen des Preuß. Hauses d. Abgeordneten 20. Legisl. III. Sess. 1907 Nr. 501 (20 Jahre deutscher Kulturarbeit; Tätigkeit und Aufgaben neupreußischer Kolonisation in Posen und Westpreußen).

Statuten der Genossenschaft zur Melioration der Täler am Schrodaer und Miloslawer Fließ.

Statuten des Landw. Provinzialvereins f. d. Großherzogtum Posen.

Statuten der Posener Landwirtschaftskammer.

Statuten der Provinzial-Feuersocietät.

Statuten der polnischen Bauernvereine.

Metzger & Wittig, Leipzig.

www.ingramcontent.com/pod-product-compliance
Lightning Source LLC
LaVergne TN
LVHW060621300926
849162LV00008B/1679
9783112675731